カントと永遠平和

世界市民という理念について

PERPETUAL PEACE

Essays on Kant's Cosmopolitan Ideal

ジェームズ・ボーマン
＋
マティアス・ルッツ－バッハマン
編

紺野茂樹
＋
田辺俊明
＋
舟場保之
訳

未來社

PERPETUAL PEACE

Essays on Kant's Cosmopolitan Ideal

edited by

James Bohman and Matthias Lutz-Bachmann

カントと永遠平和——世界市民という理念について★目次

凡例

- 原文中、強調を示すイタリック体の語句には傍点を付し、書名を示すイタリック体については『 』で括った。
- 原文中、引用を示す〃 〃は「 」で括った。
- 訳者による訳語の補足・説明などは〔 〕で示し、著者による中略や補足などは［ ］で示した。
- 原注は★で、訳注は☆で示し、章末にまとめた。
- 引用にあたっては、既訳があるものについてはできるだけ参照したが、若干表記を変更した部分もある。
- 第1章、第4章、第6章にある本文中の頁数引用は、カント『永遠平和のために』宇都宮芳明訳、岩波文庫、一九八五年、『啓蒙とは何か 他四編』篠田英雄訳、岩波文庫、一九五〇年に向けたものである。
- ドイツ語の原文がある第2章と第3章についてはドイツ語原文を参照し、著しく違う場合はドイツ語の原文を優先した。

カントと永遠平和

——世界市民という理念について

序章

ジェームズ・ボーマン、マティアス・ルッツ－バッハマン（田辺俊明訳）

一七九五年に執筆され、一七九六年に若干改訂された、イマヌエル・カントの論文『永遠平和のために――一哲学的考案』は、題名の皮肉さについて言及することから始まる。平和は二つの方法のうちいずれかにより、「永遠」となる。第一の方法によれば、人類が永遠の平和を見い出すことができるのは、「暴力行為のあらゆる残忍非道をその行為者ともども埋め尽くす広大な墓地」においてのことである。[★1] もっと楽観的な第二の方法によれば、「永遠平和」とは、人が暴力の問題をもう一度考え直して解決し、新しい形の世界市民法と「地球上の万民の平和連合」をもって、国民間の自然状態から脱却できるということである。この世界市民的理想は、生き残りのために必要とされるだけでなく、実践理性の要求でもある。「理性は〔中略〕戦争を断乎として処罰し」、平和を「直接の義務」に定める、とカントは記している。[★2] したがって、人類の道徳的進歩を計る唯一のものさしは、戦争の問題を解決し、法の支配により統治される万民の普遍的共同体へと入ってゆけるかどうかで決められることになる。

カントがこの論文を書く直接のきっかけになったのは、一七九五年三月、プロイセンと革命フランスの間で行なわれたバーゼル条約の締結である。プロイセンはこの条約で、ライン以西の領域をすべてフランスに譲り渡すことを交換条件として、ロシアとオーストリアとともに、ポーランドの東側を分割する許可を得ようと期待していた。カントが正当でないと批判しているのは、まさにこの種の戦略的な条約である。それは、「敵対行為の延期であって、平和ではない」と言うのである。「一個の妄想にすぎない」勢力均衡は、国家間に今ある状態を変革するためには何の役にも立たないし、平和を単なる一時的な武器の沈黙以上のものにするため、新しい状態を作り出すわけでもない。ここでカントは、サン・ピエールこと、シャルル・イレネ・カステルの「ヨーロッパにおける永遠平和プロジェクト〔Projet pour rendre la paix perpétuelle en Enrope〕」に立ち帰っており、そこから論文の題名だけでなく、その形式まで借用している。十八世紀や十九世紀を通じて行なわれた、他にもある純粋平和の提言のように、彼は条文と条項からなる平和条約の構造を真似るという慣習にしたがった。[★3] サン・ピエール司祭はすでに一七一三年に、ヨーロッパ諸国家による永久的な議会を、「永久的な平和条約」によって設立して、はじめて平和は実現すると提言していた。カントはこの提言を一般化し、普遍的な世界市民的平和にすべての人々を含めて考えている。司祭とはちがって、自らの論文の相手として、ヨーロッパの君主や支配者ではなく、純粋平和を確立する必要があると認識している、世界中の啓蒙された市民からなる公衆を据えたのである。ただしカントは、この観衆がもつ政治的な含みについては不安を感じ、一七九六年の第二版では、「永遠平和のための秘密条項」を付け加えなければならなかった。この条項は、国王や国の当局者たちが、「戦争遂行と平和の樹立にかんする普遍的格率について、自由に、かつ公然と発言」することを、哲学者に対して秘密裡に許可すべきだと力説している。[★4]

カント『永遠平和のために』出版から二百年間、道徳的な人たちが、戦争と組織化された政治暴力の恐怖を非難して公に発言する機会は、これ以外にも多くあった。この論文の記念となる年である一九九五年は、同時に、第二次世界大戦終結五十周年、国際連合憲章制定五十周年でもある。本書に収められた論文は、これらすべてを祝うために、フランクフルトにあるヨハン・ヴォルフガング・ゲーテ大学において、一九九五年五月に開催された会議のために執筆されたものである。[★5] 全体としてこれらの論文は、カント『永遠平和のために』がもつ世界市民的理想が、引き続き実践的に妥当であると論じている。また、歴史がカントの予想を裏づけると同時に、それを出し抜いていることも示している。なかでも、政治暴力に満ちた最近の歴史が繰り返し示しているのは、国家間の自然状態という問題を、まだほとんど解決できていないということである。

時事論文にすぎないと長く考えられてきた『永遠平和のために』は、いまやカントの政治・法哲学の中心的業績であり、多くの点において、この分野における彼の最も創造的な業績として広く認められている。法〔Recht〕の平和をもたらす効果が基本テーマである。カントが論じるところによれば、平和な世界秩序を創出できるのは、世界市民の権利を盛り込み、国民間の古典的な国際法〔Völkerrecht〕に取って替わる世界市民法〔Weltbürgerrecht〕だけである。[★6] カントにとって、諸国民の世界平和とは、普遍的かつ進歩主義的な歴史哲学の目標であり、「世界市民的見地」からわかりやすく記されているのだが、それは単なる目標ではなく、達成可能なものでもある。カントは、歴史の流れによって効果的となる、ある実践的メカニズムを提案する。それにより、「戦争の習慣」の廃止は、抽象的な道徳的要請やユートピア的な理想でなく、将来世代が実現できる目標になる。『「それは理論では正しいだろうが、実践では役に立たない」という俗言について』において、[★7] カントは、「世界国家」が共和制憲法の完全なる姿を表わしていると論じるが、後にそれが「魂のない専制主義」になる可能性があるとして、恐れるようになる。カントは、『永遠平和のために』において、世界共和国が「平和を実現する、ひとつの合理的方法」であることを認める。それにも関わらず、彼が主張するのは、世界共和国ではなく、独立した共和国の「平和連合」である。その制度的・法的構造が世界中に避けようもなく広まっていくことにより、平和が達成されると言うのである。平和連合を構成する共和国のひとつひとつが、市民の基本的権利を尊重し、公共圏を確立する。そのなかで人々は、自分自身と他者を、自由で対等な「世界の市民」とみなすことができるのである。

冷戦の終結は、新たなレベルでの政治統合と、新しい地域・国際制度への希望をもたらした。同時に、資源分配における大規模な不平等は、政治秩序への見通しを暗いものにしている。グローバルな正義と平和に関する議論は、カントが理解していたような、ヨーロッパ諸国民間でのウェストファリア型の平和にともなう「永久に軽減されることのない軍備」のコストよりも、ずっと広汎な課題を含んでいるようである。カントが『永遠平和のために』の中核に据えたグローバル化過程そのものの力は衰えず、新たに広汎にわたる影響をもたらしている。一方で、増進する経済の相互依存は、カントが予期できなかった形で国際関係を変えてきた。本書への寄稿者の多くが指摘するように、権力や安全という伝統的課題はあまり重要ではなくなり、その他の課題は、いまや全く異なった意味をもつに至っている。[★8]「商業の精神」が世界規模での利益の調和を生み出すとする、カントとミルのリベラルな希望は、ことごとく潰え去ったのである。

近年の歴史はまた、人間の共同体の多様性がもつ価値について自覚を促した。この文化多元主義の高まりが、再燃しつつあるナショナリズム、民族分離主義、宗教原理主義の否定的な帰結と結びついた結果、全員が合意できる公正な原則や手続きで、世界紛争を政治的に解決するいうことが、考えにくくなっている。戦争と武力紛争の性質そのものが変わってきたようである。全人口に対する無制限の戦争や、想像を絶する規模の破壊能力をもつ兵器の発明を見た世紀末において、武力紛争は大量虐殺市民戦争となり、現存する国際組織は、これを予防する能力も意思も示していない。こうした「ポスト・ウェストファリア」の動向は、本書の後半部分を構成する多くの論文のテーマであり、国際秩序から世界市民秩序への抜本的な転換を求めるカントの要請に新たな意味を付与している。[9] こうした新しい歴史の文脈は、カントの実践的提言を形作っている前提に変更を加えながらも、提言の規範的側面をますます興味深いものとしているのである（記述的側面について同じことは言えない。この二百年を振り返って、多くの論文はカントの進歩主義的歴史哲学を修正ないし破棄している）。

平和は実のところ、近代政治哲学、特に社会契約論の中核的概念のひとつである。人類の繁栄と正義にかなった政治秩序のために必要であるとして、広く合意されている政治秩序の平和は、自然状態の暴力とは際立った対照をなしている。『永遠平和のために』のなかで、「粗野な自由」の暴力的結果を忌み嫌うカントには、現代と共通しているところがある。しかし、彼の世界市民主義によるアプローチは、第二次世界大戦以降の国際関係における支配的な考え方、すなわち、ホッブズに啓発された「現実主義」的アプローチとは対立関係にある。[10] ホッブズ的なアプローチによれば、暴力はあらゆる政治の必然的性質である。したがって、国際政治でも暴力を避けることはできず、権力の獲得を慎めば、自らの国民共同体の利益を損なうことになってしまうのである。このアプローチの論理的帰結は、信頼性のある恐怖の均衡と、それを実行する権力を通じてしか、平和を確保できないということである。こうして、国際平和上の問題の解決は、それぞれの主権国家が他の国家との合意を執行する権利を持ったままになっているホッブズの自然状態に近づいていく。だが、勢力均衡が仮に一時的な平和をもたらすとしても、カントにとってそれは、本当の意味での平和ではない。このような自然状態を脱却して、はじめて正義にかなった平和が実現するのである。[11] なぜなら、戦争の長引く脅威が確実にもたらすのは、「蛮行により文明と文化的進歩をまとめて」壊滅させることだからである。カントにとって戦争という習慣の廃止は、単なる道徳的責務ではない。なぜなら、彼がその悪名高い議論によって示したように、自然状態を脱却し、市民社会に入る上での問題は、「悪魔の民族」でも解決できるからである。[12] だが、カントが追求するのは、外部に設立されるホッブズ的主権の脅威に頼るというよりは、むしろ、新たな公法の制度化による平和の達成である。諸国家が生きのびて、福祉（つまり、啓蒙された自己利益）を実現するためには、法を守ることが重要であるが、それだけでは十分ではない。グローバルな政治秩序に向けた新しい制度を作り、その中で、公法と世界中の人々の公論が、世界市民の権利を保障し、平和のための社会的条件を整えるようにしなければならない。なかでもカントが否定するのは、通常の意味における現実主義の伝統と国際法すべてに共通する、平和の消極的かつ過渡的な性質である。

　カントは積極的な「永遠平和」の理想を、二つの別のレベルで展開している。まず第一に、人類の歴史において作用している因果メカニズムを説明しなければならない。たとえ諸国民が戦争によって自らの利益を守る「権利」を進んで破棄しなくても、グローバルな平和をもたらしてくれるのが、このメカニズムである。スコットランド啓蒙学派の政治経済学者にしたがった、カントによるこの傾向性の分析は、見えざる手を頼みにしている。カントはこれを「摂理〔providence〕」と呼んでいるが、今日では弁証法と呼んでもいいのかもしれない。人間には攻撃的になったり貪欲になったりする傾向があるにも関わらず、実はそれが原因となって、地球の表面に人々が広がり、相互連繫が生まれて、平和状態を作り出す。すなわちグローバル化は、積極的平和の状態をもたらす過程であるとされる。第二に、平和は積極的かつ多面的な概念を含むがゆえに、国民国家を超える世界市民法〔Weltbürgerrecht〕の新しい制度が必要であるとカントは論じる。これまでの市民法では、暴力的な自然状態は終わらない。なぜなら、国家は対内的には平和であっても、対外的には好戦的になり得るからである。こうした新しい法制度は、単に以前のものに取って替わるのかもしれない。共和国が古い憲法を取り替えたように、世界市民法は、いつ対立するかもしれない局地的な法の基準を端的に乗り越え、現在の国民国家のレベルを超えて、人類共同体をグローバルなレベルで統一するのである。だがカントは、意外にも多元的な世界秩序の構想を弁護しており、差異ある地方のアイデンティティや政治編成を多く認めている。消し去ることのできない人間の多様性への寛容は、紛争の自然な原因になっているのではなく、実は世界市民的平和の結果なのである。

カントの提言の規範的、記述的側面への現代からの挑戦と弁護は三つのテーマに集約されるが、これらは、カントの世界市民的理想をどう批判的に再構築しようとも必要とされるものである。本書の全論文が、カントの記述的平和「保証」と、国家は主権を備えた「道徳的人格」であるとする規範原則を拒絶しているが、現代の平和理想は積極的かつ世界市民的である、すなわち、新しい制度と政治結社があってはじめて、「一切の敵意が終わる」ことを望めるのだと考えている限りにおいて、カント主義である。[★13]カント的平和理想の現代的再構築は、最近の歴史動向が提起している三つの挑戦に応じなければならない。第一は、その基礎になっているグローバル化過程の本性であり、第二は、政治共同体としての国民国家が、より広汎な世界市民秩序に占める地位と主権に関するものであり、第三は、カント的「世界市民」のコスモポリタンなアイデンティティの内部で、統一と差異をどう和解させるかに関するものである。こうした挑戦は、多かれ少なかれすべての論文で取り上げられている。

最初のテーマ群は、グローバル化の多様な結果を反映している。今日では、ほとんどの社会科学者や哲学者が、カントが説明する平和に向けた進歩の論理を、弁証法的と言うにはほど遠いと論じるだろう。ヌスバウムが、カントとストア派の自然目的論を対比させて検討しているのに対し、彼の誤った弁証法の論理と歴史目的論への批判は、ユルゲン・ハーバーマス、カール゠オットー・アーペル、[☆1]ジェームズ・ボーマン、デヴィッド・ヘルドの論文に見られる。すべての論者が、平和の実践的可能性を実現するメカニズムを提示しているのだが、それは、人間が収斂していくとするカントの目的論とはちがったものである。この修正されたメカニズムこそが、平和が実現できるということを説明するのだが、それは、カントが考えているよりもずっと弁証法的であり、進歩主義的ではなく、かつ一様でもないグローバル化の問題とその展望に合致したものなのである。

第二のテーマ群は、世界秩序の条件としてカントが主張する、国民の対内主権に関するものである。カントの平和構想がもつ、概念上、経験上の問題の背後に、この前提がある。特に問題なのは、彼が『理論と実践』(一七九三)の世界共和国から離れ、『永遠平和のために』(一七九五)において提示した、対内的に平和な共和国連合のゆっくりとした拡大、すなわち、彼自身の言う「消極的代替物」に鞍替えしたことである。マティアス・ルッツ－バッハマンとユルゲン・ハーバーマスはこの前提に挑戦し、現行の国民国家システムを超越する世界組織が、行政、立法、司法部門を備えるよう求めている。ケネス・ベインズとデヴィッド・ヘルドは、全レベルでの民主的自治を強化する世界市民的構造を支持し、重なり合う制度、権威や、説明責任の横断的な形が必要だと認めている。[★14]したがって、国民主権は世界市民主義を考える上での中心課題である。世界市民主義が示唆するのは、単に中央から押しつけられないだけではなく、法の支配に基づいた秩序なのである。

第三のテーマ群は、地方のアイデンティティと普遍的アイデンティティ、特定共同体への忠誠心と世界市民権の対立である。マーサ・ヌスバウムがこのテーマを歴史的に検討するのに対し、ベインズは最近の共同体主義の提案に照らして論じている。両者が示そうとしているのは、世界市民主義と、その根底にある道徳的普遍主義が、地方への愛着と、地方の制度秩序を排除する必要はないということである。カントによって全く議論されていないが、これに関連した困難な課題、すなわち、非リベラル社会の問題は、アクセル・ホネットとトーマス・マッ[☆2]カーシーによって取り上げられ、両者とも、普遍的人権という世界市民理想の強硬説を弁護している。例えばマッカーシーは、ジョン・ロールズの懐柔説である「万民の道理的〔reasonable〕な法」(自由ではないが、秩序ある社会を含めようとするもの)よりも、カントの強硬説を支持している。[★15]この点に関し、非リベラル社会の問題は切実なものになっている。というのも、この問題をどう考えるかによって、国民国家を超えたグローバルな統治レベルで、人権の政治的役割をどう考えるかが決まるからである。カントが執行できる請求権としての完全な法的地位を人権に与えることを躊躇したのに対し、ハーバーマスは人権の正当化と執行において、法と道徳を適切に峻別することの含意について余すところなく検討している。執行可能な世界市民の権利には、国民国家に対抗する個人の権利が含まれる。『永遠平和のために』において、カントはこうした法的権利に目を向けなかったのだが、世界中のあらゆる場所を旅行し、会話をする各人がもつ「友好の権利」という彼の理念のなかに、この権利が含まれていると考えてもいいだろう。カントは（キケロにしたがい）、友好は「権利」であり、したがって慈善の行ないではなく義務であるとしている。これは明らかに、国民国家の主権に対して主張できる権利である。

I　グローバル化の「弁証法」

世界大の相互作用ネットワークを作り出している過程は、今現在どのような世界市民的秩序が実現可能かを決定するパラメーターになっている。グローバル化を大まかに、国家や社会間で増進する相互連繫と定義してもかまわないだろう。グローバル化は、多重的かつ迅速な相互作用と調整のネットワークを作り出しており、そこには、グローバル経済システム、グローバル・コミュニケーション・ネットワーク、政府を経由しない相互作用、政府や市民が利用できる政策の選択肢を狭める、多国間の外交や規制が含まれる。[★16] こうした現象はすべて、ある程度は近代初期からあったものである。アンソニー・ギデンズが言うように、「近代にグローバル化はつきもの」

なのである。[★17] 西洋の制度が、グローバルな拡大と相互連繫をあたかも避けられないものであるかのように見せかけてきたのだから、ギデンズにとって、この歴史的事実の含意は、グローバル化過程が西洋的だということである。しかし、多くの社会理論家にとって、グローバル化は近年、質的に変化してきた。経済活動の射程が世界大になってきただけでなく、「国際社会を構成する国家間と社会間の相互作用、相互連繫」が密になってきたのである。[★18] こうした新しい迅速な相互作用は、新しいレベルのリスクと不確実性をもたらしており、諸国家が利用できる規制的、政治的仕組みを、特に世界市場の影響をコントロールすることに関して、ますます役に立たないものにしている。最近行なわれているグローバル化の社会学的分析は、カントに反して、グローバル化が生み出す政治現象の二面性を強調する。グローバル化は、新たな機会を提示すると同時に、これまでにないリスクも提示しており、新しい形の統治への見通しを開く反面、現存する民主主義をその中核に至るまで脅かしている、というのである。グローバル化は、ますます巨大化する社会システムや制度のなかでエスカレートする権力を通じて広がっていくが、ホネットが指摘するには、脱国家的市民社会の権力も弁証法的に増大させている。

カント自身によるグローバル化の説明は、十八世紀特有の意味で弁証法的である。グローバルな相互連繫の意図せざる結果が、人間を平和に邁進させるというのだが、それは、人間がこの形の秩序が提起する問題を解決する限りにおいてのことである。だが、なんらかの革命行為で平和を直接的に実現することはできないので、これを可能にするため、「自然」が因果的なメカニズムを用意しなければならなくなる。人間の活動と、その動機になっている気質や傾向の意図せざる結果が平和効果を生み出すとされているのだが、それは特に、共同体的結束を生み出す商業の力に関して言えることである。カントはまた、対内的に平和な共和国間の平和関係をゆっくりと拡大させる政治メカニズムもあてにしていた。共和国の市民は、批判的公共圏を通じて啓蒙された自己利益に気づいているため、あまり戦争に走らないと考えられたのである。

リベラルな体制間の関係は平和であるというカントの仮説は、経験的な実証分析により、ある程度まで確証されている。★19 カントは、こうした体制が植民地獲得の野心を追求するために犯してきた由々しい不正義を批判するが、資源が不平等に分配されているという条件下で世界的相互連繫が増進すれば、国際紛争を助長し、リベラルな体制の利益をそれ以外の社会から分断させてしまうことに気がついていない。ハーバーマスが指摘するように、世界市場によって解き放たれた力そのものが、平和に向けた前進のために用意されたカントの政治メカニズムを失効させている。というのも諸国家は、まさに自らが解き放ったグローバル化過程に、もはや影響を及ぼすことができなくなっているからである。グローバル化により、諸国家が歴史過程に対するコントロールを失うにつれて、カントの目的論を支えていた社会的、文化的メカニズムには、自然が人間に付与する基礎能力と、矛盾に満ちた気質への形而上学的な訴えしか残らない。アーペルは、こうした主張の形而上学的基礎、つまり見えざる手を考え直す試みを行ない、平和状態を作り出す政治的機会を活用する道徳的義務に純化すべきだと論じる。こうしてはじめて道徳的な平和の要求は、カントの二世界的形而上学と目的論的歴史哲学から自由になれるのである。

ハーバーマスが論じるところによれば、カントの提案の主な問題は、進歩の構想が十分に弁証法的でないことにある。その代わり、この二百年の苦い失望を通じて得られた、より弁証法的なグローバル化の分析を行なうべきであると言う。「弁証法的」という言葉でハーバーマスが言いたいのは、見えざる手に、ラッセル・ハーディンのうまい言い回しである「裏側」があるということに限られない。むしろ、歴史上の証拠を見れば、カントが同定した基本的傾向すべてに、二つの側面があることがわかると力強く論じるのである。つまりグローバル化は、平和の条件整備という作業を進めたが、その作業を困難にもしたのである。この二面性は、リベラルな社会が他の国家との関係すべてにおいて平和的ではなかったこと、グローバル市場のネットワークが、不平等や（多国籍企業や銀行などの）強力な脱国家的行為主体を生み出し、それらが国民国家の規制的コントロールを逃れていること、グローバルな公共圏が現われると同時に、カントが思い描いていた類の文芸的な公共圏の基盤を、マス・メディアが掘り崩してきたという事実に見られる。それにも関わらずグローバル化は、平和を可能にする諸力の配置状況を生み出すのだとハーバーマスは論じる。しかし、これを可能とするには、カントの世界市民法の約束を果たす必要がある。つまり、人権が個人としての世界市民の権利において、法的地位を取得しなければならない。とりわけ、在住する国民国家に対抗する権利が重要である。国連をきちんと改革すれば、このような法的地位を備えた人権を実施、執行する仕組みにすることができるだろう。ハーバーマスとホネットは、最近の出来事にこのような方向を見て取っている。

グローバル化は、ハーバーマスの分析が示唆するより、もっと弁証法的であり、目的論的ではないのかもしれない。グローバル化を直線的な見方で考えないようにするのは難しい。新たな国際制度が、時代遅れになった地方や国家の制度に取って替わると考える方が簡単である。カント自身、この課題については揺れ動き、はじめは平和の問題の唯一の解決策として「世界共和国」を考えていたが、後により緩やかで、それほど制度的に組織されていない共和国の連合をこれに代えた。[20] だが、ルッツ－バッハマンが確信的に論証しているように、カントの議論のなかにある論理を徹底すれば、世界市民法が要求しているのは、行政・司法の権能を備えた世界共和国だということが明らかになる。そしてこの点は、『永遠平和のために』にすら当てはまるのである。以上の議論は、人権の地位に関してはその通りであるが、核戦争や環境破壊といったグローバルな脅威は世界政府でしか取り除くことはできないので、国民国家はそのシステムと同様、歴史的に時代遅れだということになるのかもしれない。

それにも関わらずヘルドは、世界政府とグローバルな統治を巧みに峻別し、ある種の問題のためのグローバルな統治は、国民国家を含む、地方にある政府が存続することと何も矛盾しないと論じている。問題は、カントがグローバルな統治能力を連合に付与しなかったことにある。だが、国家間の暴力状態を解決し、世界市民法という革新的な理念を実施するためには、こうした能力がどうしても必要なのである。

グローバル化はまた、空間的に離れた行為主体間の相互作用を、さまざまな社会的文脈や地理において増加させるのだが、こうした相互作用の結果は一様なものではない。遠くの出来事による「局地的転換」の原因になるかもしれず、場所によって全くちがっているのである。実際、グローバル化の効果は、全く相反するものかもしれない。韓国の自動車産業がますます栄えることによって、アメリカ中西部の貧困や解雇を増加させたり、その逆のことが起こったりする。つまりグローバル化は、ギデンズが言うように、「必ずしも単一の方向に作用する変化ではない。否、ふだんですら単一の方向に作用する変化を一般化して組合せたものではない」。それは、「相反する傾向の中にある」のである。[★21] これが意味するのは、例えばグローバルな社会関係が、国民国家レベルでのナショナリスト的感情を衰えさせるとしても、もっと局地レベルでは、民族的、地域的アイデンティティを強化するかもしれないということである。こうして、世界秩序における国民国家の位置づけはますます複雑になってくる。いまやグローバルな経済問題にとっては小さすぎ、文化的アイデンティティを確保するには大きすぎるのである。弁証法的なひねりによって、世界市民法や世界市民的民主主義を可能とするため、国民国家を少なくとも民主的に強化しなければならないということも当然あり得るし、同様に、「西洋が世界の残りの部分をますます掌握できなくなりつつあるのは、そこではじめて立ちあがった制度の衝撃が減りつつあるからではなく、反対に、それが世界に広がったから」だというのも、もっともなのである。[★22] このように、グローバル化を一様でも、直線的でもないように適切に概念化することで、その結果と問題を理解する助けとなるだけでなく、グローバル化が与えてくれる、より大規模な民主化のための政治的機会を理解する助けにもなる。

地方レベルとグローバル・レベル、あるいは、国法と世界市民法を別々に取り扱うだけでは不十分である。これらは、相互作用を行なって転換を惹起しているのだから、その弁証法的な性質を捉える、より広汎な記述的カテゴリーが必要である。カントが平和「保証」を強調していることを視野に入れると、積極的平和理想のためにも、グローバル化を経験的にもっと適切に説明する必要がある。グローバル化を目的論的に見ようとする傾向は、増進する相互依存関係の積極的効果を過大評価するだけでなく、世界市民的秩序の規範的理想に接近しようとする実践的試みを誤った方向に導いてしまうのである。

2　国民主権とグローバル秩序

平和の理想状態にできる限り近いものを規範的に描き出そうとする試みが歪められてしまったもう一つの原因は、カントの不適切な叙述的カテゴリーが、世界市民法のレベルですら、諸国家の対内主権を無条件に是認していることに見られるだろう。カントは最初、この政治原則をはっきりと拒絶していた。それは、市民社会を設立する際に行なう自然状態からの脱却と、世界共和国を設立する際に行なう自然状態からの脱却の間に、厳密な意味でのアナロジーを見て取ったからである。諸国家を世界共和国にすべて従属させれば、ある種の平和に結びついていくが、それは同時に、合意を執行する最高強制権力を必要とするホッブズ的論理の上に打ち立てられた、

「魂のない専制主義」も生み出すのである。また、理性の統一性が、共和国の法と世界市民法が対立する可能性を、あらかじめ排除するように思われていることも問題である。カントが国家を人間の自由に対して抑圧的であると考えていたのか、あるいは、現実的に認めなければならない要素であって、自然の摂理に訴える以外にないと考えていたのかに関わらず、現にある国家を、正当な法的権威を備えた「法的人格」として承認していたのは、否定しようのない事実なのである。

『永遠平和のために』の予備条項でカントが描き出しているのは、国家間の平和に必要な条件である。なかでも重要なのが、公表性を厳格に確立することであり、これは啓蒙的、批判的で、教養ある世界公衆の役割とされている（第二補説では、哲学者の役割としてより狭義に定義されている）。世界市民は、自分たちの社会で世界市民的公共圏を支え、人権侵害を暴いて、世界公論の審判に提出するのである。ボーマンが論じるところによれば、世界市民のために数多くの、差異ある、重なり合う脱国家的公共圏が事実存在しており、強制力をともなった法ではなく、公論こそが、人権を執行するための唯一のメカニズムである。その他の政治メカニズムや制度はすべて、それぞれの国家に領域内の「最高権力」を与える主権原則により、論外となっている。しかし、真の脱国家的公共圏を確立するには、少なくとも、国家から市民社会に権力を移し変えることが必要になるだろう。カントの「友好の権利」に加え、国家が戦争を始めるには、人々の合意が必要だとする考え方は、脱国家的市民社会に有利になる権力転換の規範的条件を、すでに打ち出すものであると言える。★23

本書に寄稿した哲学者はすべて、何の制約もない対内主権原則を否定している。というのも、現存する国民国家システムの国際法のなかに、この原則が組み込まれているからである。寄稿者のほとんどが、カントの「自由国家の連合」よりも強固で、単一の世界共和国よりも柔軟な何かを求めている。また、経済過程と環境上のリスクがグローバル化していることから、超国家レベルに、もっと効果的な政治的、規制的仕組みを作り出す必要があるとしている。さらには、国際レベルでの法の支配では、なんらかの形で、基本的人権を制度化するべきであると論じている。それにも関わらず、グローバルなレベルでの法の支配を可能にする憲法はまだ形成されていないと、全員が認めている。

グローバルな統治が必要であることについては、大まかな合意があるにも関わらず、この目標にいかに到達すべきかに関しては、根本的なちがいがある。これは、世界市民法を制度化するために、国民国家を含む地方レベルでの主権を強化する必要があるか否かに関するものである。もちろん、もし実効的で超国家的な法の支配を導入しようとするなら、いずれにせよ、現存する国家の権力や政策をいくらかは制限することが要求される。そして、この点が特に該当するのは、ナショナルな目的を追求するために人権を侵害する国民国家なのである。しかし、人権を脱国家的に保障するのに、地方レベルで作動している正当な法体系を経由する以外、いったいどのような手立てがあるというのだろうか。

グローバル化により、国民国家が時代遅れになり、地方共同体から重要性がなくなっているとする単純な考え方を拒絶すれば、実効あるグローバルな統治のためには、地方主権を強化しなければならないと論じることもできる。こうした主権は、いまや規制的コントロールと関連しているのかもしれず、例えば、地方共同体に環境政策上の影響力を与えることなどが考えられる。相互作用によるこの考え方をとりわけうまく展開しているのはヘルドである。彼は、超国家レベルへと主権を単に移動させることには反対し、その代わり、地方、国家、グローバルまでの多くのレベルに分散され、重なり合っていくものとして主権を理解している。ベインズも同じく、「差異化された主権」の構想を弁護し、ヘルドやボーマンとともに、カントの世界市民主義に民主主義の概念を導入するために必要な要素だと考えている。市民への説明責任を負うグローバル統治のためには、地方にある政府が欠かせない。他方で、ある問題や政策によって影響を被る公衆は、どんな政治単位も超えて拡大していくため、真の意味での説明責任をグローバルな規模で考えるには、世界市民的で、脱国家的な公衆の相互連繋から世界市民的主権を築き上げていくことが必要になる。

世界政府に対するカントの不安は、現代の多くの批評家にも反映されており、そうした人々にとって、世界市民主義は軽蔑的な言葉に成り下がっている。ステファン・トゥールミンによれば、世界市民主義は、近代政治に特有のものである。それは、目に見えないように隠れているが、その本質からして抑圧的なのである（『コスモポリス』）。世界市民主義は、「独立した主体により、中央集権的な力の作用を通じて行使される、ニュートン的な巨大な力のイメージに支配されている」[★24]。この中央集権的な力ないし権力の頂点とは、要するに、近代国民国家のことである。こうした批判に照らした場合、『永遠平和のために』の強みのひとつは、カントが国家とグローバルな統治のちがいにこだわったことである。中央集権化された構想に反対するカントの提案を、差異化された、多元的な市民・民主主義的主権の弁護として解釈し直すことができるのである。ヘルドはこれが、脱国家制度、準国家制度、国家制度、多国家間制度をもまき込んだ、さまざまな相互作用に結びつくとみなしている。ここでカントは、力よりも影響力のメカニズムに頼るのだが、ハーバーマスは、それでは十分ではないと論じる。彼によれば、人権侵害を執行可能な世界市民法に対する犯罪として理解する国際裁判所が、憲法上の権限を使って強制力のある裏づけをしなければ、人権を真に保障することはできないのである。

他の批判者たちは、世界市民主義が過度に統合的であり、多元主義の対極にあるものと理解している。エイミー・ガットマンは、多文化主義と、「大部分の人々が似たような混合文化に仲間入りすることを通じて、単一のコスモポリタン文化に同化していくことを善しとする、世界市民的見解」を対置させている。[25] マイケル・ウォルツァーも同様に、多元主義と世界市民主義を対置し、抽象的な普遍主義だとして後者を批判している。[26] ハーバーマスが記しているように、現存する国際制度は、「事実内容の抽象化」を行なっており、内部的にはほんの少しの構成員しか実現できていない国家モデルを暗黙のうちに採用している。だが、世界市民法には、そんな抽象化は必要ではない。ベインズは、より差異化、分散化された民主主義的主権に世界市民主義を結びつけることで、遠回しに共同体主義の反論に応じることになると論じている。ヌスバウムによれば、世界市民主義にしたがった道徳的態度をとるからといって、地方への愛着や、ある特定の対象に向けた忠誠心を切り捨てる必要はない。古代のストア主義者ですら、そんなことはしなかったのである。むしろ世界市民主義は、寛容で守備範囲の広い道徳的多元主義を許容し、人々が「他のあらゆる人の視点から考える」ことができるようにするものである。世界市民主義は、社会と価値の多様性を承認するだけでなく、私たちそれぞれが世界市民として、すべての他者と分かちもつ統一性も認めて、双方の主張の間で均衡を図らねばならない。平和を促進し、多様性を咲き誇らせるのは、この種の普遍主義的政治なのである。

たとえ「世界市民主義」という用語を、多元主義的政治のためにもう一度復権できるとしても、多文化主義や社会の複合性という難しい実践的課題が残ることになる。[27] 第一に、世界市民的政治が直面しなければならないのは、集団や社会間に根深い対立があるため、何を紛争の裁定方法や手続きとするかに関し、全員が合意するのが難しくなるかもしれないという可能性である。世界市民の共同体は、最大の政治共同体として、横断的で対立を生みやすい、数多くの忠誠心や責務を特徴とするであろう。こうした忠誠心や責務をひとまとめにしておく合意の形式は、十分に多元的でなくてはならず、協力的で平和的な関係の基礎を放棄するものであってはならない。[28]

世界市民社会はまた、未曾有の規模と複合性という問題に直面するであろうが、どちらも、社会過程を民主的にコントロールするという理念そのものへの挑戦を提起することになるだろう。道徳理論では、普遍性を単一の視点に具現化する必要はないということに関し、多くの人が合意している。多元性にともなう問題を解決するのに、制度や行為主体のたったひとつの組合せに頼らない構造をどう創出するか。これが、ここで鍵になる点である。

3　多元主義、世界市民主義、非リベラル社会の問題

世界市民制度は、多元主義に相反するものだと思う人がいるかもしれないが、適切に組織さえすれば、そうなる必然性はどこにもない。「差異化された主権」をもってすれば、規制やコントロールを横断的で重なり合うものとして見る余地もあるし、特定の文化的アイデンティティを形作り、共同体を結束する空間は存在するのである。カントは、世界連合の理念のなかにおける多元性を認めていた。だが、申し分なく平和的であり、共同体の結束や境界線を、今あるままの姿で相互に尊重できるのは、法の支配と市民による自治をともなった共和国だけだと信じていた。しかし、多元性の度合いが大きければ大きいほど、世界市民レベルで紛争が起きる可能性も大きくなる。これは、寛容の限界や、非リベラル、反民主体制の位置づけに関し、重大な問題を提起する。カントは、法を遵守する共和国の相互承認だけが、平和を武力ではなく、影響力によって広める唯一の手立てだと論じることで、この問題を回避する。前述の考察から導き出される、主権や世界市民制度を再定式化したものもまた、似たような理念を支持するように見受けられる。すなわち、差異化された主権が求めるのは、異なる政治統合レベ

ルにおける民主化の促進である。活発で民主的な市民社会と公共圏がなければ、国民国家の民主化を想像するのは難しい。同様に、地方や国家レベルにおける民主的で説明責任を担える制度や、活発で脱国家的な市民社会がなければ、地域や世界市民レベルにおいて、民主的で説明責任を果たせる制度を想像するのも難しくなる。多中心的な世界市民的秩序において、非民主体制はいったいどこに位置づけられるのだろうか。

　ジョン・ロールズは、「万民の法」という論文で、この問題に対し、考え得る限り最も素晴らしいカント的回答を用意した。これは、社会と国家に関するカント的多元主義を、国際正義の構想とともに保持しようとするものである。カントにならうロールズは、ここでの政治問題を、他の政治結社の問題と同様に捉える。問題とはすなわち、自由かつ対等な存在としての道理的な人たちが、「万人が合意できる条件で、他者と自由に協働できる」社会をいかに創出するか、ということである。[★29]とりわけ重要なのは、それぞれの社会が、納得のいく憲法体制を自らの手で構築し、それで正当な公的権力の行使を導くことである。多元的社会における「抑圧の現実」と、国際社会が最高度の多元性を備えているという事実に照らし合わせると、万民の法は、リベラルな構想を乗り越えて、「非リベラル社会に予断を下さない、より一般的な万民の法」を生み出すことを求める。[★30]ロールズは、寛容の原則に基づいて、「社会を整序するには、他にも道理的な方法がある」ことを認めなければならないと論じ、非リベラル社会が、万民の共同体に了承されるために満たさなければならない一般的規準を特定した。それは、「秩序ある階級社会」であること、領土拡張主義的でないこと、共通善の構想をめぐって形作られていること、公共圏の代わりに協議階層制があること、構成員の基本的人権を尊重すること、である（ただしこのなかには、表現の自由の権利など、国連憲章によって保障されている市民的権利のいくつかが含まれない）。リベラルな社会は、理性の公共的使用などといった、基本的な政治原則を破棄してまで、こうした原則を共有しない社会と万民の法に合意しなければならないのだろうか。この点を問いかけているのが、マッカーシーの論文である。

以前にロールズの逃げの手法を批判したマッカーシーは、道理性という概念を、現状〔status quo〕の事実上〔de facto〕の多元性を黙認するだけのように見受けられるところまで拡張することを（ハーバーマスと同じく）拒絶する。[★31] ロールズは、非理想論の目標の基礎となるものを、全く台なしにしてしまっているようである。この目標によれば、リベラル社会は、いま現在「不都合な条件」によって重荷を背負わされている社会が、秩序ある社会を実現するのを援助する義務がある。こうした援助は、資源の不平等に対してだけでなく、公共的な政治文化に関する問題にも仕向けられる。この限りにおいて、公論の啓蒙過程の広がり（つまり、カントが言う世界国家の「消極的代替物」であり、平和状態を実現する主要なメカニズム）を説明しようとするなら、平和に都合の良い社会的、経済的、政治的状態を作り出すことを常に考えねばならず、そこには、現存する脱国家的相互作用で典型になっている、富と権力における根深い非対称性を克服することも含まれるはずである。（ハーバーマスも指摘しているように）カントは平和を定義するに際して、こうした条件について考慮しておらず、ロールズは、社会内部での啓蒙過程に必要な条件を無視している。ホネットは、非リベラル社会から脱国家的市民社会を守ろうとする「人権政治」を、ドイツにおいてハンス・マグヌス・エンツェンスベルガーが人気を高めたホッブズ的ないし結果主義的反論に対して弁護している。[★32] ホネットが論じるところによれば、近代社会や国家に典型的とも言える権力のエスカレーションを考えた場合、それぞれの社会の内部で、民主的、経済的な人権基盤を創出することを、強制的国際法が肩代わりできると考えるのは、単なる幻想である。

仮に以上が、平和を促進する啓蒙過程であるとするなら、公論の自由な交換を実現したグローバル秩序はいったいどのように見えるのだろうか。より力強い万民の法の「理想論」とは、いったいどのような輪郭になっているのだろうか。この課題は、ハーバーマス論文の後半部分が最も詳細に検討している。人権政治はどのようなものであれ、自民族中心主義的な押しつけだとするカール・シュミットの議論を否定した後、彼は、人権はそもそもまずはじめに、道徳的権利のみならず、法的権利として理解するべきだと論じる。これは、現行の国際法における対内主権の無制限な役割を、非常に具体的な理由で否定する議論だと言えるかもしれない。さまざまなレベルにおける民主化という、先に展開したテーマと合わせて、地方やグローバルな統治の全レベルに人権を盛り込むことが重要である。しかし、仮にハーバーマスが正しいとするなら、個々人の基本的権利の保障と法の支配は、これらを超国家レベルで制度化する世界市民法の領域で行なわねばならないことになる。ハンナ・アーレントが、「国家なき人々」の無権利状態について論じたように、人権はもはや国民国家だけでは保障できないのである。世界市民法にほんの少しでも強制の余地があるとすれば、それはまさに、ある特定の政治的、宗教的、ナショナリスト的目標のために、主権を使って人権を侵害する国家に対して、人権を執行するに際してのことである。市場の影響などといったグローバルな過程の規制が、グローバル統治の立法的側面であるとすれば、市民が国家に対して請求を行なうのは、その司法的な側面であると言えるだろう。

多元性は、広い視野に立った包括的な平和構想と、同じく広い視野に立った包括的な権利の組合せを要求するのであり、そこには文化的メンバーシップの権利も含まれる。[★33] しかしこれは、カントの予備条項のなかに含まれている、平和が広がっていくための必要条件を書きかえて、異なる政治文化ごとに異なる形になる、自由な啓蒙過程に必要なだけの基本的権利をすべて含めるよう修正を施すのと同じである。国民国家的主権は、啓蒙を妨げるという、この具体的意味において、世界市民法が進む道に立ちはだかる。世界公論とそこからの要求で、グローバル統治制度による武力の使用を制限する、なんらかのメカニズムを発展させなければならない。そして、トゥールミンやウォルツァーが強く反対すべきものと考え、カントが「専制的」と見ていた性質を、世界市民秩序が帯び始めないための社会的状態を作り出すこと、まさにそのことだけに武力の使用を限定しなければならない。専制主義と分断化の葛藤を回避するのは、世界市民秩序にとって最も困難な制度的挑戦であり、理性の公共的使用が、統一性と差異の両者をどのようにして許容するかを示すのは、カントの理性構想が未だ解決していない問題なのである。

4 世界市民主義とその批判者たち

再構築されたカントの理想にとって最も不適切な、世界市民主義に関する三つの誤解がある。第一に、グローバル化は直線的かつ一様な過程ではない、と理解することが重要である。グローバルな相互作用は、異なる場所において相反する効果を持ち、また、地方の権力やアイデンティティの形を強化することすらあるかもしれない。この点において、グローバル化は全く弁証法的なのである。第二に、世界市民主義が要求するのは、政治権力の統合センターではなく、さまざまなレベルにおける民主主義的主権をともなった、差異化された制度構造である。第三に、世界市民主義と普遍的人権は、多元主義に相反するのではなく、さまざまな地方への愛着やアイデンティティと一致する。事実上〔de facto〕の多元性より以上に多元性を押し進めようとする政治は、どんな社会でも啓蒙の社会的、経済的条件にアクセスできるように確保し、理性を公共的に使用するための必要条件を充足しなければならない。資源や権力へのアクセスなどといったものに関する非対称性は、国民国家レベルでも依然として克服されておらず、私たちは公正で民主的なグローバルな統治からは、まだほど遠いところにいる。国民国家より下のレベルで自主的に組織された集団によって構成される、よりいっそう進んだ脱国家的市民社会の存在は、グローバルな統治を構築し、民主的に機能させるための条件である。

多くの批判者が、中央集権的な強制権力によって裏づけられた世界市民法により、国民国家システムやグローバル市場システム内にすでに存在している権力の非対称性が高まることを恐れているのはもっともである。この恐れは、もし世界市民法を、別の政治モデル、つまり、差異化されておらず、多元主義的でなく、多中心的でもない制度の形で考案すれば、現実のものとなるかもしれない。同じ点は、世界市民的になる可能性のある公共圏が内発的に現われてくるように手を差し伸べない啓蒙構想についても当てはまるだろう。しかし、現存する資源の不平等と権力の非対称性の大きさからするならば、脱国家的市民社会における活発な文化多元主義が、脱国家的制度や慣習に力強い法的仕組みを導入するに際しての必要条件になっているのは明らかである。今のままの多元主義では、正義も平和も促進できないのである。

進歩に幻滅した時代において、世界市民的理想の政治的魅力を回復するために今必要とされているのは、グローバル化の弁証法、国民主権の限界と射程、最大限に多文化的な世界市民主義を適切に理解することである。世界市民法や制度が、もし何ものかであるとするならば、それは、カントにとっての戦争の脅威より、もっと緊急で脅威的な現代の諸問題に対する解決策である。西洋民主主義諸国の運命と、その他すべての政治共同体の運命が、地球温暖化や新たな形の暴力などによって分かちがたく結びつけられている。政治的、経済的正義という理想（民主的自治と、貧困、極端な苦しみ、飢餓、環境破壊からの自由）にしたがって行動することが、まさに避けがたく世界市民的なプロジェクトになっているということは、いまや明らかなのである。

注

★1 Kant, "Toward Perpetual Peace: A Philosophical Sketch," in *Kant's Political Writings*, ed. H. Reiss (Cambridge University Press, 1970) p. 105.〔カント『永遠平和のために』宇都宮芳明訳、岩波文庫、一九八五年、四四頁〕

★2 Kant, "Toward Perpetual Peace," p. 104.〔『永遠平和のために』、四二頁〕カントは『人倫の形而上学』で、同じような主張をしている。「さて、われわれのうちなる道徳的＝実践的理性は打ち消しがたい拒否の宣告を下して言う。戦争はあるべきではない。しかも、自然状態における私と汝との間の戦争であるか、対内的には法律状態にありながら対外的には（相互の関係においては）無法律状態にある諸国家としてのわれわれの間の戦争であるかに関わりなく、そうなのである」(*Political Writings*, p. 194)。本書の論文では、首尾一貫させるために、不適当なところはあるが、ケンブリッジ訳を採用している。特に問題なのは、Recht の訳である。「権利（right）」と訳してしまうと、カント『永遠平和のために』の真の革新的意味、すなわち、明白に世界市民的な万民の法（law）の発展という意味が伝わらない。世界市民法は、今日理解されている国際法さえ乗り越えていくのであり、それが近代自然権理論によるものか、現代の新ホッブズ主義的現実主義によるものかは問わないのである。さらに、Völker という用語も曖昧である。Völkerrecht は、国際法に対応するドイツ語の標準的な用語だが、「人々（people）」という意味もある。よって、カントが伝統的な国際法のことを言っていない時には、常に「人々」と訳した。これは、「国民（nations）」という、ナショナリズムと結びついた用語の意味ではない。この用語は、カントの時代にはまだ存在すらしていない。そのうえカントがはっきりと論じているのは、人々と国家は異なる文化的なカテゴリーだということである。国家とは（ヴェーバーによれば）強制法と、ある領域内での暴力手段の独占を要求する形の政治組織である。こうした翻訳上の問題は、ただでさえ曖昧なカントのテキストを解釈するうえでの障害を、さらに増やすことになっている。

★3 一八〇〇年頃のドイツにおける世界平和に関する議論全体を集めたものとして、*Ewiger Frieden? Dokumente einer deutschen Diskussion um 1800*, ed. A. and W. Dietzen (Kiepenheuer, 1989) を参照のこと。

★4 Kant, "Toward Perpetual Peace," p. 115.〔『永遠平和のために』、七三頁〕

★5 会議論文の完全なセットは、ドイツ語で出版されている。*Frieden durch Recht*, ed. J. Bohman and M. Lutz-Bachmann (Suhrkamp, 1996). 本書は英語圏の読者のために選定した論文を、新しく加えた序章と、K－O・アーペルの寄稿を添えて贈るものである。[☆3]

★6 以上のように、今なお残る訳では、『永遠平和のために』における Recht という用語のはかりしれない曖昧さを公平に取り扱ったことにはならない。はっきりしているのは、法の平和的効果がカントの「恒久的」平和の提案と、彼の政治哲学全体にとって根本的に重要だということである。この論文で彼が関心を持っているのは、世界市民法（ius cosmopolitikon）であり、彼はこれを古典的国際法から区別しようとしたのである。カントは、プーフェンドルフ、グロティウス、ヴァッテルらを「相変わらず忠実に戦争の開始を正当化するために引かれる」、「ひとを煩わす者」と呼んでいる〔前掲、四〇―一頁〕。「right〔法、または正〕」という造語は、この原理的な曖昧さを保つよう試みるものである。カントは明らかに、この新しい形の法が、人格ないし人間としての世界市民の権利を確立するのだと考えており、私たちは「right」という用語で、この様子を何とか反映したいと思ったのである。だが、「right」は新語としてほとんど何も伝えないので、この用語の使用はできる限り避けることにした。本書で翻訳された論文は、カントの抜本的革新である世界市民法という理念だけでなく、こうした曖昧さをも保とうとしているのである。

★7　これはよく“Theory and Practice”〔「理論と実践」『啓蒙とは何か　他四篇』篠田英雄訳、岩波文庫、一九二五年〕として言及されている。

★8　例えば、Robert Keohane and Joseph Nye, *Power and Interdependence: World Politics in Transition* (Little, Brown, 1977) を参照のこと。

★9　グローバル秩序のウェストファリア型モデルと世界市民型モデルの対比に関し、David Held, *Democracy and Global Order* (Polity, 1995), pp. 74-98〔デヴィッド・ヘルド『デモクラシーと世界秩序――地球市民の政治学』遠藤誠治、小林誠、佐々木寛、土井美徳、山田竜作訳、NTT出版、二〇〇二年〕を参考のこと。

★10　国際関係研究における、以上二つの基本的アプローチの対比に関し、Janna Thompson, *Justice and World Order* (Routledge, 1992), part I. を参照のこと。トンプソンはカント的プログラムの修正版を弁護している。

★11　Kant, “Idea for a Universal History with a Cosmopolitan Purpose,” *Political Writings* p. 49.〔カント「世界公民的見地における一般史の構想」篠田英雄訳『啓蒙とは何か　他四篇』岩波文庫、一九五〇年〕啓蒙は、「最初は感性的強制によって結成せられた社会を、ついには道徳的全体に転化」する過程で重要である〔三一頁〕。

★12　Kant, “Toward Perpetual Peace,” pp. 112-113.〔『永遠平和のために』六七頁〕

★13　Ibid., p. 93.〔前掲、一三頁〕

★14　このアプローチに関する最も進んだ説明として、Held, *Democracy and Global Order*, chapter 9〔デヴィッド・ヘルド『デモクラシーと世界秩序』第9章〕を参照のこと。

★15 John Rawls, "The Law of Peoples," in *On Human Rights: The Oxford Amnesty Lectures 1993* (Basic Books, 1993), p. 50ff.〔ジョン・ロールズ「万民の法」スティーヴン・シュート、スーザン・ハーリー編『人権について――オックスフォード・アムネスティ・レクチャーズ』中島吉弘、松田まゆみ訳、みすず書房、一九九八年、五一―一〇二頁〕を参照のこと。

★16 このグローバル化の議論は、Anthony Giddens, *The Consequences of Modernity* (Stanford University Press, 1990) p. 63ff.〔ギデンズ『近代とはいかなる時代か?――モダニティの帰結』松尾精文、小幡正敏訳、而立書房、一九九三年、八四頁以下〕に多くを負っている。グローバル化が国民国家での民主主義に与える結果に関するより政治に即した分析については、David Held, "Democracy, the Nation State and the Global System," in *Political Theory Today*, ed. D. Held (Stanford University Press, 1991) を参照のこと。

★17 Giddens, *Consequences of Modernity*, p. 63.〔『近代とはいかなる時代か?――モダニティの帰結』八四頁〕

★18 Held, "Democracy, the Nation State and the Global System," p. 206.

★19 こうした経験的法則性は、実は「ドイルの法則」と呼ばれてきた。初期の定式に関し、Michael Doyle, "Kant, Liberal Legacies and Foreign Affairs (Part I)," *Philosophy and Public Affairs* 12, no. 3 (1983): 205-235 and "Part II," 12, no. 4: 323-353 を参照のこと。

★20 Kant, "Theory and Practice," in *Political Writings*, p. 92.〔「理論と実践」『啓蒙とは何か 他四篇』一八二―三頁〕

★21 Giddens, *Consequences of Modernity*, p. 64.〔『近代とはいかなる時代か?――モダニティの帰結』八五―六頁〕

★22 Ibid., p. 52.〔前掲、七一頁〕

★23 ポーリン・クラインゲルト (Pauline Kleingeld) が私たちに指摘したところによれば、国家に課せられる、以上二つの規範的要求が示しているのは、カントにとってすら、主権的原則が不可侵ではないということである。特に、普遍的友好の権利に関する「第三確定条項」を利用して、カントの国家主権的構想に対する批判に応じることができる。"Toward Perpetual Peace," pp. 105-108〔『永遠平和のために』四七―五〇頁〕を参照のこと。デヴィッド・ヘルドは本書の論文で、この権利に関して論じている。

★24 Stephen Toulmin, *Cosmopolis: The Hidden Agenda of Modernity* (University of Chicago Press, 1990), p. 209.

★25 Amy Guttman, "The Challenge of Multiculturalism in Political Ethics," *Philosophy and Public Affairs* 22. no. 3 (1993), p. 184. 彼女は世界市民主義を拒絶する。なぜならそれは、「包括的普遍主義」だからであり、「どんな実質的な基準をもちだしてきても、道理性や正当性を独断できない道徳的対立の事例があるのに、それらを見過ごしてしまう」(Ibid., p. 194) からである。

ガットマンが普遍主義を緩和するやりかたは、ロールズが万民の法のために道理性の規準を緩和したのと似ている。だが、私たちは世界市民という用語を、公共的理性の単一性や道徳的合意の基準といった仮説のためにとっておく必要はない。世界市民的理想を、もっとカント的な考え方で、社会的かつグローバルな平和と一致する最大限度の多元主義として考えてもいいだろう。多元主義、道徳的対立、公共的理性の政治的使用に関し、James Bohman, "Cultural Pluralism and Public Reason: The Problem of the Moral Conflict in Political Liberalism," *Political Theory* 23, no. 2 (1995): 253-279 参照のこと。

★26　*Interpretation and Social Criticism* (Harvard University Press, 1987) p. 14〔『解釈としての社会批判――暮らしに根ざした批判の流儀』大川正彦、川本隆史訳、風行社、一九九六年、一七頁〕において、抽象的な普遍主義は「道徳的エスペラント語」のようなものだと批判する。マイケル・ウォルツァー (Michael Walzer) の議論と比較すること。さらには彼の、"Pluralism: A Political Perspective," in *The Rights of Minority Cultures*, ed. W. Kymlicka (Oxford University Press, 1995) も参照のこと。

★27　大規模で、複合的で、多元的な社会における民主的な自治に関するこうした問題に関し、James Bohman, *Public Deliberation* (MIT Press, 1996) の第二、第四章を参照のこと。

★28　ハンナ・アーレントの人権構想において強調されている多元性や、世界市民社会に潜む多元性と平等の対立に関し、James Bohman, "The Moral Costs of Political Pluralism: The Dilemmas of Equality and Difference in Arendt's 'Reflections on Little Rock,'" in *Hannah Arendt: Twenty Years Later*, ed. L. May and J. Kohn (MIT Press, 1996) を参照のこと。

★29　John Rawls, *Political Liberalism* (Columbia University Press, 1993), p. 50.

★30　Rawls, "The Law of Peoples," p. 65.〔ロールズ「万民の法」〕

★31　Thomas McCarthy, "Kantian Constructivism and Reconstructivism: Rawls and Habermas in Dialogue," *Ethics* 105, no. 1 (1994): 44-63 を参照のこと。ロールズの「政治的」転向に反対するカント的実践理性のさらに力強い弁護としては、Habermas, "Reconciliation through the Public Use of Reason: Remarks on John Rawl's Political Liberalism," *Journal of Philosophy* 52 (1995): 109-131 を参照のこと。

★32　特に悲観的な型のドイツ新ホッブズ主義に関し、Hans Magunus Enzensberger, *Aussichten auf den Bürgerkrieg* (Suhrkamp, 1993)〔ハンス・マグヌス・エンツェンスベルガー『冷戦から内戦へ』野村修訳、晶文社、一九九四年〕を参照のこと。ホネットは本書の論文で、エンツェンスベルガーの歴史的、記述的、人間学的な前提を批判している。こうした批判を一般化して、人権の政治的重要性に反対する他の新ホッブズ主義や結果論者の議論に向けることもできる。

★33 この文化権に関し、Will Kymlicka, *Multicultural Citizenship* (Oxford University Press, 1995)〔ウィル・キムリッカ『多文化時代の市民権――マイノリティの権利と自由主義』角田猛之、石山文彦、山崎康仕監訳、晃洋書房、一九九八年〕を参照のこと。

訳注

☆1、2、3 邦訳ではカール＝オットー・アーペルとアクセル・ホネットの論文を割愛した。アーペルの論文「道徳的義務の視点からの歴史的予言としてのカント『永遠平和のために』」は、人類の道徳的進化の可能性を排除せずに、道徳的義務を正当化するために、カントの理論体系における、ヌーメナルな世界とフェノメナルな世界の二元論を克服しようとする壮大なものである。また、アクセル・ホネットの論文「政治哲学の問題：道徳的な罠としての普遍主義？」は、国際政治のホッブズ的解釈とカント的解釈を対比させて論じたうえで、人権外交の重要性に言及する興味深いものである。後者については別に邦訳もあるので（アクセル・ホネット『正義の他者　実践哲学論集』加藤泰史、日暮雅夫他訳、法政大学出版局、二〇〇五年）、関心のある読者はそちらを参考にしていただきたい。

I

『永遠平和のために』におけるカントの世界市民的理想——歴史的再興

第1章　カントと世界市民主義

マーサ・ヌスバウム（田辺俊明訳）

さて、地球上の諸民族の間にいったんあまねく行きわたった（広狭さまざまな）共同体は、地上のひとつの場所で生じた法の侵害がすべての場所で感じとられるまで発展を遂げたのであるから、世界市民法の理念は、もはや空想的で誇張された法の考え方ではなく、公的な人類法一般のために、したがってまた永遠平和のために、国法や国際法に書かれていない法典を補足するものとして必要なので……［中略］……ある。

カント『永遠平和のために』★1

二つの共同体があるという事実を把握しよう。ひとつは、まことに偉大で共通しており、神も人も包み込む共同体である。国境は、隅から隅を調べて回るのではなく、太陽を使って計られる。もうひとつは、私たちが出生によって割り振られたものである。

セネカ『閑暇』

1

近年、哲学者の間では、啓蒙や理性に基づいた政治生活の理念に代わるものを、古代ギリシャに求めることが流行している。ニーチェの影響力のもと、相当異なるタイプの著名な思想家たちが、理性と原則に基づいた政治に不満を感じ、古代ギリシャのポリスに私たち自身の政治生活に代わるパラダイムを見つけることができると信じてきた。それは、理性ではなく共同体の団結に基づいたものであり、また、原則ではなく交友に基づいたものであり、進歩への楽観ではなく人の限界と死すべき運命を冷静に受け入れるものである。ニーチェの伝統に属する思想家たちは、どのギリシャ人を善いギリシャ人とみなすかについて意見を違えてきた。どこかの時点で理性が支配的となり、善い方向への発展を妨げてしまったと一般に認められているのだが、正確にはいつなのか合意できないのである。よく知られていることだが、ニーチェにとって悪い時代はエウリピデスから始まっている。ハイデガーにとってはもっと早く、パルメニデスかヘラクレイトスの死とともに（どちらが先であれ）始まっている。バーナード・ウィリアムズにとって、[★2] プラトンまではそんなに悪くはなかったのだが、それ以後急激に悪くなる。アレスデア・マッキンタイアにとっては、[★3] 少なくともアリストテレスと中世における彼の後継者たちが生きている間は善い時代が続き、ヒュームやカントまではそんなにひどくはならない。

さらにこの伝統に属する者たちは、ギリシャの何が善くて、後継者である啓蒙の何が悪いとするのかについてすら、正確には合意できない。ニーチェと、この集団のなかでニーチェのもともとの理念に最も近いバーナード・ウィリアムズにとって善いことは、世界が恐怖すべきものであり、基本的には知性によって把握できないものであるという認識に政治が基づいていることであり、悪いのは、知性によって把握できる合理的構造や、その他何であれ、政治的進歩について私たちを楽観させるものがあると偽っていることである。ウィリアムズは、彼の著作に関連して書いた論文で[★4]、西洋政治哲学を多かれ少なかれすべて批判し、とりわけヘーゲルとカントの哲学[★5]が私たちに「善い知らせ」をもたらしたことを批判し、ソフォクレスの悲劇を、私たちに「恐怖」について考えるように仕向けたという、ただそれだけのことで賞賛している。マッキンタイアとハイデガーにとって善いことは（ウィリアムズにも確かにこの立場に該当するいくつかの点が見られるが）、秩序ある共同体においては、何も考えなくても自分たちの仕事にかかれると仮定されていることであり、悪いことは、政治行為のひとつひとつについて、理性的正当化が必要であるとか、正当化が可能であるかのように仮定されていることである[★6]。再びハイデガーに登場してもらうと、彼にとって善いことは、詩人がインスピレーションの声を待ったり、信者が神の声を待ったりするように、いくぶん受け身的に存在が啓示されるのを待つことである。悪いことは、いろいろな事柄を自分たちの手中に収めようとし、自分たち自身が認識する人間の目的に合わせて政治を工作しようとすることである。とにかく全員が合意しているのは、希望の持てる行動的な、理性に基づいた政治、（どこで見出すかに関わらず）理性的な人間性への敬意という理念に基づいた政治に反対することである。

　私は実のところ、右に登場した思想家たちが、五世紀のポリスと悲劇物語における理性的正当化と理性的議論の重要性を大幅に過小評価しており、したがってポリスとその哲学者たちの連続性を過小評価していると思うのだが[★7]、私の目的は、ギリシャのポリスの解釈を争うことではない。この点に関し、私が共鳴するのは、G・E・R・ロイドの考え方である。ロイドはこれまでの研究を通じて、政治生活の理性的様式が、古代ギリシャ世界における科学と哲学の展開をどれだけ変えたかに関し、見事な洞察をもって力説している[★8]。私の目的はまた、この思想家たちがギリシャから導き出し、近代政治思想へと適用しようとする教訓に関し、真っ向から論争しようというものでもない。ただし、こうした教訓に関する私の態度がどうであるかは、いくつかの点で明らかになっていくであろう。

この論文における私の目的はむしろ、私たちの古典的遺産である歴史に別の章を書き始めることである。そこから、そのままで価値のある政治的教訓を導き出すことができると考えている。私が名前を挙げたニーチェ主義者全員にとって、主要な敵はおそらくイマヌエル・カントであろう。[★9] カントは、愛国心や集団感情より理性に基づく政治、共同体主義的であるより、真に普遍的な政治、恐怖について思案にふけったり、存在の啓示を待ったりするより、行動的で、改革主義的で、楽観的な政治を弁護していたのであり、その影響力は、他の啓蒙思想家たちの及ぶところではなかった。今日のドイツでは、カント主義者とニーチェ主義者の戦いは激しく、例えばハーバーマスのカント的政治プロジェクトは、ハイデガーの遺産との闘いである。アングロ・アメリカの世界も同じ闘いに参加しており、ジョン・ロールズのカント的政治は、ますますウィリアムズやマッキンタイアなどが支持する共同体主義的な形の政治思想との対立を深め始めている。一九九五年は、カントの政治的遺産を見直す特別の理由がある年である。というのも、至るところに存在する攻撃性を抑制し、人間の尊厳を普遍的に尊重するように促す野心的なプログラムを描き出した『永遠平和のために』の出版二百周年にあたるからである。この論文における私の目的は、古代ストア派の世界市民主義にカントが負うているものを跡づけることである。私の主張は、カントが（そして彼を通じてセネカ、マルクス・アウレリウス、なかでも特にキケロが）崇高であると同時に実践的な挑戦を私たちに突きつけたということである。この挑戦に応じる試みが私たちに与えてくれるものがある。それは、自分たちの時代に対処するため存在の啓示を待ったり、（確かにその多くについては考えなければならないにしても）もっぱら恐怖について考えるより、はるかにましなものである。つまり手短かに言うと、もし民族的暴力や大量虐殺戦争があり、人間の尊厳が広汎に無視されている時代において、政治生活への関わりを形作るためのパラダイムを古代ギリシャ・ローマ世界から持ってきて私たちの世界に適用することを望むとすれば、まさにこれこそが、私たちの選ぶべきものだということである。

2

カント『永遠平和のために』は、世界市民的な価値の深遠なる弁護である。「世界市民」という用語は、カントの政治的著作を通じて頻繁に出てきており、引用し、参照している古典としばしば緊密に関係させて用いられている。[★10] 彼自身の世界市民主義の解釈は十八世紀に特有の習慣から生み出されたものであるが、その習慣それ自体に加え、カント自身のアプローチは、古代ギリシャ・ストア派の理念、なかでも特に、kosmou polîtes（世界市民）という理念がはじめて哲学的発展を見た古代ローマ・ストア派の理念がしみこんでいる。[★11] カントは彼独自のやりかたで、テキストの細部にまでわたることなく、短く一般的にしかストア派の理念を論じていないのだが、それにも関わらず、彼の考えはこの理念から根本的に形作られているか、あるいは少なくとも、解明しつつあった自らの世界市民的な人間性の理念との間に深い親しみを見い出していたようである。彼が受けたストア派からの影響のいくらかは、もちろん自然法について近代の著作を読んだことに由来している。というのも、こうした著作自体、キケロや他の古代の思想家に多くを負っているからである。しかしカントは、ローマの主な著作家に深く馴染んでおり、そこから、彼らの理念への密接かつ細部にわたる関わりが形作られたと考えられる。例えば私たちは、当時の道徳哲学において中核的なテキストであったキケロの『義務論』が、カントが『基礎づけ』を書いている時や、その後の彼の倫理的、政治的著作にとってとりわけ重要であったことを知っている。クラウス・ライヒは、『基礎づけ』における議論が、キケロにぴったりとしたがったものであるということを細部にわたって示したが、それはとりわけ、普遍的自然法という理念と人間性の尊重という理念を結びつける、そのやりかたにおいて表われている。[★12] この期間を通じて、セネカも重要であったように思われる。マルクス・アウレリウスの影響はあまり直接的ではないようだが、それでもカントが「世界の市民」という言葉をとりわけ好んで利用したことに、その存在を確認することができる。[★13]

こうした試みが興味深いものとなる原因のひとつは、カントとローマ・ストア派の理念が似ているとわかってくることにあるのだが、もっと魅力的なのは、両者のねらいや哲学的な内実における根本的なちがいが明らかになってくることである。攻撃性を抑制し、人間性への尊重を育むという二つの目的において、カントが自ら固く同盟した思想家からどこで逸脱しているのかを理解すれば、彼の政治プロジェクトを理解するのに少なからず役立つだろう。したがって私はまず、カントが認識していたストア派世界市民主義の大枠を図式的に示す。そこでは彼自身が行なったように、キケロ、セネカ、マルクス・アウレリウスを含むさまざまな思想家の貢献が組み合わされるであろう。その後、私は、カントがそうした理念にどの程度似ているかを探る。最後に、攻撃性や戦争と平和に関して、カントとストア派のプロジェクトの間にある、目的論と情念理論の分野における二つの重要なちがいを探ることにする。

3

どこから来たのかと聞かれて、キニク派のディオゲネスは「私は世界市民である」と答えた。[14]これで彼が言いたいのは、どの地方の出身であるとか、どの地方の集団に所属しているかということで、自分が決められてしまうのを拒絶するということであるが、これらは世間一般のギリシャ人の自己イメージにとって、非常に重要なことであった。つまり彼は、もっと普遍的な願望や関心を中心として彼自身を定義するよう求めたのである。このような考えの焦点になっているのは、自らの人間性の定義における理性の価値や道徳的な目的の重要性である。キニク派は、階級、地位、身分、出身国、居住地に加え、性別さえ副次的かつ道徳的に意味のない性質のものとして取り扱っていた。市民とはまず第一に、理性的人間性と道徳的に結びつき、それによって、自分自身の行ないの目的を定めるべきなのである。[15]

私たちは、キニク派がこの理念からさらに何を作り出したのかに関して、わずかしか知らないのだが、後のギリシャ・ローマの世界市民思想に大きな影響を与えたということは、はっきりしている。キニク派の手本になったストア派は、kosmou politês（世界市民）のイメージを余すところなく展開し、結局のところ私たちは二つの共同体、すなわち出生地である地方の共同体と、人間の議論と願望の共同体に住んでいると論じる。セネカの言葉によれば、後者は「まことに偉大で共通しており、国境は、隅から隅を調べて回るのではなく、太陽を使って計られる」のである。[16]ストア派は、この共同体が最も根本的な道徳的、社会的責務の源であると主張する。プルタルコスがまとめている。

おおいに賞賛されているゼノンの共和国の要諦はここにある。つまり、私たちは日常の生活を、地方ごとの正義体系によって互いに分断されている都市や村をめぐって形作るのではなく、万人を私たちの村の仲間、同じ仲間の市民として捉えなければならない。いっしょに食する動物の群れが、まさに共通の糧と法を分かち持っているように、ただひとつの生活のありかたと秩序がなければならない。ゼノンはこれを、秩序ある哲学的共同体の夢ないしイメージとして描いているのである。[★17]

ギリシャのストア派が、本当に単一の世界国家を設立したいと願っていたかどうかは明らかではない。ゼノンは理想都市を提案したが、その制度の構造について私たちはほとんど何も知らないのである。[★18]だが、そんなことより重要なのは、ストア派が道徳的、社会的世界における私たちの立場を、ある特別な方法で見なければならないと言い張ったことである。この方法によると、私たちは自分たち自身を人類全体に根本的かつ深いところでつながっていると見なければならず、個人的か政治的かを問わず、思案に際しては種全体の善に思いをめぐらさねばならない。このような考え方をするからといって、地方の政治組織など不必要だということにはならないが、これが道徳思想だけでなく、政治思想にも方向性を与えることは確かである。ローマ世界では、世界市民主義の直接に政治的な側面が非常に実践的な形で独自の発展を遂げ、ローマ・ストア主義の哲学者たちは、政治生活に大きな影響力を持っていた。例えばキケロは、中期ストア派のパナイティオスにしたがい、ローマ帝国での仕事の進め方にストア派の概念を適用していた。セネカがネロの下における皇帝の摂政であり、マルクス・アウレリウスがローマの影響力が最も強かった時の皇帝であることは言うまでもないが、彼らもまた、哲学的努力と政治的努力を緊密に結びつけていたのである。[★19]ローマ時代に、ストア主義はある共和主義的な反帝国主義運動に刺激を与えているが、その例として、ネロ治世下のタレシア・パエトスやピソなどによる陰謀がある（セネカは後者に関わったとして、命を落とした）[20]。

ストア派にとって、人間の共同体の基礎は、ひとりひとりの人すべての理性の価値である[21]。ストア派の考え方では、理性は私たちそれぞれのなかにある神性の一部である。そして、ひとりひとりの人はすべて、ただ理性的で道徳的であるというだけで、際限のない価値を備えている（ストア派にとって、理性はまず何よりも、道徳的選択の能力のことである）。男性であれ女性であれ、奴隷であれ自由人であれ、王であれ農民であれ、全員が際限のない価値であり、理性の尊厳はどこであっても尊重に値する。ストア派が主張するところによれば、この理性こそが私たちを同じ仲間の市民にするのである。ゼノンはすでに理性的な人間性について語っており、法という共通理念を基礎づけるものと捉えている[22]。同様に、キケロは『義務論』（第三巻二七―八節）で、自然は人間をひとり残らず他のすべての人間の善を促進するよう定めたが、それは、単に人間であるという理由だけによるものであると主張する。「これがそのとおりとすれば、われわれはみな自然という同じ一つの法律の上に存立している。そして、このこともまたそのとおりとすれば、自然の掟がわれわれに他人の権利の侵害を禁じていることは疑いない」[23]。マルクス・アウレリウスはこの理念をさらに発展させる。「我々になすべきこと、なしてはならぬことを命令する理性は共通である。であるならば、法律もまた共通である。であるならば、我々は同市民である。であるならば、我々は共に、或る共通の政体に属している。であるならば、宇宙は国家のようなものだ」[24]（第四巻四節）。

以上より、ストア派世界市民主義者が主張するところによれば、私たちはある具体的状況から生じてくる万人に共通する問題について思いをめぐらす者として自分を認識すべきである。そして、地方的、国民的なアイデンティティから生じてきて、私たちの道徳的願望を制約する類の問題には執着するべきではない。人なら誰でも、どの国に生まれてもおかしくはないからである。マルクス・アウレリウスが表明しているように「至るところで宇宙都市の一員のごとく生きるならば、ここにいようとかしこにいようとなんのちがいもないのだ」[★25]（第一〇巻一五節）。私たちはこの点を認め、国籍、階級、民族的メンバーシップに加え、性別上のちがいでさえ[★26]、私たちと同じ仲間の人間の間に障壁を設けることを許してはならない。人間性はどこにあろうと認めるべきであるし、その根本的な材料である理性と道徳的能力には、第一級の忠誠心と尊敬を与えるべきなのである。[★27]

ローマで蘇った時でさえ、この提案は世界国家の提案とは全く別物であった。要点はさらに革新的である。つまり、私たちは最高の忠誠心を、単に政府の形やその時どきの権力に与えるべきではなく、万人の人間性によって構成される道徳的共同体に与えるべきなのである。人は、ひとりひとりの人すべての理性と道徳的選択を尊厳あるものとして、平等の関心をもって取り扱うように常に振る舞うべきである。この態度こそが、道徳的、法的責務の両方を生み出すのだと、マルクス・アウレリウスは主張しているのである。

世界市民の態度は社会生活において戦略的価値があると主張される。私たちは、互いを尊重し合う仲間として向かい合うことで、自分自身の問題をもっとうまく解決することができると言うのである。党派による分断や、地方への強烈な忠誠心が私たちの政治生活に与える危害ほど、ストア主義のなかで深遠な課題はない。マルクス・アウレリウスはこの課題に関し、とりわけ雄弁に記している。彼は、ローマの政治生活があらゆる類の分断や党派によって支配される傾向にあり、階級、地位、民族的な出身から公式試合や剣闘士の見世物にまで及んでいると記している。また、自分自身のストア主義教育の一部は「緑党にも青党にもくみせず、短槍組にも長槍組にも味方しないこと」にあると記している（第一巻五節）。ストア派の主張によれば、道徳的、理性的共同体を根本的なものとして認識する政治生活様式は、たとえ諸制度が未だ国民的分断の上に成り立っている時でも、道理的な政治協議と問題解決を約束してくれるのである。

そのうえ、世界市民主義者の政治的立場には内在的にも価値がある。というのも、人の内部に人たるゆえんに特に根源的なもの、言い換えると、敬意と承認の対象になる最も価値あるものを認識するからである。より目立つものの、道徳的にはあまり妥当性のない伝統、アイデンティティ、集団のメンバーシップといった属性などと比べると、こうした側面は生彩を欠くかもしれない。しかしストア派は、これこそより根源的であると同時に究極的にはより美しいのだと論じる。[★28] セネカは、ひとりひとりの人の内部にある人間性の道徳的実体の美しさを記述することにおいて、また、人の理性的、道徳的目的を考察することにより触発される準宗教的な畏怖の態度において、とりわけ雄弁である。カントに深い影響を与えたと見受けられる一節のなかで、彼は以下のように記している。

神は君の近くに、君と一緒に、君の内部にいるのです。〔中略〕もし君が或る森に出会ったとする。そこには古い、普通の高さを越えた樹木が沢山に茂っており、枝が枝におおいかぶさっているので、その被いのために空を見ることを妨げている。そんなとき、樹木の高さや、人里離れた場所や、原野の中にあんなにも濃い、途切れのない影への驚きが、神霊の存在を君に信じさせるでしょう。〔中略〕もし君の見た人間が、危険にあっても恐れることなく、欲望にも煩わされず、逆境にあっても幸福であり、嵐の真ん中にいても平静であるならば、〔中略〕そのような人に対する尊敬の念が、密かに君に近付かないでしょうか。〔中略〕自慢すべきものは、奪い取られることも与えられることも出来ないもので、それこそ人間に固有のものです。そのものが何かを問われるのですか。それは心であり、心の中で成熟した理性です。すなわち人間は理性的動物です（『道徳書簡集』第四一節)。

ストア派は、世界市民になるためだからといって、地方のアイデンティティや交友を諦める必要はないと力説する。というのもこれは、生活の豊かさの大いなる源になるからである。紀元一世紀と二世紀のストア派ヒエロクレスは、キケロの『義務論』にも見い出される古い比喩を使いながら、私たちには地方との交友が欠けているのではなく、連続した同心円によって囲まれているように見るべきだと論じた。最初の円は自己の周りに描かれ、その次の円は自分の近親を取り込み、さらに拡大家族が来る。その後は順に、近隣、地方の集団、同じ仲間である都市生活者、同じ国の人という具合である。これらすべての円の外側に、最も大きな円、つまり、人類全体がある。世界市民としての私たちの仕事は「中心を共通にしてどうにか円を描くこと」、万人を私たちの仲間である都市生活者と同じように位置づけること、などである。[★29] 一般論として言うと、私たちは誰であれよそ者に対して、自分たちの関心と責務の外にある者と考えてはならないのである。キケロはここで、テレンティウスの有名なくだりを引用している。"Homo sum : humani nihil a me alienum puto."(「私は人間である。人間に関することで自分に無縁なものは一つもない」[★30])。言い換えると、私たちは自分たちの近くにある物に特別の注意と配慮を与えてもかまわない。しかし第一に、こうした位置関係の性質が常に偶発的であり、根本的忠誠心は人間的なるものに向けられていることを想起せねばならない。第二に、自分たち自身に向ける特別に大きな関心ですら、自分が内在的に優れているがゆえに正当化されるのではなく、人間性の要求全体により正当化されるのだということを考えに入れなければならない。この点について理解するため、子供の養育について考えてみよう。ローマのストア派は、核家族を廃止しようとしたプラトンと、彼にしたがったギリシャ時代のストア派の先人たちには強く反対する傾向がある。★31 ローマのストア派は、すべての両親がすべての子供の面倒を無差別に平等に見るならば、子供をうまく育てることはできないと主張していたようである。それぞれの両親は、自分たちの子供を集中的に世話するべきであり、その関心を世界中に広げるべきではない。だがこれは、自分の子供が他の人たちの子供よりも真に価値があるということではなく、自分が置かれた場所で自分の義務を行なうことが最も理にかなっており、そうしてこそ人間の共同体を最もうまく構成できるのだということである。ストア派にとっては、これこそ地方的、国民的なアイデンティティのあるべき姿であり、人間性という最優先の要求に背くことなく、これを強化し、押しすすめる方法なのである。

ストア派世界市民主義者は、政治が人々を分断し、他の集団をよそよそしく敵対的なものであると考えるよう仕向けることに気がついている。だから、自分たちがともに働くように生まれついていて、共通の目的を与えられているのだと考えるようにしてくれる、感情移入による理解の過程を強く主張するのである。この理念を余すところなく発展させたマルクス・アウレリウスの言葉によれば、私たちは可能な限り他者の「魂の中にはいり込み」、理解をもって他者の行為を解釈するべきである（第六巻五三節、第八巻五一節、第一一巻一八節）。

この世界思考において好まれる実験は、人間の世界全体をひとつの身体と考え、多くいる人々を多くある手足と考えるというものである。ギリシャ語でmelos（「手足」）という言葉のたった一文字を変えるだけで、meros（「切り離された部分」）という言葉になることに言及して、マルクス・アウレリウスは次のような結論を下す。「もし君が〔言葉を変えることによって〕単に『一部分である』と自分にいうなら、君はまだ心から人間を愛しているのではなく、善事をおこなうことがまだ絶対的に君を悦ばすわけではないのだ。君はまだ単に義務としてこれをおこなうにすぎないのであって、自分自身に施す恩恵としておこなうのではないのだ」（第七巻一三節）。こうした有機体モデルを取り上げるからといって、個々人の個別性や政治的自由の重要性を無視するわけではない。ストア派はこの二つについても彼らなりに熱心な関心を寄せており、[★32]別々の人の満足を単一の体系に合算できるなどとは考えてもいなかった。しかし、それでも必要になってくるのは、私たちの善が自分たちの仲間の善と結び合っている、そのありかたを常に考えることに加え、仲間と共通の目標やプロジェクトを分かち持っている者として自分を認識することである。

ストア派は、この共通の目標やプロジェクトという考え方に、敵対関係と攻撃性を封じ込める最も強力な動機を見い出している。後で長々と論じるように、世界市民の中心目標は、自己の内部と周囲にある社会から怒りを完全に根絶することである、とストア派は信じていた。[★33]しかし、軽蔑や侮辱を気にしないように自分自身に言い聞かせるのは難しいうえに、政治世界が悪意と道徳的に不愉快なことを多く含んでいると知っている時はなおさらである。マルクス・アウレリウスは、自分自身に対し、憤りや恨みに駆られやすい人として語りかけている。彼は自分自身に、次のような世界市民的な助言を与えるのである。

あけがたから自分にこういいきかせておくがよい。うるさがたや、恩知らずや、横柄な奴や、裏切者や、やきもち屋や、人づきの悪い者に私は出くわすことだろう。［中略］しかし私は［中略］悪いことをする者自身を天性私と同胞であること――それはなにも同じ血や種をわけているというわけではなく、叡智と一片の神性を共有しているということを悟ったのだから、彼らのうち唯一人私を損いうる者はいない。というのは誰ひとり私を恥ずべきことにまき込む力はないからである。また私は同胞にたいして怒ることすらできず、憎む事もできない。なぜなら私たちは協力するために生まれついたのであって、たとえば両足や、両手や、両眼瞼や上下の歯列の場合と同様である。それゆえに互いに邪魔し合うのは自然に反することである。そして人にたいして腹を立てたり毛嫌いしたりするのはとりもなおさず互いに邪魔し合うことなのである。[★34]

ここに、連繫、共通目的といった世界市民思想が入り込んできており、マルクス・アウレリウスはこれで、政治的敵対者に対する考え方を改めることができた。政治的敵対者に対する自分自身の人間性を養い、世界市民主義の目標にこだわり続けることを可能とし、彼が避けようとした党派争いの政治様式に逆戻りせずにすんだのは、この考え方のおかげなのである。政治的敵対者を自分と目的を分かちもつ同じ仲間の人間と見るがゆえに、自分の政策の途上にある単なる障害としてではなく、目的として取り扱うことができるのである。

ストア派は、世界市民主義の生活、世界的な協力、人間の尊重という目標に関心をもつよう市民に売り込むことは難しいと十分にわかっている。というのも、市民たちは派手なスローガンや心理的安定をもたらしてくれる地域集団への忠誠心に囚われているからである。世界市民の生活とは結局のところ、キニク派のディオゲネスが言ったように、ある種の亡命である。[★35] つまり、地方で本当とされていることや、地方への忠誠心がもたらす暖かい巣の中にいるような感覚、自分自身のなかにある、自分自身のプライドが演じるおもしろいドラマからの亡命である。とりわけマルクス・アウレリウスの著作では、まるで習慣という支えや地方の境界線の取り外しが、生活からある種の暖かさと安心を奪ってしまうかのような際限のない孤独感を感じる。子供の時に両親を愛し信頼した人は、同じ線に沿って市民権を組み立てようとする傾向にあり、集団や国民の理想化されたイメージのなかに自分の代わりに考えてくれる両親の代理人を見出す。[★36] これに対して世界市民主義が要求するのは、万能の両親への子供じみた依存を必要としない大人の国である。[★37]

政治制度を構築するに際しては、制度の形に関わらず、平等な人格と人間性を十分に認めなければならない。キケロはパナイティオスにしたがい、これが外国人や他者に友好的に接する義務をともなうと理解している（『義務論』第一巻五〇節以下）。マルクス・アウレリウスは、世界全体の政治的出来事について自分を教育する義務を主張し、全世界市民に対する関心を示す形で、こうした出来事に積極的に関わるように勧めた。ストア派全員の理解によれば、世界市民主義とは、戦争行為に対して、ある種の国際的制約を課すものである。ここで言う制約とは、一般論として、攻撃を断念しあらゆる話し合いが実りを結ばなかった時に、自衛のためだけに武力に訴えるということである（前掲三四節）。また、征服された人々を人間的に取り扱い、できることなら、打ち負かされた人々を自分自身の国の市民として受け入れることである（前掲三五節）。一般的に言って、不正行為者に対して与えられる罰は、それが個人であれ、集団であれ、彼（女）らのなかにある人間の尊厳を尊重しなければならない（前掲八九節）。集団的な憎悪に駆り立てられた戦争やせん滅戦争は、特に厳しく非難すべきである。

4

カントがストア派世界市民主義に負うているものについては、もし議論を政治的領域と政治的著作に限定するなら、うまく理解できないだろう。だから私は、ストア派を描写するに際し、ストア派の理性と人格に関する理念の道徳的核心から始め、制度的、実践的目標というより表層的な記述からは始めなかったのである。この深いところにある核心、つまり、人格において平等かつ自由な理性的存在者の国、おのおのが世界のどこに住んでいようとも目的として取り扱われるという理念こそ、カントが摂取したものである。ストア派と同じく、カントにとってもこの理念は、なんらかの政治的提案というよりは、むしろ道徳的、政治的な考察の中心にあって、私たちが政治的に意図してもよいことの限界を画そうとする統制的理念である。それはまた、道徳法則を遵守する力強い動機になる尊敬や畏敬の念を与えてくれるものでもある。こうした理念が『基礎づけ』を形作る力になっていることは、容易に見て取ることができる。カントはここで、普遍的法則の定式と人間性の定式を結びつけているのだが、ライヒが論じるように、その方法は、キケロの『義務論』における議論を、彼独自のやりかたで、非目的論的に仕立て直したものである。キケロは、自然にしたがった生活というストア派の理念には、人間性を普遍的に尊重することが必要だと解釈していた（第三巻二六―七節）。カントが仕立て直したのは、この議論だったのである（ライヒが示したように、二つの著作の間には、その他にも多くの接点があるため、カントがキケロの議論の線にぴったりと沿っていたというのは、ありそうなことである）。ストア派の理念は、『第二批判』の形を整えることにも役立っているようである。星のちりばめられた空を前にした精神の畏敬や、内面的な道徳法則に関する有名な結論は、私たちのうちにある理性という神性を前にした時の畏怖を表現した、セネカ第四一番目の手紙の形象を緻密に反映している。世界市民性というストア派の理念に特に重要な言及をしているのは『人間学』においてであり、ここでカントは明らかに、マルクス・アウレリウスの著作か、そうでなければ少なくとも彼の精神にしたがって書き[38]、次のように主張している。私たちは他者に対し、彼（女）らの考えを理解するよう努める義務を負っている。というのも、他者を理解しようとする、そのような態度だけが、自分自身を「世界市民」と理解することに合致するからである（『人間学二』）。そして、この人間性や世界市民性という核心的概念こそ、政治的著作のなかでも、とりわけ『永遠平和のために』を形作っているものなのである。

マルクス・アウレリウスやキケロと同じくカントが強調するのは、理性にもとづいた万人の共同体が法(ius)への共同参加を課すということである。私たちは、まさに自分たちが理性的な存在であるということによって、架空の政治体、つまりコスモポリスへの共同参加を課せられるのである。コスモポリスは目に見えない要求や責務の構造を備えており、これを促進し正当化している現実の政治組織があるかどうかは問題にならない。カントが「世界市民法の理念」に言及する時、そしてこの法こそが「国法や国際法に書かれていない法典を補足するものである」(『平和』五三頁)と断言する時、彼は、キケロとマルクス・アウレリウスがたどった分析に忠実にしたがっている。この点は、彼が私たちの行為すべての有機的なつながりを主張する時も同じである。「地球上の人々の間にあまねく行きわたった(広狭さまざまな)共同体は、地上のひとつの場所で生じた法の侵害がすべての場所で感じとられるまで発展を遂げた」のである(『平和』五三頁)。

政治提言の細部においてカントがキケロの『義務論』に負っているものは、『基礎づけ』と同様、詳細にまでわたっており、驚嘆を禁じ得ない。例えば、最初の付録にある道徳と政治の関係についてのカントの議論は、キケロの道徳性と目的合理性の関係についての議論に忠実にしたがっている(第二巻八三節、第三巻一六節以下を見よ)。また、両思想家とも政治生活の営みにおける正義の重要性についてこだわり、似たような理由で道徳性と目的合理性を決して秤にかけてはならないとしている。二人が行なった歓待の権利の議論も非常に似ており(第二巻六四節、『平和』四七—五〇頁を参照せよ)[39]、戦時における適正な道徳行為、とりわけ敵に対する正義についての厳格な説の間にも、同様の類似性が見られる(第一巻三八節以下、『平和』二〇頁以下を参照せよ)。どちらとも誠実性と約束の遵守は戦時でさえ非常に重要であると主張している。また、残虐行為とせん滅戦争を弾劾し、敵に対するものでさえ裏切り行為をいっさい認めない。カントが万人が「地球の表面を共同所有する」(四七頁)権利や、「互いに平和的な関係を結び、この関係がついには公で法的なものとなり、こうして人類を結局は世界市民体制へと次第に近づける」可能性を語る時、彼は再びストア派の分析に近づいているのである（前掲）。

とりわけ魅力的なのは、公共善のために自由に議論を行なう哲学者の義務というキケロの理念をカントがとりいれていることである。「永遠平和のための秘密条項」と題された補説で彼が読者に教えているのは、攻撃性を抑制するための条件には統治者が公式には認めたがらず、したがって公式の文書には書き入れない条件がひとつあるということである。「秘密条項」とは、この課題に取り組んでいる統治者が、哲学者からの助けを必要とするということである。

> 国家には当然最大の知恵が授けられているはずで、そうした国家の立法する権威にとっては、他の諸国家に対する態度の原則について臣下（哲学者たち）に教えを乞うのは、権威を傷つけることのように見えるであろう。だがそれにも関わらず、教えを乞うのは、きわめて得策なのである。それゆえ、国家は、哲学者たちに、暗黙のうちに（したがって国家がそれを秘密にして）そうすることを勧めるであろう。言いかえると、国家は哲学者たちに、戦争遂行と平和の樹立に関する普遍的格率について、自由に、かつ公然と発言させるであろう（というのも、彼らは、禁止されることさえなければ、自分たちから進んで発言するであろうから）。

ローマのストア派とカントの間にはいくつか重要なちがいが残っている。例えば、ストア派はカントのように（『平和』四八—九頁）、植民地支配は道徳的に承認できないものであるとの結論を出さなかったし、そうすることもできなかった。セネカがもしそのような感情を持っていたとしても、口に出すことができないのは確実であったし、マルクス・アウレリウスは、現存する植民地を解体するべきか否かというよりも、どうすればできる限りの正義をもって、かつ賢明に管理できるかという仕事に集中していた。しかし、カントが植民地主義に反対したのは、支配そのものの事実に反対したためではなく、住民の抑圧的で暴力的な取り扱い（四九頁）のためであることに留意しなければならない。他方、マルクス・アウレリウスは死に際しての言葉で、自分の帝国を恐怖ではなく、説得と愛をもって治めたと主張したが、これは全く考えられないことではない。「統治される者の善意がなければ、富がどんなに豊富にあって、独裁者の浪費に事足りるとしても、また、支配者を護衛する者がどれだけ屈強でも、（統治のためには）何もできない」[★40]。二人の哲学者の生活が置かれた場のちがいを考えに入れるならば、おそらく彼らが、世界市民的な目標を同じような形で追求しており、幸運と能力が彼らに課した生活と仕事の領域で、可能な限り世界市民の仕事を果たそうとしていたのだと言っていいのかもしれない。

繰り返しになるが、ストア派にもカントにも盲点はあり、しかしそれは必ずしも同じ場所にあるわけではない。カントの世界市民主義は、女性の人格と尊厳の平等という点においてはギリシャやローマのストア派に全く及んでいないし[★41]、ストア派が全般的に奴隷制度を承認する傾向をもっていたことについては、奴隷制に結びついた慣習のすべてを承認しているわけではないとしても、とりわけ衝撃的である[★42]。カントおよびストア派の両者には、道徳的命法を政治的命法に取って替える傾向がしばしば見られる。このとき、両者にとって善意志は人間の生活の外部環境によって強いられる不利益にも不死身であることから、このような外部環境を変える方向に向かうべきところでもしばしば尊厳に対する尊敬が尊重されるのである。しかし、ストア派のものであれカントのものであれ、政治変革に対する無関心を誇張するべきではないであろう。両者が主張するところによれば、私たちには他者の幸福を促進する義務があり、この義務こそが政治生活に建設的に関わることを要求するのである。キケロはこの点についてとりわけ熱心であり、カントはキケロの範にぴったりとしたがっているのである。

総じてカントの世界平和構想は、キケロ・ストア派の理念を自分自身の時代の実践的な問題に応用したものだと言える。構想では、人間性の尊重という道徳規範が作用して攻撃性を抑制し、相互連帯を促進することになっているのである。

5

しかし、カントとストア派の先人たちの間には根深い哲学的なちがいが二つあって、これが『永遠平和のために』の議論に重要な示唆を与えている。ちがいとは、目的論と情念の考え方に関するものである。

もちろん、カントの道徳哲学にとって根本的であり、かつ彼の著作全体にわたる古代ギリシャ道徳理論に対する批判の要点は、自然界の形而上学的な描写に実践理性が頼ることはいっさい許されないということである。したがって、言うまでもなく〔a fortiori〕、慈善心に富んだ賢明な神が、全体善という目的にかなうように設計したとされる自然の描写にも頼ってはならないのである。だがストア派の倫理は、まさにこのような自然の描写に頼っているのである。といっても、ストア派の思想家たちの道徳論議にとって、この理念がどれだけ重要かについては議論され続けてきたわけであるし、ひょっとすると思想家ごとに重要性がちがっていたかもしれないということに関しては、留意しておくべきだろう。[★43]

カントの政治的著作では事情はもう少し複雑である。摂理という理念が何かストア派のような形で出てくるのだが、摂理に忠誠を誓うことに対しては慎重に制約を課しているのである。『「理論では正しいことも実際には当たらぬ」という俗言について』においてカントは、「普遍的な世界市民的な見地から」[★44]見た国際社会正義の進展を論じる際、自然の摂理による設計という非常にストア派的な概念を援用している。

> ところでいっそう大なる善に向かうこのような不断の進歩は、そもそもいかなる手段によって保持され、またよく促進され得るのか、ということを問題にするならば、我々は直ちに次のことを知るのである。すなわち――〔中略〕まず全体に影響を及ぼし、そこから個々の部分に及ぶような成果は、人間の本性に――と言うよりはむしろ（この目的を完成するには最高度の知恵が要求されるから）神の摂理にのみ期待され得るのである。

この摂理への訴えは、とりわけ魅力的な曖昧さをともなって『永遠平和のために』に戻ってきている。「第一補説　永遠平和の保証について」と題された章である。

> この保証を与えるのは、偉大な技巧家である自然（natura daedala rerum〔諸物の巧みな造り手である自然〕）にほかならない。自然の機械的な過程からは、人間の不和を通じて、人間の意志に逆らってでもその融和を回復させるといった合目的性がはっきりと現われ出ているのであって、そこでこうした合目的性は、その作用法則がわれわれの知らないある原因による強制と見れば運命と呼ばれるし、また世界の過程におけるその合

目的性を、人類の客観的な究極目的を目指しこの世界の過程をあらかじめ定めているような、いっそう高次の目的を備えている深い知恵と考えれば摂理と呼ばれるであろう。もっともわれわれは、この合目的性を自然のこうした技巧的な配備において認識するのでもなければ、あるいは単にこの配備から推論するのでもない。そうではなくて、われわれは（事物の形態を目的一般に関係づけるあらゆる場合と同様に）その可能性を人間の技巧的な行為との類比にしたがって理解するためにそれを単に補って考えることができるだけであり、またそれにとどまらなければならないのである。［中略］もっともここでのように（宗教ではなくて）ただ理論が問題である場合は、人間の理性がもつ制限のために（人間の理性は、結果が原因に対してもつ関係については可能な経験の範囲にとどまらなければならない）、自然という語を用いる方が摂理という表現を用いるよりもいっそう適切であり、またいっそう謙虚であろう。われわれは、ともすれば摂理が認識できるとして、不遜にもこの表現にイカロスの翼をつけ摂理のはかりがたい意図の秘密に近づこうとするからである。

この複雑な段落において（この後にはさらに複雑で、さまざまな異なる種類の摂理について非常に曖昧な注釈が来るのだが）、カントはまず、永遠平和は自然の設計によって保証されていると自信ありげに述べている。ストア派にしたがい、彼はこの設計に「運命」と「摂理」という二つの名前を与えている。しかし、すでにここからして複雑である。自然の特徴を述べるラテン語の言い回しは、カントが非常に愛読したルクレティウスの著作『万有について』から取り上げられたのだが、この著作は、自然の働きのなかに目的論的設計が判別できるということを断固として認めていない。[★45] カントはさらに一歩進んでこの不確実性を公式化し、確信をもって摂理について語ってはならないと読者に注意を促す。というのも、そんなことをするのは人間の本性の限界を超えた試みだからである。言い換えると、彼が批判しているのは、確信的に断定された目的論に世界市民主義を基礎づけることに固執するストア派のアプローチなのである。

しかし、カントは次の段落でストア派の図式に真っすぐに戻っており、その様子はまるで何の邪魔も入らなかったかのようである。「自然がこの保証をどのような仕方で与えるかを探ることにする。自然の過渡的な配備は、次にいくつかの点に認められる」。古典研究者がとりわけ魅了されるのは、その後に続く資料が、ルクレティウスへの不可解な言及が決して偶然ではない証拠のように見受けられることである。カントは、自然のなかにある摂理の設計を否定するルクレティウスの実際の議論の線にぴったりと沿っているのだが、それと矛盾することをあらゆる点で断定しているのである。ルクレティウスは、地球上の半分以上が気候のせいで住めなくなっていると し、その他は野生獣のせいで、人間にとって全く快適ではないと言う。これに対してカントは何の議論もせずに、自然は「人間のために、地球上のあらゆる地域で、人間がそこで生活できるように配慮した」、「人がその気になれば、地球上のどこでも住めるように配慮している」と断定する。さらにはルクレティウスが、無秩序で摂理に反する物事の本性の例として戦争を引き合いに出すのに対し、カントはただちに、自然の摂理の設計の一部として戦争を引き合いに出している。戦争は人間を散らばらせ、「最も住めそうにもない地域」にすら人を住まわせるために行なわれる、と言うのである。再びルクレティウスに登場してもらうと、彼にとっては、本質からして無秩序な世界に自分自身を見い出した人間が、自分たちの秩序に合意しようと決心するからこそ法体制が生まれるのだが、カントにとって法体制とは、その次の文が示しているように、自然の摂理によって生じた争いの結果生じるものなのである。

要約すると、私はカントが、ルクレティウスによる自然の反目的論的な考え方に対して闘いを挑み、ストア主義の摂理宗教に味方していることに、ほとんど疑いがないと考えている。彼の議論は、この内輪もめの徴候を多く示している。例えば、ある奇妙な注釈において彼が考えているのは、遠く離れた北極へ の移住者がいつか流木に不足するかもしれないという想定上の反論である。そしてこれに対して、移住者は「北極沿岸に豊富にある動物からの産物を使って」木材と物々交換できるだろうと回答している。もちろんこれは、目的論に対する反論ではなく、それはルクレティウスに見い出すべきであるが、ルクレティウスがこの点を問題にすることは明らかであるし、十八世紀のエピクロス主義者なら、喜んで支持すると予想されるものである。★46 したがってカントは、自らの公式見解が求める慎重さにも関わらず、ストア派の見解を支持する熱心なパルチザンになることを志願しているように見受けられるのである。★47

しかし、カントとストア派の間には大きなちがいが残っている。あるいは少なくとも、カントが人間すべてについて主張することと、ストア派が賢人について主張することは異なっている（賢人ではない人間に関して、カントとストア派の見解を区別することは困難である）。ストア派の賢人は、世界の設計をその働きのすべてにおいて確実に知っており、それが摂理のものであることを知っている。彼はゼウスのような知識を持っているが、ひとつだけ例外があって、将来起きる特定の偶発的出来事に関する知識は欠落している。これとは対照的に、カントの人間は摂理を希求し摂理に関する議論を組み立てるが、摂理を実際に認識したとか、その意図の神秘に近づいたなどと主張することは不適切であると考える。しばしばカント自身が、まさしくこうしたことをいかに行なっているように見えるとしてもである。摂理とは、せいぜいよくても「実践的な命題」ないし、確信をともなう実践的な希望にすぎないのである。

カントの世界市民主義にとって、この希望はどれだけ重要なのだろうか。私たちはこの点に大きな関心を寄せる。というのも、カント版ストア派世界市民主義の最も魅力的な点は、ほとんど誰も信じていない目的論にその見解をくぎづけにすることなく、道徳的な核心を温存するところにあると見受けられるからである。ここで、私はバーナード・ウィリアムズに同意する。[★48] もしカント・ストア主義のもたらす善いニュースが、世界には理性的目的が内在しているのだとする考え方と不可分なのであれば、私たちはこれを認めはしないだろう。

摂理の希望がカントにとって個人的に重要だということははっきりしており、彼は、他の世界市民主義者もこれを共有すべきだと考えていた。だからこそ彼のレトリックは、摂理の希望への訴えに満ちているのであり、これはとりわけ『永遠平和のために』に関して言えることなのである。しかし私は、カントが行なった議論の道徳的核心を、この種の希望的観測に基づく考えから完全に切り離せるのは自明だと考える。そして、目的論を除いたストア派の道徳的核心を摂取できると考えた彼は正しいと信じている。私たちが教えられたのは、自分たちの道徳行為は遠近を問わず、万人の人格の価値の平等に定位しなければならないということ、そしてこうした道徳的な姿勢こそが、政治を世界市民主義の方向に導いていくということである。また、道徳は政治思想に制約と目標の両方を与えるのだから、政治に優越すべきだということも教えられた。キケロにしたがい、人間性に敬意を表するカントが中心に据えるのは、道徳的命法とその根拠であり、摂理への訴えを付け加えたのは、臆病者にある種の安心を与えるためにすぎないのである。

私たちが世界市民主義者になったり、世界市民的なねらいや希望にしたがって自分を定義するべきだと他人を説得したいのならば、摂理に言及して、最低でも実践的命題であるとか、あるいは理にかなった希望であるなどとして、カントにしたがわねばならないのだろうか。そんな必要はないと私は信じている。世界には内在的秩序があると考えるのか、それともルクレティウスのように、不規則で摂理に沿わないものであると考えるのかに関わらず、人間性は私たちからの尊敬を力強く要求できる。人間性は、意図的な設計によって現われようとも偶然によって現われようとも、人間性であることに変わりはなく、尊重を強いるものなのである。[★49] ある意味では、無秩序で親切とは言えない世界に直面して、わざわざ選んで自分たちの共同体を構成し、それを普遍的かつ道徳的なものにしていくことには、特別な威厳と自由が認められる。というのも、そのとき私たちは他の誰の命令でもなく、自分自身の命令だけにしたがっているからである。

6

ここでようやくたどり着くのは、カントとストア派の間にある、おそらくは中心的と目されるちがいである。カントにとって平和を探求するには、人間の攻撃性を執拗に警戒することが求められる。攻撃性は生得的なものであり、人間の本性から取り除くことができず、多かれ少なかれ暴力的で教育できないものである。「戦争そのものは、なんら特殊の要因を必要としない。戦争はむしろ人間の本性に接木されているように見え」る、と彼は記している（『平和』六三頁）。一国内の人々を見る限りにおいて、私たちは、「人間の本性に根ざしたある種の邪悪」（八七頁）から結果として悪いことが出てくるのではなく「まだ十分に開花されていないということ（粗野）」のせいだと非難することができるだろう。しかしカントは、どれだけ発展しているかに関わらず、国という国がすべて外交では悪しざまに振る舞っているという事実が、内在的な邪悪さの「争う余地」のない証拠になっていると結論を下す。同様に『一般史の構想』で彼が言うには、人間の行動を考えてみるとわかるのは「全体としては、けっきょく愚昧、幼稚な虚栄、またしばしば子供っぽい意地悪や破壊欲等によって織りなされる」ということである（二五頁）。アウグスティヌス的なキリスト教の精神と、ロマン主義における情念と文化の厳密な区別に影響を受けたと見られるカントは、攻撃性を含む情念を、自然で、前文化的で、人間の本性から取り除けないものと考えていたようである。

しかしストア派にしてみれば、人間の本性に腰を落ち着けている情念などありはしない。もちろん、身体的欲求には生得的、身体的な基礎がある。しかし、情念（悲しみ、恐れ、愛、憎悪、恨み、妬み、怒りなど）は、学び、信じることを要求する。しかもストア派は、情念をある種の評価的判断、つまり、物事のありかたに関する価値の負荷された諸見解への同意と同一視しているのである。こうした価値の負荷された諸見解に共通する性質は、人が自らの繁栄に関して、自己の外部にあってコントロールできない物事や人びとに重きを置く点である。[★50]したがって、こうした見解にはすべて、自然界に対する一種の受動性が含まれる。それは自分の善を自分がコントロールできる境界の外に置くことを許し、そうすることで、自分自身を世界の慈悲にすがらせる生活様式なのである。ストア派にとってこうした生活様式は、根本的に非理性的である。というのも、いつも落ち着きのなさや苦痛をもたらし、他者に仕返しをして、危害を加えることになりやすいからである。私たちには、外部の物事が重要であるとする理解のしかたに合意するかどうかを留保する力が常にあり、そうした理解が社会でどれだけ支配的であるかは問題にさえならない。そのうえ私たちは、徳が自分の繁栄にとって十分かどうかを判断する力さえ備えているのである。

このような考え方をした結果として、もし外部の物事や人への賢明とは言えない執着がなくなれば、怒りや憎悪といった情念も復讐欲もなくなることになる。ストア派の診断によれば（これが基礎になっているスピノザの診断と同様)、怒りは人間の本性のなかにある生得的、攻撃的な本能から導き出されるのではない。彼らは、そんな本能があると仮定するいかなる理由も見当たらないし、そのような理由を疑うに足る多くの根拠が、幼児期の初期の行動に見当たると言う。[★51]他方で、所有物、名声、名誉、身体的な外見、健康など、私たちの意思の外にある事物に執着をもつ時、私たちは自らの尊厳を世界の慈悲のもとに置き、侮辱されたり危害を受けたりするように自分自身を仕立て上げているのである。そうした侮辱や危害への怒りは自然な反応であるが、ここで自然という意味は自らの善の重要な要素が危害を受けたり侮辱されたという判断が(怒りという感情にとって)十分条件であるという意味であって、そうした反応自体が本能的であるとか(疑問の余地のある価値判断を別として)避けられないとかいう意味ではない。

ストア派が同じく了承しようとしない主張は、自分自身、家族、国を防衛するという価値ある行為のために必要な動機であるという意味において、怒りは公共生活の欠くことのできない部分だとする(アリストテレス主義者たちが彼らの哲学文化において行なう主張であり、[★52]自分の直観にしたがう世間一般の人々が行なう)主張である。ストア派が好んで指摘するところによれば、怒りに狂った軍隊は無能で攻撃的な軍隊になる傾向があり、義務のことだけを考えることによって、はじめて自己防衛のための行為を適切に行なうことができる。もし感情を害されたからというのではなく、ある行為が正しいからという理由で行為すれば、その行為は均整がとれ、十分に考え抜かれたものになると言うのである。なるほどストア派は、怒りに終止符を打つことが戦争に終止符を打つことになるとは考えない。なぜならカントと同様、戦争のなかには他者の攻撃に対する反応として適切なものもあると考えているからである。それでも彼らは、人間は相互扶助と相互友好のために生まれついているのだから、怒りを取り除くことで、戦争のなかにある執念深い破壊的な要素を取り除き、世界中の紛争を大幅に削減できると信じているのである。

人間の生活から情念を取り除くことができるなどということを、ストア派はどこまで本気で考えているのだろうか。特に、怒りや憎悪についてはどうだろうか。現実の社会ならどこでも(例えばセネカのローマでも)、情念の根源は子供の道徳教育の非常に早い時期に教えられるので、ストア派の教育を行なう大人は、自分自身の習慣や習慣に基づいた傾向に常に抵抗して、一生努力しなければならない。セネカは毎日の終りに自分自身を検証し[53]、自分の名誉に対するあれこれの侮辱(例えば、夕食の席があまりに末席であったことなど)に対して不適切に怒ってしまったことを記していた。この種の辛抱強い自己検証や自己批判は、情念の啓蒙には当然必要とされるものである。そして、このような試みがますますうまくいくにつれ、人格はいわば隅々まで啓蒙される。理性と人間性を尊重することが、セネカの人格全体に少しずつ混じっていくと、哲学的、法的な思索だけではなく、恐れや悲しみ、怒りや憎悪の性向さえ形作ることになるのである。こうした情念は、思想から離れた魂の一部なのではなく、ある種の(誤った)思想であるがゆえに、それ自体啓蒙することができる。だからこそ、私たちの住む社会それ自体も、個々人の魂の忍耐強い努力を通じて啓蒙していくことができる。ストア派が与えてくれるのは、こうした希望なのである。

ストア派が、世界市民性という目標と情念の啓蒙という目標をどう結びつけているのかを理解するのは、非常に重要である。短く要約すると、人間性への愛そのものを、私たちの情緒的態度の基本にするべきだとするのがストア派の処方箋である[54]。そして、この人間性への愛こそが、世界において私たちを導き、歓びを与えてくれる信頼に値する情念になっていくとされているのであり、それは、動揺とか落ち着きのなさと結びつけて考えられる心理学的な意味における情念とは全くちがったものなのである。そのうえ、人間性への愛という情念は、外国人、他者、敵を、恐怖や嫌悪の対象としてではなく、一組の目的を備えたひとつの共同体の構成員としてみるのにふさわしい方法について指導してくれるわけであるが、それが翻って、国民的、民族的紛争状況を成り立たせている否定的な態度を解きほぐすための強力な手立てにすらなるのである。このような態度は社会的評価によって構成されているのだから、哲学の辛抱強い作業によって解きほぐすことが可能であると彼らは主張するのである。

情念を啓蒙するということが、情念を取り除くことと同じである必要はないが、ストア派が実際に採用するのはこの目標である。別系統の認知的情念の理論家であるアリストテレス主義者は、情念が登場するのを場合によっては認める。そして、常に適切な対象を選択し、怒りが適切な時に適切な対象に対してだけ表わされるようにすることでも、情念は啓蒙できると主張する(ストア派にとっては適切な対象など存在しない。だが、アリストテレスにとって、自分の身体、愛する人、国に対するある種の危害に怒るのは正しいことである)。こうしたアリストテレス的な情念の考え方は、歴史を通じて広く受け入れられている(例えば、刑法のアングロ・アメリカ慣習法の伝統のなかでは感情の支配的な考え方であり、「合理的な挑発」や強迫といった概念の標準的な定義のもとになっている)[★55]。したがって、ストア派の情念啓蒙という目標を採用することはできるが、その具体的な内容についてはその限りではないとはっきり言うことが重要である。もし全面的に採用すると、世界市民社会においてであっても育成することが理にかなっていると判断されるような愛着すらも剝奪しなければならないことになるが、そんなラディカルなことは、想像すらできないのである。

カントは、人間個人の啓蒙にそこまで高い目標を設定できない。したがって、彼の社会的啓蒙という、これに関連する構想は、教育というよりも、人間のなかにある悪の力の制圧という観点から定義しなければならない。

情念に関するものも含むストア派の理念に明らかに馴染みのあるカントが、[★56]彼らの考え方をこの分野における真の候補として真剣に考慮しなかったことについては、少し奇妙だという以上の意味があるように思える。この点は、スピノザがストア派の構図と、それといっしょになった啓蒙構想を多かれ少なかれそのまま採用し、自分の世界市民改革プロジェクトの要にしていることからしても全く奇妙である。また、ルソーは情念を細部にわたり分析しなかったが、人間性の自然的な善さを確信していたように見受けられるし、この立場を背景にして情念の形成について論じていたのである。[★57]カントが、ストア派やスピノザ主義的な情念の分析を、自分の道徳的、政治的考え方の全体をほとんど変えることなく引き継ぐことができたのは明らかなように私には思える。[★58]そしてストア派の構想は、カントが実際に採用した構想よりも多くの面で彼の考え方に役立ったことであろう。生得的な攻撃性があると認めてしまうことが含意している人間悪についての悲観的な考え方はカントにとって難物であり、いつもそれに対抗して、彼特有の政治的楽観主義（明らかにスピノザやルソーと共通するもの）の余地を見出す必要があった。例えば『理論と実践』では、国際正義に関する節を「人類は全体として愛され得るような存在であるのか、それとも我々が不快の念をもって考察せねばならないような対象であるのか」という問いから始めている。そしてそのすぐ後で、変わることのない自然悪は、仲間である人間に背を向けさせ、自分自身にも背を向けさせるものであると宣言している。

ついに善に遷ることのない悪——とりわけ人間の神聖な権利を故意に、また互いに侵害し合うところの悪は、たとえ我々が心のうちに愛を絞り出そうとして最大の努力を払うにせよ、やはりこれを憎まざるを得ないのである。なおここで憎むとは、必ずしも人間に害悪を加える意味ではなくて、できるだけ人間とかかわりをもたないということである。

生得的な攻撃性という理念に反対するセネカの議論は、悲観的な考えに抗してバランスを回復する錘をカントに与え、世界市民主義の希望に新たな内実を与える啓蒙の未来を切り開くことができたであろう。

それでは、カントが実際に持っていた情念に関する考え方を、ストア派の考え方に置き換えると仮定して、そこから人間の啓蒙の見通しについて考えてみることにしよう。私たち自身の世界における怒りと攻撃性の抑制という点に関して、ストア派の構図は私たちにどれだけの希望を与えてくれるのだろうか。道徳教育においてかなり革新的で大規模な変革が行なわれ、人々が名誉、地位、富、権力など、侮辱されたり、危害を受けたり、それに対して憤慨して仕返しをするきっかけになるようなもので自分自身を定義するのでなく、次第に自らの理性と性格によって自分自身を定義できるようにならなければあまり多くの希望はないだろう。

さらに、ストア派の情念分析がある種の評価的信念に基づいていると理解するからといって、ストア派の規範的な考え方を受け入れるべきだということにはならない。私たちは、カントと自分たち自身を代表して、怒りを完全に除去することがどれだけ道徳的目的として適切なのかを問わねばならないだろう。私自身は、社会的不正に対する怒りや、愛する人や自分たちの身体の保全に加えられる危害に対する怒りを、ストア派にならって否定したりはしない。私なら、よりアリストテレス的な道を支持する。ただし、こうした留保を付すということは、人間生活において怒りの適切な原因がまだいくらかはあり続けるということ、そして、平和にはカントの注意深い制度的な保証が依然として必要だということでもある。

しかし、ある種のとりわけ有害な形の怒りと憎悪は、ストア派の構想にしたがった辛抱強い改革によって実際に除去することが可能である。他の人種や宗教の構成員に向けられる憎悪は、こうした情念の認知的な源泉に取り組む早期教育によって効果的に対処できるのである。この人たちが似たような人間であり、対等な道徳的尊厳を有しており、同一の共同体に属し、単一の目的の組合せを分かちもつ構成員であり、もはやどうしようもないほどよそよそしかったり脅威的であったりはしないのだという、ストア派世界市民的な考え方を子供たちにさせればいいのである。もし人種的な憎悪や攻撃性を、人間や共同体から取り除いたり、これまでにも時おり取り除かれてきた様子を見れば(例として、人種差別的でない子供たちを養育するのに成功したのを見れば)、それが成功である限りにおいてストア派の成功であり、その成功は、暴力的かつ無差別に傷つけたいという衝動の抑制を通じてというよりは、他者との出会いにおいて私たちが持ち出してくるイメージの啓蒙を通じて、したがって他者に対する評価が次第に変化することを通じて達成されたものであることがわかる。個人や集団において、女性を尊重する平等性をいかに促進できるかを考えてみよう。繰り返しになるが、私はムソニウス・ルフスが申し分なく述べているストア派の方法によって実現できると考える。つまり、生得的かつ非理性的と言われている女性嫌いを抑制することを通じてではなく、私たちが互いの出会いにおいて持ち出してくるイメージを、理性的かつ道徳的な人間性に合致するよう啓蒙していくことを通じて実現するのである。私たちの破壊的な情念が社会的に構成されており、自分たちが用いる自己や他者のイメージのなかで育成されるのだとするストア派の強力な理念が教示しているのは、子供たちが互いを認識したり、結婚やあらゆる類のパートナーシップが形を整える方法を身に付けるための、完全には成功しないかもしれないが、現実的に期待できる改革プログラムである。もう一度繰り返そう。外国人に向けられる猜疑心と憎悪が観察されるところでは、ストア派やカントの世界市民の理念を学校や大学で実現する教育プログラムによって、いつでも対処することが可能である。このプログラムがマルクス・アウレリウスにしたがって若者に教えるのは、よそ者の見方である。この見方によれば、私たちはよそ者を、何か学ぶべきことを持っており、状況が変われば自分たち自身もそうなってしまうかもしれない人とみなさなければならない。同様の点は、富や社会階級で分断された人々の間にある嫌悪感についても主張できる。ストア派の情念に関する考え方の説得力を認めれば義務が生じる。この考え方が教えてくれるのは、人種差別主義、性差別主義、その他世界市民人間主義を妨害する分断的情念をコントロールする大きな力が私たちに備わっているのだから、後はただ、若者の認知上の道徳的発展に十分な注意を払いさえすればいいということである。悪意をもって解釈されてきた「政治的正しさ」へのアメリカ人の関心の中心にあると私が信じるのは、この崇高なストア派の理念である。その意味は、対等な人間ではないとみなす習慣を持っている人々について話す時に利用する形象や発言を注意深く検証するということである。最善の形では、[59]この理念が全体主義的であると言える部分はほんの少しもなく、ストア派カントの真に自由な人間という理念に通じている。この理想は、私たちが一生かかってやるだけの多くの仕事を与えてくれるのであり、後はただそれを実行するだけなのである。

さらに、分断的情念の啓蒙を個々人の生活で実現できないところでは、ストア派カントの理念を統制的理念と見立てて、人間性の尊重を適切に反映する制度を設計することができる。人種的な憎悪を一挙に除去できないところでは、民族的、人種的な憎悪に基づく犯罪に重罰を課すことを刑法の条文に制度化するよう確実を期すことができ、これはいま現在進行中である。外国人が確実にキケロ的友好をもって取り扱われるようにならないところでは、自分たちの国における外国人とその子供に対する憲法的保障を立法化するよういつでも求めることができる。女性や人種的・民族的少数者の権利が、世界のどこであれ重度に侵害されているのが観察されるところでは、国際人権運動、各種のNGO（非政府組織）、望むらくは最低限の勇気を示すことのできる私たち自身の政府を通じて、こうした問題への取り組みを支援できる。これらを私たちが分別をもって努力すべき目標とみなし、この努力が局所的な勝利を多くもたらすと信じるために、啓蒙のもたらす勝利について過大に楽観的である必要はない。

アメリカでは、世界市民主義の勝利が未だ見られないことを認めなければならない。なぜなら、世界市民主義の目標にはますます無関心になっており、外国人や他者の人間性を平等に承認することに重きを置かない政治様式に明け暮れているからである。また、カントが啓蒙を生み出していくために必要であるとみなしていた知識人に対して、ますます敵対的になってきているようにも見受けられる。私たちは、もしカント、キケロ、マルクス・アウレリウスのうちの誰かがアメリカを見れば、多くのことに嘆き悲しむと推測してもいいだろう。アメリカでは怒りや攻撃性が支配的であるだけではなく、全世界の福祉についても無関心である。彼らはアメリカを、マルクス・アウレリウスが好んで批判的かつ辛辣な言葉で描き出したような、世界共同体から切り離された手足だと思うにちがいない。★60

世界市民主義が重大な危機にあると見受けられるのはアメリカだけではない。世界中の非常に多くの地域の状態が、悲観主義を支持する理由になっている。カントの希望に満ちた論文出版から二百年後、本当に多くの地域が、民族的、宗教的、人種的紛争の犠牲になっている。カントが弁護した、平等、人格、人権だけでなく啓蒙そのものまで、西洋帝国主義の単なる自民族中心主義的な残滓として、一部で愚弄されている。全般的に尊敬や愛よりも、憎悪と攻撃性の方がずっと多く私たちの周りにある。私たちは、このような現実を目の当たりにしているのである。

しかし私たちは、ここでもカントに同意して、実践理性の命題を受け入れるべきである。そしてたとえ実際の観察により明らかに確証できなくても、少なくとも部分的で断片的な進歩への希望は持ち続けるべきである。というのも、そうした希望こそ、私たちが絶えず人間性を養い、政治生活に建設的に関わるために必要とされているからである。こうした希望に関し、カントは次のように書いている。

私は、たとえいっそう大なる善を人類に期待し得るかどうかについて依然として不確実であり、またついに不確実であるにせよ、しかしそのことは善に向かって進むという格率を妨げ得るものではない、従ってまたこのことの実行を期する実践的見地において、かかる格律を必然的に前提することを妨げ得ないのである。今までよりいっそう善なる時代の到来に対してかかる期待をもてないとしたら、人間の熱意は、社会一般の福祉を増進する事業を成就しようとする真面目な欲求によってほだされることがなかったであろう。実際このような期待がもてたればこそ、いつの時代にも善意の人々の協力を促してきたのである。[★61]

もちろんこの希望は、理性のなかにある、理性のための希望である。私たちが学者として、自分たち自身の政治世界へと知的資源を持ってくるために古代に向かう時、バーナード・ウィリアムズが言うように、単に恐怖について思案するよう私たちに指導する政治パラダイムを古代アテネに求めるのではなく、用心深い理性的な楽観主義であるストア派カントの伝統を摂取し、それにしたがった方が首尾はいいだろう。恐怖は常にたくさんあり、それについて思案するのは全く簡単である。だが、カントや彼のストア派の助言者も知っていたように、考えることをやめて行動を起こし、共通善のために何か役立つことをすることもまた、可能なのである。

注

★1　カントの政治的著作からの引用はすべて、*Kant : Political Writings*, ed. H. Reiss (Cambridge University Press, 1991) の第二拡張版からである。だが、私は用語の翻訳でニスベットとちがっているところがあり、その場合には訳を変更した。このくだりでは特に、Recht を「権利」ではなく「法」と訳した。多くのテキストが明らかにしているように、Recht はカントがラテン語 ius をドイツ語に訳したものである。彼は、よくドイツ語の用語の後ろに、ラテン語を括弧に入れて配置している。もちろん、ius は十八世紀特有の権利概念をいっさい含んでいない。これは多くの場合、「法」と訳すのが最も適当であり、書かれていない法の概念については特にそうである。（*Metaphysik der Sitten*『人倫の形而上学』樽井正義・池尾恭一訳、『カント全集第十一巻』岩波書店、二〇〇二年）の法論への序論でカントは ius naturae の古典的な概念に言及している。「この後者の名称は自然法論（ius naturae）の体系的知識に与えられるものである」。こうした事実を念頭に置いてこそ、カントとキケロの連続性をうまく理解できるのである。

★2　Bernard Williams, *Shame and Necessity* (University of California Press, 1993).

★3　Alasdair MacIntyre, *After Virtue* (Notre Dame University Press, 1981)〔アラスデア・マッキンタイア『美徳なき時代』篠崎栄訳、みすず書房、一九九三年〕; MacIntyre, *Whose Justice? Which Rationality?* (Notre Dame University Press, 1987).

★4　"The Women of Trachis: Fictions, Pessimism, Ethics," in *The Greeks and Us: Essays in Honor of Arthur W. H. Adkins*, ed. R. Louden (University of Chicago Press, 1996). この論文は、ウィリアムズの重要な著作である *Shame and Necessity* (University of California Press, 1993) のギリシャ倫理の展開に関する描写を引き続き行ない、さらにそれを発展させるものとなっている。

★5　ヘーゲルの考え方は、普遍的目的論を措定しているという理由で、カントの考え方は、自然が最悪のことをする時ですら、善意志は依然として賞賛に値するのだと教えているという理由で批判される。ソフォクレス的悲劇を、なぜ後者の理念に反するものと考えるべきなのか、私にはわからない。ソフォクレス的英雄はカント的「英雄」とはちがった性質を持っているが、両者とも「意地悪な自然」に直面しても屈しない一貫性を示している。関連したウィリアムズ批判として、Robert Louden, "Bad News about Good News: Response to Bernard Williams," in *The Greeks and Us* を参照のこと。ラウデンは、「世界が滅びようとも」正義を追求すべしとするカントの要求と、後で災難に見舞われるとしても、真理を欺かれてはならないとするデイアネイラ (Deianeira) の要求を照らし合わせている。

★6　特に *Whose Justice*, pp. 140–141 を参照のこと。ここでマッキンタイアは、ゲームの終りの瞬間にパスをする機会があって、チームが得点するにはそうする必要があるとわかっているホッケー選手の描写を通じて、ギリシャのポリスと、アリストテレス『倫理学』における、実践に対して内省的ではないとされる態度を描出している。役割が行為を構造化し、善が「考える余地なく整序され」、内省が要求されない生活様式を、これが素描しているというわけである。マッキンタイアは、ホッケー選手の創造性、柔軟性、創意工夫をほとんど評価していない。彼らが座って考えていないからといって、何も考えていない、ということにはならない。だが、たとえ彼がホッケーに対してフェアであるとしても、ギリシャのポリスに対しては全くフェアではない。そこでは、議論なしには何も起こっていないように見受けられるからである（ウィリアムズとマッキンタイアの両者が賞賛している著述家トゥキディディスの演説は、歴史に関わるものか否かに関わらず、広範囲にわたる、しばしば非常に抽象的な内省を示している。これらは、政治行為主体が言う類のことであると理解されていた）。マッキンタイアのより詳細な批判に関し、私の "Recoiling from Reason." (a review of *Whose Justice?*), *New York Review of Books*, November 1989 を参照のこと。

★7　私の "Aristotle on Human Nature and the Foundation of Ethics," in *World, Mind and Ethics: Essays on the Ethical Philosophy of Bernard Williams*, ed. J. Altham and R. Harrison (Cambridge University Press, 1995) を参照のこと。

★8　G・E・R・ロイドの、特に *Magic, Reason, and Experience* (Cambridge University Press, 1981) を参照のこと。

★9　前にも言ったように、ウィリアムズが行なう「善い知らせ」に対する攻撃は、ヘーゲルとカントの間でエネルギーを分散している。私たちは芸術に慰めを見出すことができるという「善い知らせ」をもたらしたということで、ショーペンハウアーまで批判されている。全くちがった意味で、ヘーゲルとカントはハイデガーの主要な敵でもある。マッキンタイアは、イギリスのリベラリズムに焦点をあて、奇妙にもカントを無視しているのだが、彼の攻撃はもっと一般的に、リベラリズムや啓蒙の全体に向けられている。

★10　政治的著作のなかで言及されている古代の著述家たちに含まれるのは、エピクロス (Epicurus)、ルクレティウス (Lucretius)、ウェルギリウス (Virgil)、ホラティウス (Horace)、キケロ (Cicero)、セネカ (Seneca)、マルクス・アウレリウス (Marcus Aurelius) とペルシウス (Persius) である。エピクロスとマルクス・アウレリウスを除く全員はラテン語の著述家であり、カントが彼らを原書で読んでいたのは明らかである。フリードリヒ学院での学生時代から始まる教育は、ギリシャ語よりラテン語の方が深く豊かであり、彼はラテン語を流暢に書いていたと言われている。だが他方で、エルンスト・カッシーラーが述べているように、彼は「主に新約聖書を用いて授業されていたのを見れば、ギリシアの精神に触れることはほとんどなかったように思われる」(*Kant's Life and Thought* (Yale University Press, 1981), pp. 14–15)〔『カントの生涯と学説』岩尾竜太郎訳、みすず書房、一九八六年、一八頁」。カントは、ドイツ語やラテン語訳で何人かのギリシャ人著述家たちを知っていたのだが、心の近くにあり続けたのはローマ人であった。主にルクレティウスを通じてエピクロスを知ったようなのだが、後者はウェルギリウスとともに、最も愛された詩人であった。彼は、テキストを知っているという明白な証拠も示さないまま、マルクスに言及している。カントのストア主義の知識のほとんどは、セネカ、キケロに加え、おそらくはエピクテトス（Epictetus）とマルクスの翻訳に由来している。世界市民主義に関して言うと、最も重要な源泉はキケロの *De officiis*〔「義務について」高橋宏幸訳『キケロー選集9』岩波書店、一九九九年〕、セネカの *Epistulae Morals*〔『道徳書簡集——倫理の手紙集』茂手木元蔵訳、東海大学出版会、一九九二年〕に加え、仮に読んでいたとするならマルクスである。カントの最も初期に出版された論文「活力の真の測定に関する考察」には、彼自身の経歴の趣旨をはっきりと表わす、セネカの銘文の記載がある「私たちは羊のように、前を通る群れに追従すべきではない。つまり、行くべきところではなく、人々がすでに行ったところに行くべきではない」（"Nihil magis praestandum est quam ne pecorum ritu sequam."）。

★11　kosmou politês という用語は明らかにキニク派が起源である。キニク派のディオゲネスは、どこから来たのかと聞かれて、「私は kosmopolitês である」と答えている（Diogenes Laertius VI, 3）。マルクス・アウレリウスは、ひとつの合成語ではなく、politês tou kosmou という言い回しを好んでいる。ディオゲネスは、地方と提携することは、人間性と根本的に提携することほど重要でないと言い切ろうとしているようである。だが彼は、完成した哲学思想という点では（政治思想は言うまでもなく）ほとんど何も持っていないようである。彼の人生は驚くほど非政治的で、現世の権威をいっさい無視していた。キニク派の背景は、ギリシャとローマの両方のストア派にとって、歴史的に大変重要である。ローマへの影響については、Miriam Griffin, "Le mouvement cynique et les romains : attraction et répulsion," in *Le Cynisme ancien et ses prolongements* (Presses Universitaires Français, 1994)。また、M.O. Goulet-Cazé, "Le cynisme à l'époque impériale," *Aufstieg und Niedergang der römischen Welt* II. 36, no. 4 (1990) : 2720–2833 も参照のこと。だが、ここではキニク派の背景を度外視してもいいのかもしれない。というのも、カントがキニク派について真剣に考えていたという証拠はどこにもなく、彼の思想を形作ったのは、ストア派の議論と理念だからである。

★12　Klaus Reich, "Kant and Greek Ethics," Mind 48 (1939) : 338–354, 446–463.

★13　カントの *Anthropology* に対する後述の参照を見よ。

★14　Dioneges Laertius, *Lives of the Philosophers*, VI, 63 におけるキニク派のディオゲネス。英語版に関し、R・D・ヒックスによるローブ翻訳を参照のこと（Harvard University Press, 1970）。ギリシャ語とラテン語からの翻訳は、注記しているもの以外はすべて私が行なった。

★15　他の資料で特に次を参照のこと。Griffin, "La mouvement cynique"; *The Cynics*, ed. B. Branham (University of California Press, 1996); D.R. Dudley, *A History of Cynicism* (Ares, 1980); J. Moles, "'Honestius quam ambitiosius'? An Exploration of the Cynic's Attitude to Moral Corruption in His Fellow Men," *Journal of Hellenic Studies* 103 (1983): 103-123.

★16　Seneca, *De Otio*, 4. 1. 翻訳は、*The Hellenistic Philosophers*, ed. A. Long and D. Sedley (Cambridge University Press, 1987), p. 431.

★17　Plutarch, *On the Fortunes of Alexander*, 329A-B（私訳）。Long and Sedley, p. 429を参照のこと。他の関連テキストに関し、Long and Sedley, pp. 429-437を参照のこと。

★18　Malcolm Schofield, *The Stoic Idea of the City* (Cambridge University Press, 1991) を参照のこと。

★19　M. Griffin, *Seneca : A Philosopher in Politics* (Clarendon, 1976) を参照のこと。さらに、彼女の論文"Philosophy, Politics and Politicians at Rome," in *Philosophia Togata*, ed. M. Griffin and J. Barnes (Clarendon, 1989) も参照のこと。マルクス・アウレリウスに関しては、R. B. Rutherford, *The Meditations of Marcus Aurelius : A Study* (Clarendon, 1989).

★20　Griffin, "Philosophy"を参照のこと。

★21　*The Therapy of Desire : Theory and Practice in Hellenic Ethics* (Princeton University Press, 1994), chapter 9で、より詳細に、多くのテキストを参照しながら論じている。

★22　先に引用したプルタルコスの一節を参照のこと。議論には Schofield, *The Stoic Idea* を参照のこと。

★23　キケロは第三巻で、人間性に対する責務が、他のすべての責務に優先すると断言するのに近くなっているのだが、第一巻ではもっと自信がなく、実際、地方と提携することに対しては、他のストア派思想家よりも多くの譲歩をしている。さまざまな責務に関する彼の考え方に関し、Christopher Gill, "The Four Personae in Cicero's *De Officiis*," *Oxford Studies in Ancient Philosophy* を参照のこと。この課題に関し、私はエリック・ブラウンの未出版の学位論文にも着想を得ている。

★24　Marcus I, 14 in *The Meditations* (Hackett, 1983)〔マルクス・アウレリウス『自省録』神谷美恵子訳、岩波文庫、一九五六年〕も参照のこと。彼は「万民を一つの法律の下に置き、権利の平等と言論の自由を基礎とし、臣民の自由をなによりもまず尊重する政体の概念をえたこと」を教師に感謝している。V, 16も参照のこと。

★25　VI, 44も参照のこと。「私が属する都市と国家は、アントーニヌスとしては、ローマであり、人間としては世界である」。

★26　性の平等に関しストア派の態度はどうだったか。これに関する素晴らしい議論、Schofield, *The Stoic Idea* を参照のこと。ストア派の理想都市では男性も女性も平等な市民である。服装の区別すら廃止されることになっていた（Diogenes Laertius VII, 33)。

★27　ストア派が中立性について行なった優れた議論に関し、Julia Annas, *The Morality of Happiness* (Oxford University Press, 1993), pp. 262-276.

★28　Cicero, *De Officiis* I, 107〔『義務について』〕も参照のこと。これによれば、私たちは二つの性質を持っている。理性から沸き上がってくる普遍的なものと、特殊な才能や能力に由来する個別的なものである。

★29　ヒエロクレス（Hierocles）の断章に関し、Annas, pp. 267-268 と Lond and Sedley, p. 349 を参照のこと。キケロが円のたとえを使っていることに関し、*De Officiis* I, 50ff. を参照のこと（素晴らしい注釈つきの翻訳 *Cicero : On Duties*, ed. M. Griffin and E. Atkins (Cambridge University Press, 1991) も参照のこと)。

★30　Terence, *Heautontimoroumenos*. *De Officiis* (I, 30) において要約され、*Metaphysics of Morals*, p. 460〔『人倫の形而上学』三四七頁〕で、カントに引用されている（*Kant's Ethical Writings* (Hackett, 1983), p. 125)。カントは、他者の不運を意地悪く喜ぶことは、同情の原則にしたがった義務に反するものだと批判している。さまざまな役割や責務に関する、キケロの考え方の複雑さに関しては、Gill, "Four Personae" を参照のこと。

★31　Diogenes Laertius VII, 32-33 と Schofield, *The Stoic Idea* を参照のこと。ディオゲネスのくだりの多くを含む、関連テキストのいくつかが、Long and Sedley (pp. 429-434) によって訳されている。

★32　ストア派は、政府の最善の形が君主制か共和制かについて論争していたのだが、市民の行為自由を賞賛すべきだということに関しては一貫していた。例えば、マルクス・アウレリウスの目標は、「臣民の自由をなによりもまず尊重する主権をそなえた政体」である（I, 14)。共和主義の陰謀者たちは、この libertas〔自由〕という理念に訴えかけたのだが、これは、ストア派の多くが、特に政治的な動機の自殺に際して、この理念に訴えかけたことにならったものである。他に多くあるテキストのなかでも特に、Seneca, *On Anger*, 3. 15〔「怒りについて」『怒りについて　他一篇』茂手木元蔵訳、岩波文庫、一九八〇年〕(*Therapy of Desire*, p. 435 で議論されている）と、タキトゥス（Tacitus）によるセネカの死の弁明を参照のこと（*Annals* 15, 61-63 *Therapy of Desire*, p. 437 で引用されている）。ストア派は、この理想がいかなる政治制度や政策を必要とするかについて内部で議論を行なっていたが、この点を検証するのは、本章の射程を超えている。

★33　残存する主なテキストは、セネカの *On Anger*〔「怒りについて」『怒りについて　他一篇』〕と *On Mercy*〔「神慮について」『怒りについて　他一篇』茂手木元蔵訳、岩波文庫、一九八〇年〕, tr. J. Cooper and J. Procopé (Cambridge University Press,

1994). ストア派の見解に関する一般的な議論に関し、*Therapy of Desire*, chapter 11を参照のこと。

★34　II, 1. VI, 6も参照のこと。「もっともよい復讐の方法は自分まで同じような行為をしないことだ」。

★35　Diogenes Laertius VI, 49「誰かが彼の亡命を軽蔑した時、彼は言った。『見下げ果てた人よ。こうして私は哲学者になったのだ』」。

★36　この疑問に関し、Heinrich Fink-Eitel, "Gemeinshaft als Macht : Zur Kritik des Kommunitarismus," in *Gemeinschaft und Gerechtigkeit*, ed. M. Brumlik and H. Brunkhorst (Fischer, 1993)、特にp. 315ff. を参考のこと。

★37　「成熟した依存」と世界市民主義との関わりについての議論は、W. R. D. Fairbairn, *Psychoanalytic Studies of Personality* (Routlege, 1951).

★38　マルクス・アウレリウスに決定的に影響された自然法の著述家たちを媒介して、ストア派の影響がカントに間接的に届いている事例がここにある。

★39　カントの友人であるE・A・ヴァジアンスキーは、他者に対する歓待がカントにとっていかに重要であるかに関し、素晴らしい話をしてくれる。死の一週間前、身体も精神も蝕まれていたカントは、多忙で有名な彼の主治医の訪問を受けた。彼は、ほとんど話ができないうえ、途切れ途切れの文でしか意図を伝えられなかったにも関わらず、そんなに多くするべきことのある人が時間をとって自分を訪問してくれることに対して、感謝の意を表そうと努めた。医師が彼に座るように頼んだ時、カントはそうしなかった。医師は、なぜ座らないのかとヴァジアンスキーに尋ねた。というのも、立っているのは明らかに難儀だったからである。ヴァジアンスキーは、カントが相手をもてなすために立っているのであり、来客が先に座るまでは座るつもりはないのだと推測した。「医師はこんな理由を疑っているようであったが、彼は私の言葉の真実をすばやく確信し、カントが自らの力をふりしぼって次のように言った時、感動して思わず涙を流しそうになった。『人間性の感覚はまだ私を見捨てていないようです』」(引用はCassirer, *Kant's Life and Thought* (Yale University Press, 1981. pp. 412-413)〔『生涯と学説』四三六頁〕。

★40　マルクス・アウレリウスが行なった演説は、ローブ古典文庫の最後に収録されている。(Harvard University Press, 1916)

★41　ストア派の理想的共同体における女性の平等に関し、Shofield, *The Stoic Idea*を参照のこと。ローマのストア派に関し、ムソニウス・ルフスの二つの短い論文、"That Women too Should Do Philosophy"と"Should Sons and Daughters Have the Same Education?"を参照のこと。

★42　セネカの奴隷制に対する曖昧さに関し、Griffin, *Seneca*を参照のこと。

★43　ジュリア・アナスは、*The Morality of Happiness* で、ストア主義の道徳的結論の大部分は、目的論から論理的に独立したものであると論じている。私は基本的には彼女に賛成である。反対の立場に関し、ジョン・クーパーのアナスに関する書評を参照のこと（*Philosophical Review*, 1994）。ローマのストア派が、もともとのギリシャのストア派よりも、自然目的論についてはあまり確信がなかったということも念頭に置いておくべきだろう。エピクテトスは、こうした自然の考え方には（あるとしても）ほとんど関心を示していないし、ムソニウス・ルフスが（自然の）意図に訴えているのは、議論のうえでは周辺的なものにすぎない。（*Naturales Quæstiones*『自然研究』における）セネカ自身の自然の考え方は、ストア派の見解と複雑な関係にあり、彼はギリシャ人以上に物事の支配的な無秩序を強調する傾向にある。ローマの著述家は、ギリシャの著述家よりもカントに深く影響を与えているのだから、私たちの目的にとって、このちがいは重要である。

★44　Reiss edition, p. 87.〔「理論と実践」『啓蒙とは何か　他四編』一八一―二頁〕

★45　ルクレティウスの反宗教的、反目的論的理念が備える重要な効力を否定する読み方に関し、*Therapy of Desire*, chapter 5を参照のこと。

★46　テキストのなかにあるこのエピクロス的発言は、カント自身の想像によるものだろうか、それとも彼は、エピクロス派とストア派の間で行なわれている現代の論争に部分的にでも応答しているのだろうか。私よりも十八世紀の文脈に詳しい人なら、疑いなくこの課題を明らかにできるだろう。

★47　"Idea for a Universal History", p. 48〔「世界公民的見地における一般史の構想」『啓蒙とは何か　他四編』三八―九頁〕における反エピクロス的議論も参照のこと。カントがここで考察しているのは、世界秩序があたかも原子のように偶然の衝突によって生み出されるとするルクレティウスの仮説である。

★48　"The Women of Trachis" を参照のこと。

★49　だからと言って、摂理から進歩主義へと考え方を変えるにともない、この分野での道徳概念が多少なりとも変わることは否定できない。例えば、他の動物に対する関係や道徳的義務に関する理解が変わることになる。この問いに関して、カントは深く考えずにストア主義にしたがい、固有の道徳的重要性を備えたものとして人間だけを選び出している。だが、彼にはストア派の根拠を全面に押し出す資格はないのである。この問い全般に関し、James Rachels, *Created from Animals* (Oxford University Press, 1990) を参照のこと。

★50　*Therapy of Desire* での私の議論を参照のこと。

★51　この結論はいまや発達心理学や人類学によって広く受け入れられている。例えば、John Bowlby, *Attachment* (Basic Books, 1973)；W. R. D. Fairbairn, *Psychological Papers* (Edinburgh, 1952)；Jean Briggs, *Never in Anger* (Harvard University Press, 1980) を参照のこと。関連する霊長類の研究については、F. de Waal, *Peacemaking among Primates* (Harvard University Press, 1980) と *Scientific American* March 1995 におけるボノボ社会の記事を参照のこと。

★52　特に、Seneca, *On Anger*, book I〔「怒りについて」『怒りについて　他一篇』〕を参照のこと（*Therapy of Desire*, chapter 11 で論じられている)。

★53　*On Anger* III, 36.〔「怒りについて」『怒りについて　他一篇』〕（*Therapy of Desire*, chapter 11 で論じられている)。

★54　これはもちろん神への愛でもある。愛が特定個人に直接関わっていることに対するストア派の複雑な態度に関し、Nussbaum, "Eros and the Wise: The Stoic Response to a Cultural Dilemma," *Oxford Studies in Ancient Philosophy* 13 (1995): 231-267 を参照のこと。

★55　Dan M. Kahn and Martha Nussbaum, *Two Conceptions of Emotion in Criminal Law*, manuscript, spring 1995 を参照のこと。

★56　*The Metaphysics of Morals*〔『人倫の形而上学』〕の、徳の原理における憐れみの議論を参考のこと。この議論は、明らかにストア派の議論を参考にしたものである。

★57　特に *Emile*, book IV〔『エミール』樋口謹一訳、白水社、一九八六年〕を参照のこと。自然の善に関し、Joshua Cohen, "The Natural Goodness of Humanity" (近刊) を参照のこと。ルソーの見解は、セネカが book I, *On Anger* で表明した見解に近い。

★58　Nancy Sherman, *Kant and Aristotle* (近刊) を参照のこと。

★59　だからと言って、自民族中心主義的なアイデンティティ・ポリティクスから生じてくる別の形の理念があるということを否定できるわけではない。これに対しては、ストア派・カント主義者は力強く反対しなければならない。

★60　例えば、VIII, 34 を参照のこと。「ひょっとしたら君は見たことがあるだろう、手、または足の切断されたのを、また首が切り取られて、残りの肢体から少し離れたところに横たわっているのを。起こってくる事柄をいやがったり、他の人たちから別になったり、非社会的な行動を取ったりする者は、それと同じようなことを自分にたいしてするわけである。君は自然による統一の外へ放り出されてしまったのだ。君は生まれつきその一部だった。ところが現在は自分で自分を切り離してしまったのだ」。

★61　"Theory and Practice," p. 89.〔「理論と実践」『啓蒙とは何か　他四篇』、一七九—一八〇頁〕

第2章　カントの平和理念と世界共和国の法哲学的構想[☆1]

マティアス・ルッツ゠バッハマン（舟場保之訳）

一七九五年の著作『永遠平和のために』[★1]において、イマヌエル・カントは政治哲学に枠組みを与えたが、その枠組みが国際政治にとってもつ革新的な可能性は、今日に至るまでまだ十分に生かされてきてはいない。カントは、平和の概念をもとに内実のある規範的政治哲学を構築し、根本的な諸特徴において政治哲学を法哲学の一部分として展開するようになる理由を明らかにしている。[★2]今日まだ十分には実現に移されているとは言えないこの著作に含まれる洞察として、実践理性の諸原理に従って国際法は改革されるべきであるとする主張と、世界規模での平和的秩序を実現すべしとする要請とを挙げることができる。この平和的秩序とは、諸国家が相互に法的な関係におかれ、対外関係からは軍事的行為が永遠に取り除かれるような秩序のことである。諸国家を成員とする法共同体の下絵となる「平和の国際法」というこの理念には、言うまでもなく、概略とはいえ〈国際連合〉の設立計画を見い出すことができる。それは、国際連盟の歴史的な失敗例を度外視するとすれば、カントの『平和論』が現われた一五〇年後、一九四五年の国際連合憲章の公布をもって、ようやく実現される運びとなった計画である。[★3]

この論文で、私はカントの政治的な『平和論』の根本にある主張、すなわち、自由な共和国の連合というカントの理念について論じたい。（1）そのため、私はまず『平和論』第一章の予備条項を呈示し、（2）そして、カントの論述のなかにある難点を指摘しよう。（3）これらの難点は、『平和論』の第二確定条項を呈示するうえで、重要な問題となってゆくものである。『平和論』の中心をなす政治的な主張、つまり諸国民[☆2]の間に平和的関係を樹立するためには、〈世界共和国（Weltrepublik）〉ではなく、〈諸国家連合（Staatenbund）〉を設立すべきであるという主張は、カント自身の議論が想定する事柄に矛盾し、したがってその理由からだけでも維持することのできないテーゼであることがここで判明する。

I

カントの政治的な『平和論』は、たしかに近世哲学史においてカントを認知し、カントに抜きん出た地位を与えるための根拠となるようなテクストには数えられない。それにもかかわらず、時事的な著作とみなして、これに周辺的な重要性しか認めないとすれば、それは大きな誤りであろう。綱領的な簡潔さを備え、カントの他の多くのテクストと比べて読みやすいものではあるとしても、まさしくこの著作が、特に著作のなかで国際政治のために定式化された諸帰結ゆえに、重要性が高いことは明らかである。さらには哲学的な重要性もある。というのも、精緻な哲学的手法を身につけた書き手が、この著作において国際的な平和的秩序の無制約性を示そうとしているからである。古代末期にアウグスティヌスによって[★4]、そして近代初期にエラスムスによって[★5]基盤が与えられるキリスト教的な平和倫理の伝統とは異なり、カントは〈平和を樹立すべし〉とする命法を、ただたんに聖書を拠りどころとする宗教の戒律として、諸国家の政治的実践という現実に対抗して批判的に呈示するのではない。むしろ、カントはこの命法を、政治哲学の要請として基礎づけるのである。その際にカントは、諸国民の平和が樹立されるうえで中心をなす前提として、人々は調和のとれた関係にあるといったようなユートピア的で理想化された状態を作り上げることも断念している。その代わりにカントは、〈紛争は所与である〉という事実から出発して、平和の概念を見捨てることなく、これを公正な法によって平和を打ち立てる唯一無比の役割へと結びつける。理性によって基礎づけられる法、したがって正当な法こそが、カントにとってはひとつの手続きを用意する。それは、人々の間で相変わらず勃発する紛争を、暴力を行使することなく解決する手続きである。したがって、カントが契約という文書の形で諸国民の間の平和を基礎づけようとしていることは、なんらの偶然でもない。なんと言っても、契約とはまさしく当事者たちの自由な同意による締結という形式を備える手続きであり、カントの見るところ、そこには理性によって正当化される法の原型が表現されているだけではなく、純粋な実践理性が相互主観的な関係のための規範的な基盤として普遍的に姿を現わしているのである。[6]

カントの平和構想について論じるのなら、カントがより厳密にどのような種類の戦争を念頭において、「われわれの内なる道徳的‐実践的理性に抗しがたい拒否権」を発動させ、「いかなる戦争もあってはならない」[7]と言うのかを見逃してはならない。『人倫の形而上学』の「法論」において、カントはなくすべき戦争状態として二種類の戦争を挙げている。「自然状態における私と君との間の」戦争と、「対内的には法治状態にあるが、対外的には（諸国家相互の関係においては）法を欠いた状態にある諸国家としての私たちの間の」[8]戦争である。一七七五年の『平和論』では、二つ目のケースを視野に収めた平和の概念が、したがって法治国家の間の平和が論じられている。ここでは、国内における平和条約の締結は、カントによれば戦争状態に他ならない〈自然状態を脱すべし〉とする理性法による要求が、現にあることを示す事柄として役立てられているにすぎないが、しかし同時に、国家間の平和条約の締結にとって構成的に働く契機が何であるかを、アナロジーによって読みとることができるモデルとしても役立つのである。国家間の平和をテーマとするこの著作は、はじめから十八世紀の戦争の現実という制約を受けて書かれたものである。つまり、原則としていまだ共和政体をもつことのない主権国家同士が、領域的に限定された紛争を、今日の視点からすれば限定された軍事的手段を用いて行なう時代の戦争の現実である。戦争の誘因となるものは、ここではたいてい、個々の主権国家の政府同士の紛争に限定されており、これらの国家はそれぞれの局地的な利害関心を法的な手続きという方法によるのではなく、時間的にも空間的にも限定された暴力の行使によって満たそうとするのである。歴史的に制約されたカントの戦争概念の根底にある、戦争の誘因や戦争の遂行およびその推移についての理解を、大幅に手を加えることなくそのまま今日の国際政治に対して適用することは、明らかに不可能である。

しかしカントとは歴史的な距離があるため、カントの諸概念やその諸概念を用いてなされる政治的現実に関する経験的な記述を単純に現代へと適用することはできないとしても、[★9]カントの思想に含まれる規範的内容やカントの平和理念がもつ体系的構造は、われわれにとって注目に値する。〔このようなわけでカントの思想に注目するのだが〕『平和論』の第一章をなす六つの予備条項は、そもそも国家間に本当に平和が訪れうるには、カントによれば、まず何よりも実際に実現されているのでなければならない六つの必然的な制約が定式化されたものである。これらの制約は、より厳密には消極的な前提であるが、これらの前提が満たされなければ平和条約の締結が効力をもち続けることは考えられず、このことからこれらの制約はすでに平和の積極的な理念を先取りしている。ここで明らかになるのは、カントにとって〈平和〉とは、たんに戦争が事実として起きていないこと、したがって戦闘状態にないことを意味するだけではなく、厳密な意味で「あらゆる敵対行為の終結を意味する」[★10]ということである。だからカントは、自分自身で選んだ『永遠平和のために』という著作のタイトルにさえも、「人に疑念を起こさせる語の重複」を嗅ぎとる。カントが「人に疑念を起こさせる」と考えるのは、おそらく、一時的に戦闘が止んでいるだけで本当は相変わらず戦争状態が隠された形で支配的であるような場所においてさえも、通常の言葉遣いでは軽率に〈平和〉という言い方がなされるからであろう。このような平和の概念に照らせば、過去のあらゆる平和条約の締結はたんなる「敵対行為の猶予」[★11]にすぎないし、これまでの人類史は何度も中断されることがある戦争状態のように見える。いまや、このような戦争の状態は（ヘーゲルの歴史哲学におけるように）たんに人間の不可避のわざわいを意味するだけでなく、同時に無条件に終結させられなければならないというのが、われわれの内なる道徳的な実践理性の最も重要な洞察である。保留なく、したがって「無制約的に」締結される平和条約に――この平和条約を、第一予備条項は理性によって要求される「国家間の永遠平和」が可能であるための制約として定式化するが――カントは、将来の戦争一般のあらゆる原因が取り除かれていることへの希望を同時に結びつけ、次のように書く。「いまはひょっとしたら、平和条約を結ぶ当事者たち自身にはまだ知られていないかもしれないが、しかし現にある将来の戦争の原因も」、いかなる保留もなくなされる「平和条約の締結によってことごとく否定されている。たとえ、これらの原因が公式に記録された文書から、きわめて鋭敏な探索眼によって見つけ出されうるとしても[★12]」。したがって、第一予備条項が要求するような、国家間の永遠平和をあらゆる事柄に先立って可能にする無制約的な平和条約の締結には、あらゆる当事者の誠実な意図と次のような要求の断固たる放棄とが含意されている。それは、「敵対行為の誘因を与えうるような、ひとつの国家が他の国家に対して平和条約を締結する時点まではもつことができたあらゆる要求[13]」のことである。

第一予備条項の注釈においてカントが伝えるこのような内容と同様に、他の予備条項も当時の政治的状況に結びつけられている。というのも、これらの予備条項はまさしく以下の事柄を課題としているからである。つまり、一方で、専制国家によって行なわれる所与の国家間の政治的実践に照らして、平和を持続させるために行為の細々した事情を顧慮することなく、即座に遵守されるべき諸制約を定式化することを課題としており、他方で、同じように平和のためには不可欠の前提ではあるが、しかしそれらを実践に移すことに関しては、状況の制約上、一定の時間的猶予をはじめから排除することができないような、そのような前提を描くことを課題としている。カントはひとつめのグループに関して「きびしい法（leges strictae）」という言い方をし、ふたつめのグループに関して「ゆとりのある法（leges latae）」という言い方をしている。カントが平和のための「きびしい」制約である第一のグループに数え入れるのは、すでに言及した第一予備条項の他には、第五予備条項において定式化された「他の国家の体制および統治への」国家による「暴力的な[14]」介入の禁止と、第六予備条項において挙げられた戦争における一定の行為の禁止である。それは、平和条約の誠実な締結を開始するように要求する第一予備条項が、不可欠のこととして前提する最小限の相互信頼を、結果的に破壊するような戦争における行為のことである。戦争において禁止されるこれらの行為として、ここでは完全に古典的な国際法に則りこの国際法が含む「戦時法（ius in bello）」論について議論しつつ、カントは「殲滅戦（bellum internecinum）[15]」と「懲罰戦（bellum punitivum）[16]」とを挙げている。『人倫の形而上学』の「法論」では、さらに「征服戦（bellum subiugatorium）[17]」の禁止をカントはこれらにつけ加えている。平和のための「ゆとりのある」前提である第二のグループに属するものは、カントが第二予備条項において定式化した禁止である。そこで禁止されているのは、継承、交換、買収、あるいは贈与によって国家を他の国家が取得することである。専制主義の時代では珍しくないこれらの計略がカントにおいて禁止されるのは、それらがカントの見解によれば「根源的契約の理念」と、国家を「道徳的人格」とする理性法による国家論とに矛盾するからに他ならない。[18] さらにカントは、第三予備条項において、「常備軍（miles perpetuus）」は時とともに全廃されなければならないという要求を行なう。この要求とともにカントは、ヴェネティウスの時代から妥当性をもっている軍事上の鉄則、〈平和を望むなら戦争の準備をせよ（Si vis pacem, para bellum）〉に対して明確に反対しているだけでなく、とりわけ専制主義の政府が行なう傭兵募集という政策に対しても反対しているのである。というのも、カントによればこうした政策の実践は「人間をたんなる機械および道具として、他の者の（国家の）手の内で使用することを含んでいるように思われるが、人間をこのように使用することは、われわれ自身の人格における人間性の権利とおそらく調和しえない[19]」からである。最後に第四予備条項では、諸国家に広く行き渡っていることではあるが、戦争を遂行するために国債を発行することが禁止されている。

2

このように予備条項は、国家間の関係における平和条約の締結が、実際に破綻しないですむための不可欠の前提を定式化しているだけではない。予備条項はまた、多かれ少なかれはっきりと、専制国家の政策、とくにプロイセンの政策[20]を厳しく批判する一連の政治的要求をも含んでいる。しかしカントの要求は、現実の政治にとって意味をもっているにもかかわらず、そしてたしかにカントの要求のうちの大半は、今日に至るまで依然として注目すべき実践的な重要性をもってきたが、カントの議論の体系にはいくつかの厳密さを欠く箇所があり、それらの箇所は詳細な検討に値する。これらの箇所を、カントの『平和論』全体を特徴づける固有の難点と、どの程度関連するものとして読むことができるかは、後ほど明らかになるだろう。カントは予備条項をどのように呈示すべきかを、根本的に考えなければならない。なんと言っても、予備条項の働きは、平和条約の締結が効力をもち続けるための消極的ではあるが必然的な諸制約を呈示するところにある。しかしこの課題を説得力のある仕方で果たすことができるためには、カントが著作の主要部分、つまり第二章の確定条項においてようやく提出する議論がもつ体系上の重要性全体を、予備条項はすでに前提するのである。だが確定条項そのものは、予備条項とはまた別の課題を果たす。確定条項は、カントの平和概念が規範的な拠りどころとする法哲学的な一般原理を呈示する。ここで話題とされるべきなのは、カントの予備条項にはいくつかの厳密でない箇所があることだが、なぜこれらの箇所が厳密でないのかは、少なくとも部分的には、理性法によって命じられる事柄を確定条項において哲学的‐規範的に構成するレヴェルと予備条項の本来の課題とを、予備条項そのものにおいて媒介しようとしているからであると説明することができる。国家間が戦争状態にあるという制約の下で、理性法による平和の原理に対する全面的な承認をまだあてにすることができないときに、無制約的な平和という規範的な理念が現実的な形態をとりうるために、取り除いておかなければならない事柄を描かねばならないのである。これを論じるにあたってカントは、さまざまな法のシステム、つまり自然法の原理と国際法の原理、あるいは理性法の原理をもち出すが、それぞれに脈絡をつけることも関連性をもたせることもしない。

予備条項がこのような媒介を果たすうえでの難点は、たとえば第二予備条項および第五予備条項についてカントが行なう説明に見てとることができる。カントはこれらの条項において、国家間において妥当性をもっている法の主体としての国家が、不可侵の〈主権〉をもつとするボダン★21からヴァッテル★22にいたる国際法論を繰り返すだけではない。カントは「根源的契約★23」という法哲学の理念さえもち出すが、しかしこの理念は体系的には第一確定条項★24において初めて導入されるものである。ところが第一確定条項において、この理念はまさしく、本物の法治国家と専制国家とを区別し共和制の公共体を基礎づけるための決定的な基準と呼ばれる一方で、予備条項を呈示する文脈でカントは、この理念を内容的に異なるテーゼ、つまり〈あらゆる国家の主権を無制約的に尊重せよ〉というテーゼを基礎づけるために用いている。この〔〈尊重せよ〉という〕要求は、自由を保障する理性法の原理に関与することが「根源的契約」の理念によって許されない他ならぬ専制国家にさえ及ぶのである。したがって予備条項が論じられる文脈での〈根源的契約の理念〉は、これがもともと論じられていたカントの国民法(Staatsbürgerrecht)の理論を背景に考察すれば、それ自身にとって体系上まったくふさわしくないテーゼを基礎づけるために動員されるのである。しかし〈根源的契約の理念〉をもち出すことによって、第二予備条項あるいは第五予備条項で述べられている事柄について内容的に賛同するための、たとえば政治的な怜悧さゆえにとか伝統的な国際法の承認ゆえにとかいったような、他のもっともな理由などありえないだろう、ということが確定してしまったわけでもない。ここにあるようなカントの基礎づけの試みは、ただただ説得力をもちえないのである。だがこの基礎づけの試みは、重大な帰結を招く。すなわち、国家という国家すべての〈主権〉を無制約的に尊重せよとするテーゼは、理性法の要求のような外見をしているが、しかしカントの体系からすると、理性法がこのようなテーゼを要求することはできない。われわれは『平和論』の他の論述においてさらに以下のことを目にするだろう。それは、カント自身の議論におけるこのような不明瞭さと完全に連関する形で、平和を保障する世界共和国設立への要求が、カントのテクストにおいてアンビヴァレントに論じられる、ということである。

カントの議論における言及された難点と関連するさらに別の問題が、〈戦時法（ius in bello）〉としての国際法上のルールを取り上げる第六予備条項に見出される。『人倫の形而上学』の「法論」において、カント自身がこの法を、「ほんの少しでも明らかにしようとすることさえきわめて困難な、国際法の」[25]一部をなすものと特徴づけている。このようにカント自身が感じている問題性は、次の問いに答えようとする際に生じる。それは、〈戦争の間、法は沈黙する（inter arma silent leges）〉という命題が妥当性をもつときに、同時に、どのようにして矛盾することなく「この法を欠いた状態において法律を考えること」[26]が可能であるべきか、という問いである。なぜなら、戦争状態とはカントにとって、理性の下で拘束力をもつ法律が初めて生み出しうるような法の基盤が欠けていることとそのこととして、定義されているからである。カントはこの理論上の問題を逃れるために、実践的な格率を呈示する。その格率によれば、すでに回避できないのであればせめて以下のことが可能であると思われる原則にしたがって、戦争は遂行されるべきである。以下のこととは、「国家間の（相互の外的な関係における）あのような自然状態を脱し、法治状態へと入ること」[27]である。『平和論』においてもカントは、この理論的なアポリアに対して実践的な解決を求めている。解決は事柄に則して、自然状態と法治状態、戦争と平和とをたんにふたつの異なった妥当性領域としてだけではなく、また相互に対立し合う妥当性領域として、はっきりと理想化した形で分離することから導かれる。分離の結果、カントは伝統的な国際法に由来する〈戦時法〉という概念を認めることができない。にもかかわらず、同時に戦争状態においても、比較的弱い意味での法の妥当性を完全には諦めなくてもよいことになる。なぜなら、戦争や戦争が引き起こす事柄を馴致したり防止したりする際に、国際法が一役買っていることを、容易には否定できないことが明らかだからである。[28]しかし戦争における行為を制限する理由は、カントにとっては法的な性質をもちえない。というのも、これらの理由を実定法の体系から取り出すことはできないからである。なんと言っても、戦争状態では、その定義からいって実定法の体系は効力をもたないのである。しかしまた、これらの理由を、どのような類の自然法からも取り出すことはできないからである。自然法とは、人間と人間の間にある自然状態の表現であって、理性の働きによって生み出される共同体の意志の表現ではないのであり、このことは体系に関するカントの次のような発言に合致している。カントの発言によれば、「ひとりの人の選択意志が、他の人の選択意志と自由の普遍的な法則に従って調和させられうるための諸制約の総体」[★29]が、法として理解されなければならないのである。戦争における行為を許容されたものに制限することがなぜ必然的であるのかは、実践的な理性認識そのものから取り出されなければならない。カントがこの箇所で、すでにそれまでに第三予備条項の説明において用いていた議論、つまり「人間を自己の戦略的な目標のためのたんなる手段として道具化することは禁止されている」[★30]とする、実践的な理性認識を拠りどころとしないことは、示唆に富んでいる。明らかにカントはまだ戦争を、次のような行為連関としては考えていない。つまり、それ自身として、また少なくとも侵略戦争の形をとるときはつねに、戦争にかかわりをもつ人間の尊厳と権利を原理的に傷つけるものであるがゆえに、無制約的に禁止されているような行為連関であるとは考えていないのである。この箇所でカントは、個々の人々が存在する意味を道徳的に考察したり、あるいは国家が個々の人々に対してもつ法的な関係を法の見地から検討するレヴェルに依拠しない。カントはむしろ、議論の体系的な構想に従い、一貫して国家間の諸関係を考察するにとどまり、〈国家間にはいかなる戦争もあるべからず〉という最高の道徳的な理性認識に応じて、戦争という自然状態においても「将来の平和における相互信頼を不可能にする」[★31]ような敵対行為は許されていないとする、実践的な格率を主張するのである。

この格率を用いて禁止される「殲滅戦」[★32]のケースに対しては、しかしさらにもうひとつ、この戦争を否定する議論をカントは提出することができるが、この議論によってわれわれは、カントの立場についてまた別の問題に直面させられる。ここでカントが禁止されていると考えようとしている「殲滅戦」は、ジェノサイドの場合のように住民が殲滅の対象なのではなく、法的‐政治的公共体としての国家が消滅させられることになるような戦争のケースとして理解されるべきである。カントがこのようなケースの実例として、プロイセン、ロシア、オーストリアによるポーランド分割を目にしていることは明白である。ポーランド分割は、一七九五年、つまり『平和論』の初版が出版された年に三度目の分割が行なわれていちおうの決着に至ったのである。たとえ状況がどのようなものであったとしても、カントは――そしてこれこそがカントの議論の核心なのであるが――国家という存在が消滅するとともに、この政治的公共体において人々によって実現されてきた「あらゆる法」がまた同じように消滅する、という事情を指摘する。したがってカントは、次のように書く。「以上から、次のことが帰結する。両陣営が同時に滅亡し、それとともにあらゆる法も滅亡しうる殲滅戦は、永遠平和を人類の巨大な墓地の上にのみ築くことになるだろう。したがってこのような戦争は、だからまたこのような戦争へ導く手段の使用も、端的に許されてはならない」[★33]。カントのこの考えが一見どれほど説得力をもつように見えるとしても、この考えのためにわれわれはカントの議論において二つの難点に直面するのである。まず、カントは議論において、どの国家にもすでに国家として法の体系も備わっており、その体系は理性の下で無制約的に承認され効力をもつことを要求し、いずれにせよ外部から戦争という手段によって無効にされてはならない、ということを想定しているように見える。このことによって、国際法の伝統に従って個々の国家の主権を無制約的に承認しようとするカントのもくろみに関して、われわれがすでに以前見ていたものと類似した難点が生じてくる。テクストが示すように、カントはここで法の承認を自由な共和国の場合に限定しているわけではないので、少なくともカントの理論の限界例として、専制国家をもその主権を暴力的に侵害することから保護するだけでなく、法治国家であることに対する無制約的な尊重という最低限の承認を与える対象とすることにも、カントは賛成しようとしているように見える。この帰結は衝撃的である。というのも、こうした帰結はカントよりもホッブズにおいてならば導かれただろうと思われるものだからである。いずれにせよ、この帰結からカントがプラグマティックにものを考えることができ、共和制の国家が専制国家の主権をまったく承認しないことは、〈平和が生み出されるべきである〉という視点からするとより大きな損害であることを認識できる人であることがわかる。そして第二に、カントが他の国家と戦争状態にあるあらゆる国家を、理論的には両立することのない二つの秩序体系〔法治状態と自然状態〕へと現実的には位置づけなければならないことが明らかとなる。すでに見たように、カントはあらゆる国家に対して対内的には、少なくとも最低限法治国家であるということは認めているが、しかし対外的な関係において、これらの国家は脱するべき〈自然状態〉にある。ここに至ればもはや明らかなように、どの国家も同時に属することになるが、理論的にははっきりと区別される二つの秩序体系というカントの現実離れした観念は、維持することが困難である。なぜなら、この観念を維持できるのは、同時に内政と外交の領域を、少なくとも決定的な根本的特徴において分析的にはっきりと相互に分離することができる場合だけだからである。このような分離は、現実の政治を考えればほとんど論外である。しかしカントでさえも、当時の国際社会の政治的現実を目にして、この分離に固執するつもりはないように見える。予備条項が以下のことを証明しているからである。すなわち、国家の内政と外交はつねに交錯し、たえず相互に影響を及ぼし合うので、国家の同一の行為が理論的には区別される二つの領域に同時に位置づけられなければならないことを、カント自身きわめて正確に見ているのである。このように、理論的にははっきりと区別される二つの秩序体系という法哲学的なフィクションは、カントが自由な法治国家を基礎づけるために想定する場合には、ある程度正しく、また成功も収めているが、これが国際政治の領域にまで拡大されるときわめて疑わしいものとなる。

3

『平和論』の中心をなす国家間の永遠平和のための確定条項において、われわれは〈国家間の平和は新たに基礎づけられた国際法によって保障されるべきである〉とするカントの要求に出くわす。カントは国家間のこの新たな平和の法を「フーゴー・グロティウス、プーフェンドルフ、ヴァッテルなど（まさしく気休めしか言わない人々）」[★34]の古典的な国際法論に取って代えようとする。というのも、カントにとってみれば、主権国家に対して交戦権（ius ad bellum）を認める議論を行なうことによって、これらの人々は国家間の戦争状態を長引かせたのであり、紛争中の当事者たちにいつでも新たな侵略戦争を行なう正当な理由を与えてきたのである。それに対して、新たな国際法は実践的な理性認識に由来するが、この理性は「道徳的に立法する最高権力の座から、紛争を解決する正当な手続きとしての戦争を断固として断罪し、それに対して平和の状態を絶対的な義務とするのである」[★35]。共和制の国家体制が制定されることによって、国家内においては人々の間で平和条約の締結が効力をもっていることのアナロジーで、国家間のこのような平和もまた「諸国民」相互の「契約」[★36]を必要としている。この契約が課題としているのは、国家間の根源的契約のように諸国民の新たな平和の法を基礎づけることである。しかしカントが要求する契約は、個々人の間の根源的契約とは異なり、諸国民を成員とする共和国、したがってひとつの〈諸国民統一国家〉を基礎づけるものではなく、諸国民の間の〈連合〉を基礎づけるにすぎない。「この連合は、〈平和連合（foedus pacificum）〉と名づけることができるが、それが〈平和条約（pactum pacis）〉と異なるのは、平和条約がたんにひとつの戦争を終結させようとするのに対して、平和連合はすべての戦争を永遠に終結させようとする点であるだろう」[★37]〔傍点部分はカントによる強調〕。そしてカントは、このような連合の契約について明確に、これとひとつの新たな国家体制の制定とを結びつけて考えることを拒否する。連合の契約が果たすより控え目な機能は、「たんに、ひとつの国家それ自身の、および同時にその他の契約を交わした諸国家の自由の維持と保障[★38]」とに関係するだけである。カントはこの連合に対していかなる立法権も執行権も、あるいは司法権も認めない。カントによれば、連合に加わるいかなる国家も、加盟によって同時に「公法や公法によって正当化される強制力に服する[★39]」ということがあってはならないのである。この諸国家連合の成員になれるのは、カントによれば、しかし共和国だけであり、したがって国内的には法治国家として編成され、市民的体制によって市民の自由と平等を法の下に保障することができるような国家だけである。国家としての主権は放棄しないが、しかしおそらくは、古典的な国際法が承認していた問題のある交戦権を、相互に放棄し合う自由な共和国による連合である。「（新たな）国際法は自由な諸国家の連合制度に基礎をおくべきである」〔（ ）内はルッツ－バッハマンによる補足[★40]〕。

『平和論』がもつ政治的な指針は、こうした主張によって非常に明確に示されているとしても、プログラムを基礎づけるにあたってカントは、自身が提案した国家間の平和のモデルと両立させることが難しい困難と矛盾とに陥る。カントが、主権国家からなる連合という提案を行ない、世界共和国という理念を引き受けるために提出する中心的な議論は、基礎づけるべき事柄を基礎づけていないのである。カントは、自分の提案が理性に合致していることを示すため、アナロジーの議論を用いる。すなわち、個々の人間が根源的契約によって、理性の要求〈自然状態を脱すべし(exeudum ex statu naturali)〉どおりに戦争状態にある自然状態を脱して、それぞれがそれぞれ個々の自由と他のすべての市民の自由とを調和させることができるような法治国家を形成すべきであるように、カントにしてみれば明らかに、諸国家も契約によって、国家間の戦争状態を永遠に終結させうるような法的な関係に相互に入るべきである。しかし、法治国家にその正当性を与えることになる根源的契約という理念を、カントがこの場面で用いるその仕方には、驚くべきものがある。というのも、カント自身によって捻出された国家法とのアナロジーを、諸国民の新たな平和の法というケースに当てはめるとすれば、契約を結んだ諸国家は、憲法に基づく三権を最小限備えた新たな共通の国家体制を設立すべきであるという要求、ただそれだけがなされるべきだろう。いずれにせよ、それが法的体制であるとすれば、この国家体制においては、共和国とのアナロジーでいまや個々の自由な国家がそれぞれの自由、つまり国家として自己決定を行なう自由と他のあらゆる国家の自由とを、調和させうることを保障されているのでなければならないだろう。国家法論とのアナロジーから生じるこのような基準は、〈諸国民統一国家(Völkerstaat)〉の理念にとっては、次のようなことを帰結するだろう。つまり、この国家においてはあらゆる当事国の自由な賛同(少なくとも賛同が可能であること)によってのみ、共同の決議は法的な効力をもつことができるし、したがって普遍的な拘束力をもつことができるということを帰結するだろう。しかしカントはこのような結論を導かない。これは、カント自身が選択したアナロジーに基づけば、共和国が平和を保障する役割を担うためには不可避の結論なのであるが。その代わりにカントは、すでに見たように、〈諸国家統一共和国（Staatenrepublik）〉[☆3]という理念を明確に斥け〈自由な諸国家の連合〉という理念を選ぶが、この連合は国家のもつまさしくあの契機、すなわちカントの国家法論では個々人の間に何よりもまず平和を保障しうる国内法の体系を当然欠いているのである。カントは自分自身の議論の構想からこのように逸脱することに対して、どのような説得力のある理由を挙げるだろうか。第二確定条項のテクストにおいて、カントは三つの議論を呈示し、これらを平和連合に賛成し〈諸国家統一共和国〉に反対する拠りどころとしようとする。

第一の議論では、〈諸国家統一共和国〉（カントはこの箇所でみずから〈諸国民統一国家〉という言い方をしている）の提案に含まれているとされる〈矛盾〉に的が絞られる。カントは詳細に論じる。「しかし諸国民統一国家には矛盾があるだろう。なぜなら、どんな国家も上位の者（立法する者）と下位の者（従う者、つまり国民）との関係を含むが、しかし〔諸国民統一国家が実現されてしまうと〕諸国民はひとつの国家においてひとつの国民しか形成しないことになり（われわれはここで、諸国民はそれぞれの国家を形成すべきでありひとつの国家に融合すべきではないと考えるかぎりにおいて、これら諸国民相互の法を検討しなければならないので）、諸国民がひとつの国家においてひとつの国民しか形成しないことは、こうした前提に矛盾するからである[★41]」。しかし、カントがより厳密な基礎づけのためにこのテーゼに続けて行なう説明において明らかとなるように、カントは〈諸国民統一国家〉の概念に自己矛盾を見出すことはできず、ただ〈諸国民相互の法〉の基礎づけという国際法の課題と〈諸国民統一国家〉ないしは〈諸国家統一共和国〉の提案との間に矛盾が成立することになるにすぎない。〈諸国家統一共和国〉は、それが出生地とする従来の国家間の法的な関係すべてを事実余すところなく破棄し、世界レヴェルでの国内法へと変換するという前提のもとでなら、〈諸国家統一共和国〉あるいは〈諸国民統一国家〉に対するカントの反論は正当化されるだろう。しかしこの前提は説得力をもたない。ここでは第一に、事実として世界のすべての国家がまずそれぞれの内部において法治国家的な共和国へと変貌を遂げた後で、この〈諸国家統一共和国〉に加わっていることが想定され、第二に、個々の共和制の国家が相互に連合を形成し、新たな世界市民法（Welt-staatsbürgerrecht）がそれまで妥当性をもってきた法的な関係すべてを余すところなく破棄し、それに取って代わることが想定されているからである。このようにして成立する〈世界統一国家（Welteinheitsstaat）〉は実際に、それまで存在してきた個々の主権国家が、対外的な関係においても対内的な関係においても保持していた自由の権利を解消するだろう。しかしそのような〈世界統一国家〉は、カントが選択した初期条件に従えばまったく議論にのぼらない。というのも、この国家は、人々が個人として法治国家を形成する〈根源的契約〉と自由な共和国の間で交わされる契約とのアナロジーから導出されえないからである。なぜなら、カントが国家法論において強調していた、個々の共和国が法治国家であるための中心的な制約、つまりその成員の自由を損なってはならないし、まして奪ってはならないという制約に、この国家は矛盾するからである。個々の法治国家に対することのような制約をもとに、〈諸国家統一共和国〉に対して正確なアナロジーを形成するならば、この共和国もまたその成員の自由権および平等権と矛盾することなく編成されていなければならないことになる。このことは、たとえば現実的には、個々の国家がそれ自身単独では規制できないことがあるたびに、そうした政治領域においてのみ、〈諸国家統一共和国〉は行為を委任される、ということを意味するだろう。カントは明らかに、国家間で交わされる契約の理念が含意する国家を設立する課題および機能から帰結する事柄を、それらはしかしアナロジーを用いた議論からは導出されえないものとして拒絶するのである。

〈諸国家統一共和国〉の提案に対する第二の異論は、帰結する事柄ではなくアナロジーを用いた議論そのものに向けられる。カントによれば、「法を欠いた状態にある個々の人間たちには、〈この状態を脱すべし〉という命法が自然法に則って妥当性をもつが、諸国家に対しては、同じことが国際法に則って妥当性をもつわけではない」[42]。このように言うことによって、カントが自身の先行する議論と矛盾することは明らかだが、それはカントがその直前に国家と個々の人間とのアナロジーを捻出したばかりであって、次のように書いたからである。カントは、「それぞれが国家を形成する諸国民は、自然状態においては（つまり外的な法に服していない場合には）隣り合っているということによってすでに害を与え合っており、それぞれは自己の安全のために、それぞれの権利が保障されうるような市民的体制に似た体制へとともに入ることを他の者に求めることができるし、また求めるべきである」[43]と書いたのである。カントはどのようにして、次のような差異を基礎づけるのだろうか。その差異は、諸国家相互の好戦的な（つまり法を欠いた）関係と個々の人間相互の好戦的な（つまり法を欠いた）関係との間に、カントの見解によれば明らかに成立しており、当初は求められたアナロジーがその後追求することを許されなくなる理由を含意しているはずである。カントにとっては維持するのが非常に困難なこの差異は、国家が、少なくとも共和制の公共体が「内的にはすでに法的体制をもっている」[44]のに対して、個々の人間そのものの内面には、このような体制がまったく欠けている点で正当化される。カントにとってさらに有利に働くのは、自然状態にある個々の人間は自由の諸制約のもとにあっていまだ普遍的な法則をもっていないが、国家の方は内部において法的な体制を備えていることに加えて、不可侵の主権を約束する〈国際法に則った〉諸制約のもとにもいつでもすでにおかれている、という事情である。こうした事情があるので、それぞれの国家は「法の概念に従って、さらに拡大された法的な体制へ入るべきだとする他の国家からの強制を受け入れるのが難しい」[45]とカントは書くことができるのである。したがって、個々の人間には自然の力によって自由が認められる一方で、〈主権〉は国際法によってそれぞれの国家に承認されている権原である。それゆえカントによれば、国家と個々の人間の差異は、少なくとも共和国の場合には見出される内的な適法性の有無と、国際法によって認可されている主権の有無とに見出すことができる。したがって、理性によって両者に対して要求される契約も異なった仕方で結ばれなければならない、とカントは結論を下すように思われる。

さて、カントがもともと選択したアナロジーでは、ひとつの比較がテーマ化されていることは明らかである。ここで比較されるものそのものは、それぞれたしかにきわめて異なった本性をもっているが、しかし特別な視点から考察するとひとつの一致点を示している。それでは、それ自体として考察した場合には明らかにまったく異なった大きさをもつ〈法治国家〉と〈個々の人間〉というケースにおいて、アナロジーを成立させうるような共通性はいったいどこに見出されるのか。〈それ自体として考察した〉それぞれの諸特徴に、こういったものを見出すことはできない。それが見出されるのはむしろ、両者がともに共同の意志作用によって、法が新たな妥当性をもつ圏域を基礎づけることができるものとして考えられる点である。〈法治国家〉も〈個々の人間〉も、他の国家や他の人間とは無関係に、まずはそれぞれ個々別々に認められていたにすぎない諸権利を、自由に契約を結ぶことによってこの圏域へと移すのである。こうした方法で新たに創出された法は、カントの国家法論によれば、法の制定者の自由を制限もしなければ破壊もしないことによって正当なものとされる。カントが、共和国を基礎づけるために根源的契約の理念を用いる場合に、可能であり理性法に適っていることとして要求されると考える事柄は、〈諸国家統一共和国〉ないしは〈諸国民統一国家〉といった別のケースにもアナロジカルに適用することができる。共和国にそれぞれ個別的に、他の国家とは無関係に認められる根源的な自由（あるいは主権性）と法治国家であるということとが、権原の委譲によって強制的に破棄されるわけではなく、一定の原理が守られる場合には、この根源的自由とひとつの法治国家であるということとはまさしく確証され、新たな法の創出によって主権を維持しつつ実現される。ところがこのように新たに成立する〈諸国家統一共和国〉という法の領域は、共和制の国家体制もその構成員に対してそうであるように、成員の根源的な自由権および自己決定権を、基本権と民主主義的な手続きのルールによって、したがって万人が同等にもつ制度化された共同決定権によって保障しなければならない。こうして、〈諸国家統一共和国〉に対して、その内部を構築するための憲法に則ったルールが規範として拘束力をもつのである。

『平和論』における第三の議論は、カントが〈諸国家統一共和国〉の正当性に関する問いにおいて揺れていることをはっきりと明るみに出す。カントは、第二確定条項の最後に改めて連邦制の諸国家連合に賛成するが、しかしこれを同時に「世界共和国という積極的理念に」取って代わらなければならない「消極的な代替物」[★46]と特徴づける。現存の諸国家は現存の国際法の妥当性に固執し、それぞれの主権を主張して、〈諸国民統一国家（civitas gentium）〉を基礎づける新たな法を創出する用意が事実上できていないからである。現にある諸国家は、政治的な実践において〈諸国家統一共和国〉（ないしは〈諸国民統一国家〉）を「だが国際法に関する自分たちの考えに従ってまったく望まず、したがって理論的には（in thesi）正しい事柄を実践的には（in hypothesi）斥ける」[★47]ので、世界共和国に代わって平和を保障するものとして（「すべてが失われるべきではないとすれば」[★48]）自由な諸国家による連邦制の連合が創出されなければならない、とカントは論じる。このような議論とともにカントは、〈諸国家統一共和国〉というものの理性法に照らした可能性に対して、最初に行なった自身の原理的な異議申し立てを撤回するだけでなく、契約の理念による基礎づけのレヴェルをも離れ、事実としてどのような行為を期待できるかという議論に依拠するのである。このように基礎づけが破綻すると、〈諸国民統一国家〉に反対するカントの議論はほとんど説得力をもたなくなるように思われる。しかし同時に、カントにはまた別の側面も見ることができる。その論述とともにカントは、政治的な実践に対して徹底してひとつの道を示しているのである。理念としては、理性に適っていることが証明されている平和の構想を、着実に実現しうるかどうかは、なんと言っても政治的な実践にかかっているだろう。諸国家が存在し、それらが主権を手放そうとしない傾向性を事実としてもつという所与の現実を視野に収めたうえで、いまやカントの見方によれば、連邦制の平和連合が理性の要求であることは明らかである。しかしここで示されたように、法治国家の理念とのアナロジーに基づいて〈諸国家統一共和国〉の理念を基礎づけることは十分に可能なので、それぞれの共和国や、共和国が形成する新たに基礎づけられるべきカントの諸国家連合に対しては、理性法に照らして要求される〈諸国家統一共和国〉ないしは〈世界共和国という積極的な理念〉にいっそう近づくような諸関係を生み出すように求められる。『平和論』のこの箇所において、カントの政治に関する考察は歴史哲学的なパースペクティヴに合流する。この歴史哲学的なパースペクティヴによれば、諸国民の間で交わされるべき根源的な平和条約という理念は、各国家の国民が行なうべき世界市民としての行為に対する拘束力をもった規範である。

『平和論』の根本にある主張についてこれまで行なってきた検討から、帰結することは何であろうか。今日かつてなかったほどに議論が行なわれる、国際政治の新たな秩序はどうあるべきかという問いに関して、〈世界共和国〉の構想ないしは新たに創出されるべき世界市民の組織の構想を斥けることが重要であるのなら、明らかにカントを参照することはできない。われわれは、カントが〈諸国民統一国家〉に反対するために用いた議論には説得力がなく、しかもそれは問題へのカント自身のアプローチがもつ理性法の諸前提と相容れないことを確認できた。その代わりに、この理性法の諸前提から導出しうる洞察は、国際政治の現状に適用すれば、世界市民の新たな組織とこの組織を支える法とを築くための諸制約を定式化するうえで、間違いなく役立ちうる。新たな世界市民法は、〈国連憲章〉の土台をなし国家間の従来の法秩序を表現する法的な諸原理を、共和的な世界体制の実現へ向けてさらに発展させるべきである。この世界体制には、〈国際連合〉やたとえば〈国際法廷〉のような国際連合と関係をもつ機構が現在備えているよりも、より強力な、立法権や執行権、そして司法権の担い手が備わっていなければならない。

注

★1　Kant, *Zum ewigen Frieden. Ein philosophischer Entwurf*, 1. Auflage 1795 (A), 2. Auflage 1796 (B) in: Kants Werke (Akademie-Ausgabe), Bd. VIII, S. 341-386.〔『永遠平和のために』宇都宮芳明訳、岩波書店、一九八五年、一一―一一一頁〕

★2　カントの『平和論』に関する最近の文献については以下のとおり。H. Saner, *Kants Weg vom Krieg zum Frieden*, München 1967; H. Williams, *Kant's Political Philosophy*, Oxford 1983; G. Geismann, »Kants Rechtslehre vom Weltfrieden, in: *ZfPF*, S. 37 (1983), S. 362-388; O. Höffe, *Kategorische Rechtsprinzipien*, Frankfurt am Main 1990, S. 249-284; G. Cavallar, *Pax Kantiana*, Wien/Köln/Weimar 1992; P. Laberge, »Das radikal Böse und der Völkerzustand«, in: F. Ricken/F. Marty (Hg.), *Kant über Religion*, Stuttgart 1992, S. 112-123; W. Kersting, »Kant und die politische Philosophie der Gegenwart«, in: *Wohlgeordnete Freiheit*, Frankfurt am Main, 1993, S. 67-87; O. Höffe (Hg.), *Kant, Zum ewigen Frieden*, Berlin 1995; V. Gerhardt, *Immanuel Kants Entwurf 〉Zum ewigen Frieden〈*, Darmstadt 1995.

★3　一九四五年に設立された国際連合の法的な体制については、とりわけ以下のものを参照せよ。G. Unser (Hg.), *Die UNO, Aufgaben und Strukturen der Vereinten Nationen*, 5. Auflage, München 1992.

★4　Vgl. Augustinus, *De Civitate Dei*, XIX 10-13, S. 26-28.

★5 Vgl. Erasmus, *Dulce bellum inexpertis* (1515), übersetzt und hg. von B. Hannemann, München 1987, sowie ders., *Querela pacis undique gentium ejactoe profligatoeque* (1517).

★6 A. Neüsuss, *Utopie. Begriff und Phänomen des Utopischen*, 3. Auflage, Frankfurt/New York, 1986, insbesondere S. 471-515.

★7 Kant, *Metaphysik der Sitten*, in: *Werke*, a. a. O., Bd. VI, S. 354 (A233).〔『世界の名著39　カント』中央公論社、一九七九年、五〇〇頁〕

★8 Ebd.〔『世界の名著39　カント』五〇一頁〕

★9 われわれをカントの戦争概念および平和概念から隔てる歴史的な差異については、ハーバーマスが次の論文のなかで詳細に論じている。»Kants Idee des ewigen Friedens - aus dem historischen Abstand von zweihundert Jahren«, S. 113-154.〔「二百年後から見たカントの永遠平和という理念」本書一〇八―一六三頁〕

★10 Kant, *Zum ewigen Frieden*, a. a. O., S. 343 (BA 5).〔『永遠平和のために』一三頁〕

★11 Ebd.〔前掲、一三頁〕

★12 Ebd., S. 343f. (BA 5f.).〔前掲、一三頁以下〕

★13 Kant, Refl. 7837, in: *Werke*, a. a. O., Bd. XIX, S. 530.

★14 Kant, *Zum ewigen Frieden*, a. a. O., S. 346 (BA 11).〔『永遠平和のために』一九頁〕

★15 Ebd. (BA 12).〔前掲、二〇頁〕

★16 Ebd., S. 347 (BA 13).〔前掲、二一頁〕

★17 Kant, *Metaphysik der Sitten*, ebd., S. 347 (A 222).〔『世界の名著39　カント』四九三頁〕

★18 Kant, *Zum ewigen Frieden*, a. a. O., S. 344 (BA 7).〔『永遠平和のために』一五頁〕

★19 Ebd., S. 345 (BA 8f.).〔前掲、一七頁〕

★20 Vgl. Hans Saner, »Die negativen Bedingungen des Friedens«, in: O. Höffe (Anm.　), S. 53 sowie S. 61-66.

★21 Vgl. J. Bodin, *Les six livres de la république* (1583), vol. I, cap. IX.

★22 Vgl. E. de Vattel, *Le droit des gens* (1758) I, Ch. I § 4.

★23 Kant, *Zum ewigen Frieden*, a. a. O., S. 344 (BA 7).〔『永遠平和のために』一五頁〕

★24 Vgl. Ebd., S. 350 (BA 20).〔前掲、二九頁〕

★25 Kant, *Metaphysik der Sitten*, a. a. O., S. 347 (A 221).〔『世界の名著39 カント』、四九二頁〕

★26 Ebd.〔『世界の名著39 カント』、四九二頁〕

★27 Ebd.〔『世界の名著39 カント』、四九二頁〕

★28 国際法による戦争の「囲い込み」というカール・シュミットの危険で愚かしいほど不遜な言い方をはっきりと拒絶するフォルカー・ゲアハルトには、全面的に賛成できる。vgl. Gerhardt, ebd. (Anm. 2), S. 65f.

★29 Kant, *Metaphysik der Sitten*, a. a. O., S. 230 (A 33).〔『世界の名著39 カント』、三五四頁〕

★30 Kant, *Zum ewigen Frieden*, a. a. O., S. 345 (BA 8),〔『永遠平和のために』、一七頁〕; vgl. hierzu *Grundlegung zur Metaphysik der Sitten*, in: *Werke*, a. a. O., Bd. IV, S. 429 (BA 66f.).

★31 Kant, *Zum ewigen Frieden*, a. a. O., S. 346 (BA 12).〔『永遠平和のために』、二〇頁〕

★32 Ebd.〔前掲、二〇頁〕

★33 Ebd., S. 347 (BA 13).〔前掲、二二頁〕

★34 Ebd., S. 355 (BA 33).〔前掲、四〇頁〕

★35 Ebd., S. 356 (BA 34).〔前掲、四二頁〕

★36 Ebd. (BA 35).〔前掲、四二頁〕

★37 Ebd. (BA 35).〔前掲、四二頁以下〕

★38 Ebd. (BA 35).〔前掲、四三頁〕

★39 Ebd. (BA 35).〔前掲、四三頁〕

★40 Ebd., S. 354 (BA 30).〔前掲、三八頁〕

★41 Ebd. (BA 30f.).〔前掲、三八頁以下〕

★42 Ebd., S. 355 (BA 34).〔前掲、四二頁〕

★43 Ebd., S. 354 (BA 30).〔前掲、三八頁〕

★44 Ebd., S. 355 (BA 34).〔前掲、四二頁〕

★45 Ebd., S. 355f. (BA 34).〔前掲、四二頁〕

★46 Ebd., S. 357 (BA 38).〔前掲、四五頁〕

★47 Ebd.〔前掲、四五頁〕

★48 Ebd.〔前掲、四五頁〕

訳注

☆1 英訳（David W. Loy, Kant's Idea of Peace and the Philosophical Conception of a World Republic）はかなり意訳された部分を含み、しばしばドイツ語の原文とは著しく内容を異にしている。こうした箇所については、ドイツ語の原文を優先して訳出した。また、カントの *Zum ewigen Frieden* および *Metaphysik der Sitten* からの引用箇所については、理想社版『カント全集』および岩波書店版『カント全集』、『永遠平和のために』（宇都宮芳明訳、岩波書店、一九八五年）、『世界の名著39　カント』（野田又夫責任編集、中央公論社、一九七九年）を適宜参照したが、原注〔　〕内には、それぞれ『永遠平和のために』および『世界の名著　カント』の頁数を記した。

☆2 Volk ないし Völker は「民族」もしくは「諸民族」とは訳さず、「国民」もしくは「諸国民」と訳した。

☆3 Staatenrepublik という語によって考えられているのは、諸国家が集まって形成されたひとつの共和国のことであり、少なくともこの論文においてはほぼ Völkerstaat と同義で用いられていると思われる。したがって、「諸国民統一国家」に対応させて「諸国家統一共和国」と訳した。

II

人権、国際法、国際秩序——二百年後の世界市民主義

第3章　二百年後から見たカントの永遠平和という理念

ユルゲン・ハーバーマス（紺野茂樹訳）

サン・ピエール神父[☆1]が呼び覚ました「永遠平和」は、カントにとっては、世界市民状態という理念に、魅力と直観的な効果をもたらしてくれるはずの理想なのである。それによってカントは、法論のうちに第三の次元を導入する。すなわちそれが、国内法と国際法と並んで、さまざまな帰結をもたらす新機軸である、世界市民法なのである。その基盤を人権に置く、民主的立憲国家の共和主義体制が必要とするのは、戦争によって牛耳られている国家間交渉の、国際法による脆弱な拘束だけではない。いや、もっと正確に言えば国内での法の支配は、全ての人々を統合し、戦争を廃絶するグローバルな法の支配で結ばれるべきなのである。「人間の自然権にふさわしい憲法政体という理念、すなわち、法にしたがう人々が同時にまた、統合されて、立法にもたずさわるべきだという理念は、あらゆる国家形態の基盤を成しており、そしてこの理念に基づくならば……〔中略〕……プラトン的イデアだと呼ばれる政治共同体（das gemeine Wesen）は、虚しい空想などではなく、すべての市民的憲法政体一般にとっての永遠の規範であり、そしてすべての戦争を廃絶するものなのである」[★1]。この「すべての戦争を廃絶する」という結論は衝撃的である。それが指し示しているのは、戦争と平和を統制する国際法の規範が、唯一絶対的に、すなわち、カントがそのための道程を彼の論文『永遠平和のために』で切り開いている法平和主義が、世界市民状態を、そしてそれによって戦争を廃絶するまではずっと、唯一拘束力を有するものであるべきだということなのである。

カントがこの理念を展開しているのは、言うまでもなく理性法概念と彼の時代経験の地平においてである。この二つのものによってわれわれはカントから分かたれている。後世に生まれた者として、労せずしてカントよりもいろいろと知っているので、われわれは今日、彼によって提案された構想には概念上の難点があり、もはやわれわれの歴史経験とは相容れないものであることを認識している。それゆえに私はまず最初に、カントが出発点としている前提を思い起こしてもらうつもりだ。それは、永遠平和という直接の目標の定義づけ、世界連合(Völkerbund)の法の支配という、もともとのプロジェクトの叙述、そしてそれに関連して突きつけられる、世界市民状態という理念の実現という問題の歴史哲学的解決という、彼の思索の道程の三つの段階すべてに関連するものである(1)。それに引き続いて問われるのは、ここ二百年の歴史に照らし合わせたカントの理念の可能性と限界とは何か(2)ということであり、そしてこの理念は、今日の世界情勢を考慮して、どのように再定式化されなければならないのか(3)ということである。法学者、政治学者、哲学者によって立案された、自然状態への退行に取って替わる選択肢は、世界市民法と人権の政治の普遍主義に対する批判を呼び起こした。しかしこれは人権概念における法権利と道徳の間の適切な区別によって反論可能である(4)。この区別はまた、法平和主義の人道主義的根拠に反対する、カール・シュミットによる、影響史的には多大な成果を上げた論証の、メタ批判のための手がかりも提供してくれるのだ(5)。

1

カントは、その実現に努めている、国際関係を「法の支配の下に置く」という目標を、戦争の廃絶として、消極的に定義づけている。すなわち、「戦争などというものは存在すべきではない」し、「無意味な戦争には」終止符が打たれるべきなのである。[★2] このような平和が望ましいものであることの理由として、カントは、彼の同時代にヨーロッパの君主たちが傭兵を使って行なっていたような類の戦争の災禍を挙げている。このような災禍のなかで彼がその最たるものとして挙げるのは、決して犠牲となった死者ではなく、「暴虐行為のもたらす惨禍」と「荒廃」、とりわけ略奪と、戦争の過重な経済的負担による国土の貧困化、そして考え得る戦争の帰結としての、征服、自由の喪失、外国による支配である。臣民が政府によって教唆され、法に反する振る舞いに、すなわち諜報活動や事実と異なる情報の流布に、あるいは——例えば狙撃手や暗殺犯として——陰謀に、手を染めてしまう場合には、モラルの低下がそれに加わる。ここで明らかになっているのは、一六四八年のウェストファリアの和議以来、複数の〔主権〕国家体制のなかで、紛争解決の合法的手段として国際法上制度化された、限定戦争の全貌である。このような戦争の終結として、平和な状態は定義づけられるのである。それゆえに、特定の講和条約が個々の戦争の災禍に終止符を打つのと同じように、平和連盟は、「すべての戦争を恒久的に終わらせる」べきだし、戦争の災禍そのものを取り除くべきである。これが「永遠平和」の意味なのである。平和とは、戦争それ自体がそうであるように、きわめて限定的なものなのである。

カントが考えていたのは、個々の国家間や同盟間の、地域的に限定された局地戦であって、世界大戦では未だなかった。彼が考えていたのは、政府間や国家間の戦争であって、民族戦争や内戦では未だなかった。彼が考えていたのは、戦闘に従事する部隊と民間人の間の区別を許容する、技術的に限定された戦争であって、ゲリラ戦や爆弾テロでは未だなかった。彼が考えていたのは、政治的に限定された目標のある戦争であって、イデオロギー的に動機づけられた殲滅戦争や追放戦争では未だなかった。[★3] 国際法上の一律規制が、戦争遂行と平和処理にまで適用されるのは、限定戦争という前提のもとでのことなのだ。「戦時」国際法と「戦争後」の正義に先んじる「開戦」法規、いわゆる"ius ad bellum"は、厳密に言えば全く法とは言えない代物なのである。と言うのもそれはもっぱら、自然状態にある場合に、言い換えれば、相互の間での交渉が無法状態にある場合に、国際法上の主体〔個々の主権国家のこと〕に当然帰属すべき、選択意志の自由の表現でしかないからである。[★4] たとえもっぱら戦争を遂行する国家自身の法廷によって執行されるだけであろうとも――この無法状態に干渉する唯一の刑法は、戦時下の行動に関わるものなのである。戦争犯罪とは戦時下で犯された犯罪のことである。時代が下るにつれて戦争から制限が取り払われ、それに呼応して平和概念も拡張されたことによってようやく――侵略戦争という形態の――戦争それ自体が、当然弾劾され処罰されるべき犯罪であるという考えが惹起されることになる。カントにとっては戦争という犯罪〔すなわち、そもそも戦争そのものが犯罪であるという考え方のこと〕は未だ存在しないのである。

永遠平和は重要な特徴ではあるが、それでももっぱら世界市民状態の兆候でしかない。カントが解決しなければならない概念上の課題とは、このような状態の法的な説明なのである。彼が示さなければならないのは、世界市民法と古典的な国際法の間の相違点、すなわちこの世界市民法の特殊性なのである。

国際法には、自然状態におけるすべての法と権利がそうであるように、もっぱら専断的にしか拘束力がないのに対して、世界市民法は、法的拘束力のある国内法がそうであるように、自然状態に最終的に終止符を打つことになるはずなのだ。それゆえにカントは、世界市民状態への移行のために繰り返し繰り返し、特定の国家の社会契約論的創設によって、その国の市民に、法的に保障された自由のなかで生きることを可能にしてくれる、自然状態からの最初の脱却とのアナロジーを援用する。国家の社会契約論的創設に際して、自立した個人間の自然状態に終止符が打たれるように、好戦的な国家間の自然状態にも、終止符が打たれるべきなのである。『永遠平和のために』の二年前に公刊されたある論文のなかで、カントはこの二つの成り行きの間に厳密な意味での類似性を見て取っている。[★5] その論文のなかでも彼は、最大の災禍としての幸福の破壊と自由の喪失に言及しているが、それはその次に「それゆえに、それに対処する手段は、(個々人と民法ないし国内法のアナロジーに依拠した) あらゆる国家がしたがわなければならない、公共的で、強制力を有する法律に基づく国際法以外にはありえないのだ」と続けるためなのである。「――なぜならば、ヨーロッパにおける、いわゆるバランス・オブ・パワーによる、永続的で普遍的な平和などというものは、……〔中略〕……単なる妄想でしかないからである」[★6]。話は、ここでは依然として、「その威力のもとですべての国家が自由意志で順応すべき、普遍的な、世界国家 (Völkerstaat)」に関するものなのである。しかし既にその二年後には、カントは「世界連合」と「世界国家」の間を細かく区別するようになる。

と言うのも、その後「世界市民的」だとして強調される状態は、諸国家が、個々の市民たちがより上位の権力の公的な強制法にしたがうようにしたがうのではなく、その独立性を保持するという点において、一国内における法状態から、区別されるべきだからである。想定されているのは、交渉に際して戦争という手段を相互にきっぱりと放棄した自由な国家からなる連邦であって、それはその成員の主権に関しては、侵害せずにそのままにしておくべきなのである。恒久的に連合し続ける諸国家は、その主権を保ち続け、国家としての特性を備えた世界共和国へと吸収合併されはしないのだ。〔すなわち〕「戦争を防止する連盟という消極的な代用品」が、「一なる世界共和国という積極的な理念」に取って替わるのである。[★7] この連盟は、現在ではもはや社会契約モデルに基づいては考えられないような、国際法上の契約という、主権に基づく自発的行為から生まれるべきだとされている。と言うのもこの契約は、請求訴訟を起こすことができるという、加盟国の法律上の請求権を相互に基礎づけ合うものではなく、もっぱら加盟国同士を結びつけて、恒久的な同盟に、——すなわち「常に自由なアソシエーション」にするだけだからである。それゆえに、国際法の脆弱な拘束力を通じて世界連合へという、この統合行動の特徴は、もっぱら「恒久性」だけなのである。カントが、世界連合を「常設会議」になぞらえているのはそういう経緯からなのだ。[★8]

このような理論構成の矛盾は明らかである。と言うのも、他の箇所ではカントはその会議を、「(アメリカ諸州のそれのような)国家的な憲法に基づいた、結びつきとしてではなく、ただ単に、さまざまな国家の、任意の、いつでも脱退できる会合として」しか理解していないからである。[★9] しかし何と言っても、国際紛争の調停の「非軍事的方法」が依拠する、結びつきの恒久性が、憲法になぞらえられるようなものの創設という法的な拘束力がないのに、どうやったら保障されうるのかを、カントは明らかにしていないのだ。彼は一方では契約の解消可能性の留保によって、加盟国の主権を保ち続けようとするが、それは会議や自発的なアソシエーションへの比喩を容易に思い起こさせるものである。他方では、恒久的に講和の仲立ちをする連邦は、場合によっては己の国家的理由よりも、「もめ事を戦争によって…［中略］…ではなく、言うなれば訴訟によって…［中略］…決着をつける」という、自他ともに認める共通の目標を優先するよう、義務づけられていると、加盟国が感じるという点で、一時的な同盟からは区別されるべきだとされているのだ。この義務づけという契機なくしては、諸国家の参加する講和会議が「常設」会議となって恒常化することなど、すなわち、自発的なアソシエーションが「継続的な」アソシエーションになって恒常化することなど不可能であって、不安定な利害関係に強く捉われたまま、――後世にジュネーヴの国際連盟がそうなってしまったように――崩壊してしまうことになるだろう。カントの世界連合は、共同機関によって国家としての特性を獲得している、そしてその限りでは強制権を獲得している機構だとは考えられていない以上、カントには、法的な義務づけを意図することは不可能なのである。それゆえに彼は、もっぱら政府の道徳的な自己拘束を信じる他ないのだ。他方でこの点をカントの、同時代の政治の露骨にリアリスティックな描写と、一致させることはほとんど不可能である。

　カント自身は問題を完全に把握してはいるが、同時にそれを、「(ある)国家が〝わが国と他国の間で戦争が行なわれるべきではない。ただしわが国は、わが国にわが国の権利を保障してくれ、わが国がその権限を保障する、最高の立法権などというものは認めない〟と言う場合に、もし市民社会の絆の代用物、すなわち、理性によって国際法概念と必然的に結びつけられるに違いない、自由な連邦制が存在しないとしたら、その国家が自分の権利に対する信頼の根拠を何に置こうとしているのか、全く理解不可能である[★10]」という、単なる理性へのアピールで隠蔽してしまうのである。しかしこのような確約は、〔すなわち〕統治機構として存続している、諸国家の自己拘束の恒久性は、一体全体どのようにしたら保障され得るのかという、決定的に重要な問いに答えてはいないのだ。ところでこのことが関連しているのは、理念への接近という経験的な問題では未だなく、この理念そのものの概念的な把握なのである。世界連合が、道徳的な機関であるべきではなく、法的な機関であるべきならば、カントが少し後の頁で解説を加えている、「善き国家の憲法政体」の特性が、――すなわち、加盟国の「善き道徳的陶冶」をあてにしてはならず、それをせいぜい促進することができるだけだという憲法政体の特性が、世界連合に欠けていてはならないのである。

歴史的に見れば、立憲的な世界共同体（Völkergemeinschaft）というプロジェクトに対するカントの抑制的な態度は、確かに現実主義的であった。アメリカ革命とフランス革命からちょうど生み出されたばかりだった民主的法治国家は、当時は未だ例外であって通例ではなかった。複数の〔主権〕国家体制が機能していたのは、もっぱら主権国家のみが国際法の主体であり得るという前提条件のもとでのことであった。対外的な主権が意味しているのは、国際的な舞台で、独立性、すなわち国境の不可侵性を、必要な場合には武力に訴えてでも主張する国家の能力のことであり、国内における主権が意味しているのは、物理的強制力の独占に依拠して、自国内で行政権と実定法を用いて平穏と秩序を維持する能力のことである。国家的理由が、抜け目のない、限定戦争を含むパワーポリティックスの原理で規定されている場合には、内政よりも外交が優先される。外交と内政の明確な区別は、究極的には軍隊や警察の営舎に集結させられている物理的強制力を通じた権力者の指令で決まる、狭義の、〔すなわち〕政治的に厳密に定義づけられた権力概念に基づいている。

この古典近代的な、複数の〔主権〕国家からなる世界が、乗り越えることのできない地平を規定している限りは、国家主権を尊重しない、世界市民体制へのどんな展望も、非現実的に見えざるを得ない。このことによってまた、なぜカントが「世界君主国」という比喩でわかり易く説明している★11、大国の覇権下での全ての人々の統合の可能性が、第三の選択肢ではないのかも明らかにされる。と言うのも、そこで挙げられている前提の下では、このような指導的な大国は、「きわめて恐ろしい独裁」を招いてしまうはずだからである★12。カントは、このような同時代経験の地平を乗り越えてはいないので、当然のことながら同じように、自由な、明確にパワーポリティックスを支持する諸国家からなる、連邦の創設と維持に対する道徳的な動機づけを信じることは、困難である。この課題を解決するためにカントが立案するのが、世界市民的な意図での歴史哲学なのだが、それは一見して本当だとは思えないような、隠された「自然の意図」から導き出された「政治の道徳との一致」を、もっともらしく見せようとしなければならないような類の代物なのである。

2

世界連合が啓蒙的な意味で国家自身のためになり得る理由を明らかにするものとして、カントが主として挙げているのは、共和制の本性的な平和志向（1）、世界貿易の共同体形成力（2）、そして政治的公共圏の機能（3）という、自然に生じ、理性に適う三つの傾向である。これらの論証を歴史的に見ることは、二つの点で示唆するところが大きい。〔すなわち〕一方ではそのなかの顕在的な意味内容に関しては、十九世紀と二十世紀の展開を通じて、偽りであることが証明されてしまった。他方ではこれらの論証は、独特な弁証法を垣間見させる、歴史の展開に注意を促している。言い換えれば歴史の展開は一方では、カントが彼の理論に基づき終焉を迎えつつあった十八世紀に感知された諸条件のもとで行なっている仮定は、もはや適切ではないことを明らかにしている。とはいえそれは他方ではまた、時代に即して再定式化された世界市民法構想には、――われわれが終焉を迎えつつある二十世紀の変化した諸条件を解釈する仕方次第で――、それに見合う力の布置状況に遭遇する可能性が、十分あるはずだということも、物語っているのである。

（1）第一の論証によって述べられているのは、共和主義的な統治のありかたが諸国家に広がっていくにしたがって、国際関係はその好戦的性格を喪失するということである。と言うのも、民主的立憲国家の住民は、自分たち自身のために、平和政策を押し進めるよう政府を促すからである。「もし交戦すべきか否か決定するのに、国家公民の同意が必要とされるならば、しごく当然のことながら彼女等／彼等は、自分たち自身の上に降り注ぐ、あらゆる戦争の苦難を決議しなければならない以上、…〔中略〕…あまりにも割に合わない賭けに手を出そうか出すまいか、おおいに逡巡するようになる」[★13]。こういう楽観的な想定は、理念の動員力によって論駁されてしまった。この理念には互いに相対立する側面があるということは、一七九五年のカントには未だ認識不可能だったのだ。私が念頭に置いているのは、国民という理念のことである。確かにナショナリズムは、臣民から自分の国との一体感をもつ能動的な市民への、望ましい転換の手段ではあった。しかしこのことは民主的国民国家を、その先行物、すなわち、王家による官治国家よりも、平和志向にした訳ではなかったのだ[★14]。国民的運動という点から見るならば、主権国家の古典的自己主張が獲得した性質は、自由と国民としての独立性に尽きてしまうのである。それゆえに、市民の共和主義的信条の真価は、民族と祖国のために戦って死ぬ覚悟において、示されるべきだとされたのであった。カントは当時の傭兵隊のうちに、誤って「単なる機械として…〔中略〕…他の者の意のままに人間を利用する」ための手段を見て取り、民兵の創設を求めていた。と言うのも、ナショナリスティックに熱狂させられた兵役義務者の集団動員が、破壊的で、イデオロギー的に制限が取り払われた、解放戦争の時代の幕開けとなるだろうなどということは、彼には予測不可能だったからである。

他方、国内における民主的な状態によって、国家が他国に対して平和主義的に振る舞うよう促されるという見解は、完全に間違いだという訳でもない。というのも、民主的な立憲国家は、確かに（あれこれの種類の）権威主義的な政体同様に戦争しはするが、民主的な立憲国家同士の間ではあまり好戦的には振る舞わないことが、歴史的・統計的な研究[☆2]によって、明らかにされているからである。このような結論には、興味深い解釈を施すことが可能である。[15]確かに、自由な制度に慣れ親しんだ住民の普遍主義的な価値志向が対外政策にも影響を及ぼし、それに呼応して、共和主義的な政治共同体（Gemeinwesen）が全体として、より平和志向的に振る舞うという訳ではない。しかし、それが行なう戦争は、従来とは違う性格をもつようになるのだ。市民の動機とともに、彼女等／彼等の国家の対外政策も変容するのである。軍事力の投入はもはや、ひたすら本質的に自己中心主義的な国家的理由によってだけではなく、非権威主義的な国家形態および統治形態の国際的拡張を促進しようという願望によっても、規定される。そしてそういう価値選好が、国民的な利益の擁護を凌いで、民主主義と人権の価値の承認のために拡がるならば、複数の〔主権〕国家からなる世界が機能する条件は変わるのである。

（2）われわれがそうこうしながら概観している歴史は、似たような弁証法的な仕方で、第二の論証〔前出の「世界貿易の共同体形成力」のこと〕とともに隘路に行き着いてしまった。カントの主張は直接的には間違っていたが、間接的な仕方では正しいことが認められたのだ。すなわちカントは、情報、人、商品の流れを通して促進されて、高まりつつあった社会の相互依存のうちに、そしてとりわけ通商の拡大のうちに、全ての人々の平和裏の統合にとって好ましい傾向性を見て取っていた。[16]彼が理解するところにしたがうならば、初期近代に拡大しつつあった通商関係は、「相互の私利私欲を通じた」平和な状況の保全に対する関心の根拠となるはずの、一なる世界市場にまで濃密化する。と言うのも「戦争とは並存不可能で、そして遅かれ早かれあらゆる人々を虜にしてしまうのが商魂である。すなわち、国家権力のもとにあるすべての力のなかで、資力こそが、おそらく一番信頼できる力だろうから、国家は……〔中略〕……貴い平和を促進するよう迫られていることに気づく」[17]からである。もちろんカントは、——ヘーゲルがそれから間もなくしてイギリス経済学者の読解から学んだようには[18]——、資本主義の発展が、他ならぬ政治的に自由な社会の平和と推定上の平和志向を、二重に脅かしてしまうような、社会階級間の対立のもとになるということを未だ学んではいなかった。カントは、加速化された資本主義的産業化の進捗のなかで、やがて高まっていく社会的緊張が、内政を階級闘争で悩ませ、対外政策を好戦的な帝国主義の道へと導くことになるなどということを、予測してはいなかった。十九世紀と二十世紀前半の流れのなかで、ヨーロッパの諸政府は繰り返し繰り返し、社会闘争を国外へと向け変え、対外政策上の成果によって中和するために、ナショナリズムの推進力を用いた。統合的なナショナリズムのエネルギー源が枯渇した、第二次世界大戦のカタストロフィーの後になって初めて成功を収めた、階級対立の社会国家的沈静化によって、先進社会の国内状況は、少なくともＯＥＣＤ世界の内部では——国民経済間の相互的な経済的結合が、カントが正当にも、その平和作用に期待を寄せていた類の「国際政治の経済化[★19]」へと到達可能なほどに、大きな変容を遂げたのである。今日では、ワールドワイドに細分化されたメディア、ネットワーク、システム一般によって、ローカルな、そしてはるか彼方の地の出来事の相互作用がもたらす象徴的で社会的な関係は、濃密化を余儀なくされている[★20]。こういうグローバル化の進行は、インフラに技術的な抵抗力のない複合的な社会を、さらにいっそう脆弱にする。このような対価の大きなリスクゆえに、核武装した大国間の軍事紛争が、いっそう非現実的なものとなっているのに比べて、地域紛争は、多数の悲惨な犠牲者の山を築いているのである。他方ではグローバル化は、国家主権、内政と外交の間の明確な分離といった、古典的な国際法の本質的な前提条件を疑わしいものにする。

　多国籍企業や、国際的に影響力の大きな民間銀行といったような、非国家的なアクターによって、形式的には認められている国民国家の主権は空洞化されている。今日では、ワールドワイドに活動している、最も大きな三〇企業のうちのどの一つをとって見ても、国連加盟国のうちの九〇ヶ国の同時期の国民総生産よりも多くの年間売り上げを上げているのである。そして経済大国の政府でさえ、今日では、その国民国家的に限定された行動の自由裁量の余地と、例えば世界貿易のではなく、グローバルにネットワーク化された生産関係の命法の間に開かれた、領域が存在していることを感知しているのである。主権国家がその経済から利益を得ることができるのはもっぱら、政治的手段を用いて影響力を行使できる、「国民経済」が重要なものである間だけのことである。しかし経済の脱国民化で、とりわけ金融市場と工業生産そのもののワールドワイドなネットワーク化で、一国に限られた政治は、一般的な生産の条件に対する支配権を喪失してしまう。★21——そしてそれゆえに、達成した社会保障の水準の堅持のための有効手段も喪失してしまうのである。

それと同時に、主権国家にとって本質をなす内政と外交の境界線も揺らぐ。古典的なパワーポリティックス像は、後に付け加えられた、民主化政策と人権の政治という規範的観点によってだけではなく、権力それ自体の独特の拡散によっても変容を被る。協調への圧力が強まるなかで、知覚された状況の構造化、関係構築あるいはコミュニケーションの流れの遮断、議事日程と課題決定に対する、多かれ少なかれ間接的な影響力行使の重要性が増す。その下で他のアクターが決定を下す枠となる条件への影響力行使は、自分自身の目標の直接的な貫徹、執行権の行使、あるいは暴力による威嚇よりも、しばしば重要なのである。★22「ソフトパワー」が「ハードパワー」に取って替わり、カントの、自由な諸国家からなるアソシエーションがそれに合わせて作られた主体〔主権国家〕から、その独立性の基盤を剝奪するのである。

(3) 他方でまた、計画されている世界連合などというものは、単に「熱に浮かれた思いつき」にすぎないのではないかという嫌疑を晴らすために、カントが持ち出す、第三の論証〔前出の「政治的公共圏の機能」のこと〕に関しても事情は同様である。共和主義的な政治共同体においては、それに基づいて政治が公共的に評価されなければならない基準を成すのは、憲法の諸原理である。このような〔共和主義的な〕政府には、たとえもっぱらリップサービスをせざるをえないだけであっても、「政治の根拠を、公共的に単に抜け目のない操作にだけ置く★23」ようなことは許されないのである。それゆえに、市民的公共圏には制御機能があるのである。すなわちそれには、公共的に支持可能な格率と相容れない「後ろめたいところのある」目論見の実行を、公共的な批判を通して阻止できるのだ。カントが理解するところにしたがうならば、それゆえに公共圏は、そのうえさらに、哲学者には「公共的な法学者」あるいは知識人として、「戦争遂行や仲裁の格率について自由に公共的に論じ」、そして彼女等／彼等の信条に国家公民からなる公衆を信服させることが許されているように、指針機能を得るべきなのである。「王が哲学をするとか、あるいは哲学者が王となるとかいうことは、期待不可能だし、かといってまた、そう望むこともできない。と言うのも、権力の掌握によって、理性の自由な判断は不可避的に歪められざるを得ないからである。しかし王や、たとえ法の前での平等に基づいてであるとしても、威厳をもって、自らを統治する〔共和政体を採る〕人々が、哲学者階級を弱体化させたり沈黙させたりせずに公共的に語らせることは、両者にとって、彼女等／彼等の職務に光を当てるためには、不可欠であり、……〔中略〕……それには疑念の余地はない★24」という、感動的な一文を書き記した時に、カントが思い描いていたのは、おそらくフリードリッヒ二世とヴォルテールという先例のことだったのだろう。

すぐ後のフィヒテの無神論論争☆3によって露にされたように、カントには検閲を恐れなければならない、もっともな理由があった。われわれは彼の、哲学の説得力と哲学者の誠実さに対する信頼さえも大目に見ることにしたい。と言うのも、理性に対する歴史的な懐疑は、ようやく十九世紀に属するものであり、知識人が完全に裏切ったのは、今世紀〔二十世紀〕が初めてなのだから。もっと重要なのは、カントが依然として、概観でき、文芸によって特徴づけられ、論証に耳を貸す、教養あるブルジョア市民からなる比較的わずかな層の公衆によって支えられた、公共圏の透明性を、当然のごとく当てにしていたということである。このブルジョア市民的公共圏の、電子メディアによって支配されて意味論的には衰退し、映像とヴァーチャル・リアリティによって占拠された公共圏への構造転換などということは、彼には予測不可能であった。この「議論する」啓蒙という環境が、「言葉なき」教化のために、同じく言葉を用いたペテンのために、充てられてしまうことになるだろうなどということは、彼には思いもよらなかったのだ。☆4

おそらく、このような無知のヴェールによって、今日明らかにされているように、はるかに先駆的な、言い換えれば先見の明のある、ワールドワイドな公共圏の先取りへの勇気は説明される。と言うのもこのワールドワイドな公共圏は、今になってようやく、グローバルなコミュニケーションの帰結として、その輪郭を露にしつつあるからである。「いまや、世界の全ての人々の間で（！）ともかく例外なく急速に広がった……［中略］……共同体によって、世界のある場所での違法行為が、あらゆる場所で感知されるというところにまで事態は進展しているので、世界市民法という理念は、空想的で突拍子もない、法と権利像の一種などではなく、公共的人権／人類法（das öffentliche Menschenrecht）へと向けた、そしてそれゆえに、もっぱらこのような［すなわち、まともに機能する世界公共圏という］条件の下でのみ、絶えずそこへと近づきつつあることを誇ることが許容される、永遠平和へと向けた、国内法と国際法の……［中略］……欠かすことのできない補完物なのである」。★25

実際にグローバルな公共圏の注目を集め、ワールドワイドな規模での意見対立を引き起こした最初の出来事は、ベトナム戦争と湾岸戦争だった。近年になってようやく国連は、（リオデジャネイロで）地球全体に関わるエコロジー問題に関して、（カイロで）人口増加問題に関して、（コペンハーゲンで）貧困問題に関して、そして（ベルリンで）気象問題に関してと、矢継ぎ早に会議を計画した。ワールドワイドな公共圏において時代を超えた重要性をもつ諸問題を、そのまま主題として取り上げることを通じて、他ならぬ世界世論に対する呼びかけを通じて、少なくとも諸政府に対して、ある程度の政治的圧力をかけようとする、同じような多くの試みとして、われわれはこういった「世界サミット」を考えることができる。とはいえ、こういった一時的に引き起こされた、あるテーマに特化された注目は、相変わらず、お馴染みの国民的公共圏の構造を通じて誘導されるのだということを、見誤ってはならない。同時期に重要性の等しい同一テーマについて寄稿しあう、空間的に離れた参加者間の安定したコミュニケーションのためには、その支えとなるような構造が必要なのである。こういう意味では、未だグローバルな公共圏などというものは存在してはいないし、さしせまって必要なヨーロッパ規模での公共圏すら存在してはいない。しかし新しいタイプの組織が、すなわち、グリーンピースやアムネスティ・インターナショナルといったNGOが、単に前記のような会議においてだけではなく、国家の枠組みを超えた公共圏の創出と結集のために、一般に果たす中心的な役割は、とにもかくにも、諸国家に対して、言うなればインターナショナルにネットワーク化された市民社会から立ち向かう、アクターたちの有する増大しつつあるジャーナリスティックな影響力の、一つの兆候なのである。[★26]

カントによって正当にも強調されている、公開性と公共性の役割は、法治的な憲法政体の、政治共同体の政治文化との繋がりに眼を向けるよう促す。[★27]と言うのもリベラルな政治文化は、自由な制度が根を張るような基盤となると同時に、それを通じて住民が政治的に洗練されていく媒体でもあるからである。[★28]確かにカントは、「諸原理に関するいっそう広範囲にわたる同意へと」通じる「文化の向上」について論じている。[★29]と言うのもカントは、コミュニケーションの自由の公共的使用が、政治的社会化を通して住民の考え方を刺激する、啓蒙のプロセスへと転換することも期待しているからである。このような文脈で彼は、「啓蒙された人間が、自分が完全に理解している善事に対して、持たずにはいられないような、衷心からの関心」[★30]について論じている。しかしこういった発言は如何なる体系的意義も得てはいない。と言うのも、超越論哲学の二分法的概念形成は、内的なものを外的なものから、道徳性を合法性から分離してしまうからである。カントはとりわけ、抜け目のない利益の擁護、道徳的洞察、習慣の間に、一方の伝統と他方の批判の間に、自由な政治文化が作り上げる連関を見落としてしまっている。こういう文化の実践が、道徳、法と権利、政治を媒介すると同時に、政治的学習プロセスに欠かすことのできない公共圏にふさわしいコンテクストを形作るのにである。[★31]それゆえに、どうしたら「社会との病理学的に強いられた一致が、最終的に道徳的な全体へと転換することができるのか」[★32]を明らかにするために、形而上学的な自然の意図などというものを引っ張りだす必然性など、カントにはなかったのだ。

このような批判的考察によって明らかになるのは、カントの世界市民状態という理念は、もし根本的に変化した世界情勢との接点を失うべきではないのであれば、再定式化されなければならないということである。基礎概念の枠組みに施されるべき修正は、カントの世界市民状態という理念それ自体が、いわば放置されてきた訳ではなかったということによって容易にされている。ウィルソン大統領[☆5]のイニシアチブとジュネーブの国際連盟の創設以降、カントの世界市民状態という理念は、政治によって取り上げられ実行にうつされてきた。第二次世界大戦の終結後、永遠平和という理念は、国際連合の（同じように国家の枠組みを超えた他の組織の）制度、宣言、政策のなかで、具体的な形をもつようになった。他に比べるもののないほどの、二十世紀のカタストロフィーの喚起する力が、カントの世界市民状態という理念に推進力をもたらした。ヘーゲルが言い表わしていたように世界精神は、こういう陰鬱な背景を背にして動き始めたのである。

第一次世界大戦は、空間的・技術的に限界を取り払われた戦争の恐怖と残虐行為に、第二次世界大戦は、イデオロギー的に限界を取り払われた戦争の大量犯罪に、ヨーロッパ社会を直面させた。ヒトラーによって企まれた総力戦というヴェールの陰で、ワールドワイドな衝撃を呼び起こし、国際法から世界市民法への移行を促した文明の瓦解が起こったのだ。一つには既に一九二八年のケロッグ〔＝ブリアン不戦〕条約[☆6]のなかで表明された、戦争に対する激しい非難は、ニュルンベルクと東京での軍事裁判によって、刑罰の量刑へと移し替えられた。ニュルンベルク裁判と東京裁判は、もはや戦時下の犯罪には限定されずに、戦争それ自体を犯罪として告発する。これ以降「戦争という犯罪」が訴追可能になる。もう一つには刑法の適用範囲が「人道に反する罪」にまで、――国家機関によって合法的に命じられ、数え切れないほど多くの組織の成員、幹部、官吏、実業家、私人の幇助の下で、実行された犯罪にまで拡張された。この二つの刷新によって初めて、国家という国際法上の主体は、仮定のうえでの自然状態には一般的に罪というものは存在しないという想定を喪失したのである。

3

基礎概念の修正が関わるのは、国家の対外的な主権と国際関係の従来とは異なる性格（1）、国家の内政上の主権と古典的なパワーポリティックスの規範的制約（2）、ならびに世界社会の階層化と、われわれが「平和」という言葉で理解しているものの、違う概念化を必要とするような、危機への直面のグローバル化（3）である。

（1）カントの、常設的でありながらも国家主権を尊重する世界連合という概念には、既に明らかにされたように、一貫性が欠けている。世界市民法は、個々の政府を拘束するような形で制度化されなければならない。世界共同体は、制裁による威嚇のもとで、法に適った振る舞いをするように、加盟国を、少なくとも奨励することができなければならない。そうすることによって初めて、我を張り通す主権国家の、不安定で、相互脅威に基づく秩序が、国家の働きを引き継いだ、すなわち、加盟国の相互交渉を法的に規制し、その規則の遵守を監視する、共同の制度を備えた連邦へと変換することになるだろう。そうなったら、お互いに環境を形成し合っている国家間の、契約によって統制された国際関係という対外関係は、法令や憲法に基づく、加盟国の間の内部関係によって修正されるようになる。(第二条の四の暴力禁止令で)[☆7]侵略戦争を禁じ、(第七章〔平和に対する脅威、平和の破壊および侵略行為に関する行動〕で)安全保障理事会に、「平和への脅威、あるいは平和の破壊、あるいは侵略行為が現に存る」〔第七章第三十九条〕場合には、ふさわしい処置を、必要な場合には、軍事行動を採る権限を付与する、こういう意味が国連憲章にはあるのだ。他方で国連は、(第二条の七において)[☆8]ある国の内政上の問題に干渉することを、明確に禁じられている。すべての国家は軍事力による自衛権を保持している。さらに一九九一年十二月には国連総会は、(決議第四六の一八二において)「国家の主権、領土の不可侵性、国民の統合は、国連憲章と一致したものであり、完全に尊重されなければならない」として、この原則を確認している。[★33]

個々の国家の主権を制限すると同時に、保障するという、このような両義的な規定によって、国連憲章は、過渡的な状況を顧慮しているのである。国連には未だに自由にできるような独自の兵力はないし、国連独自の指揮権下で投入できるような兵力さえないし、ましてや物理的強制力の独占権などない。国連は、その決議を実行するのに、加盟国の任意の協力に頼らざるを得ない。力という基盤の欠如は、拒否権を供与された大国を常任理事国として世界機構のなかに組み込んだ、安全保障理事会の創出によって埋め合わせられるはずである。これは周知のように、超大国同士が何十年も互いに妨害しあうという事態へと帰着してしまった。主導権を握っている限り、安全保障理事会は、処遇の平等という原理を軽視して、その自由裁量の余地を、きわめて選択的に利用する。[★34]この問題は湾岸戦争によって再度アクチュアリティーを獲得した。[★35]ハーグの国際司法裁判所[☆9]にさえ、全く重要性などないという訳ではないが、もっぱら象徴的な意義しかない。と言うのも、それはもっぱら動議を発するだけであって、(ニカラグア対アメリカの場合に新たに明らかになったように[☆10])政府をその判決で拘束することができないからである。

国際的な安全保障は今日、少なくとも核武装した大国間の関係では、国連の規範的枠組みを通じて保障されるのではなく、軍備制限協定を通じて、とりわけ「安全保障上のパートナーシップ」を通して実現されている。こういう二国間条約は、競合し合う国家集団の間に協調義務と査察を整備し、その結果、計画策定の透明性と動機の予測可能性を通じて、非規範的で、純粋に目的合理的に基礎づけられた、予想の確実性が定着可能になるのだ。

(2) 国家主権という障壁は乗り越え不可能だとみなしたために、カントは世界市民的な統合を、世界市民のではなく、諸国家の連邦として構想した。これは矛盾している。と言うのは彼は、単に国内の法の支配だけではなく、あらゆる法の支配の起源を、「人間である限り」あらゆる人格に当然与えられる、根源的な法と権利に求めているからである。あらゆる個人には、(「万人のことは万人で、それゆえに、誰でも自分自身のことは自分自身で決定する」)という普遍法則に基づく、平等な自由権がある。[★36]この、人権による、権利一般の基礎づけは、法と権利の担い手として個々人を際立たせ、すべての近代的法秩序に譲渡し得ない個人主義的な特徴を与える。[★37]カントは、もしこの自由の保障——「人間が自由の法則に基づいて行なうべきこと」——を、「永遠平和を実現しようという目論見の本質的な要素」だと、「しかも、国内法、国際法、世界市民法という公法の三つの状態すべてに基づいて」[★38]みなすのであれば、国家公民の自律性をも、彼女／彼が属する国家の主権に媒介させてしまってはならないのである。

世界市民法の主眼点はむしろ、それが集合的な国際法の主体〔個々の主権国家〕の頭越しに個別的な法と権利の主体〔個々人〕の地位と繫がり、そして個別的な法と権利の主体の地位のために、自由で平等な世界市民のアソシエーションにおける、〔個々の主権国家に〕媒介されたものではない成員資格を基礎づけるという点にある。カール・シュミットはこの主眼点を把握して、この構想に基づき、「あらゆる個人は……〔中略〕……（完全に法学的な語義で）世界市民であると同時に国家公民」であるということを見て取った。[★39]主権は「世界連邦」に割り当てられ、個々人はこの国際的な共同体に法的に直属する地位に就いている以上、個々の国家は、「国際的な地位と国民的な地位という二役で登場する、特定の人々の有する単なる権限の担い手へと」転換するのである。[★40]国家主権を通じて効力を発揮する法と権利の最も重大な帰結とは、国務と兵役に就いている間に犯してしまった犯罪に対する、個々人の個人としての責任なのである。

時代が下るにつれて、この点でも事態はカントを超えて展開していった。一九四一年八月の大西洋憲章をモデルにして、一九四五年六月の国連憲章は、加盟国に人権の遵守と実現を全般に義務づけている。これを一九四八年十二月の国連総会は「世界人権宣言」[☆11]によって模範的な形でより明確に表現し、そして今日に到るまで幾つかの決議のなかでさらに展開させてきた。[★41]国連は人権保護を国家の実行にだけ任せてはおかない。すなわち国連は、人権侵害を確認するための独自の手段を有しているのだ。国連人権委員会は、「それが可能であればという留保」付きでではあるが、社会的、経済的、文化的な基本的人権のためには、監督機関と報告手続きを、それだけでなくさらに、市民的で政治的な基本的人権のためには、訴願手続きを整えた。理論的には、個々の国家公民にその政府に反対する法的手段を委ねる、個人の訴願（とはいえ、これはすべての署名国によって承認されている訳ではないのだが）に、国家の訴願によりも、より大きな意義が付与されるべきなのである。しかし従来、人権侵害が確認された事例を審査し、判決を下す刑事裁判所は存在しなかった。国連高等弁務官を任命するための提案さえ、ウイーン人権会議[☆12]では未だ受け容れられ得なかった。国際的な軍事裁判所を手本にして、ニュルンベルクと東京で特別に設立された戦争犯罪人を裁くための法廷は、これまで例外だったのである。[★42]とはいえ国連総会は、そこで下された判決の基礎となっていた主導原理を、「国際法上の原則」として承認したのである。この点で、ナチス政権において指導的な役割をはたしていた高級将校、外交政策官、官僚、医師、銀行家、大工業資本家に対する、これらの訴訟〔ニュルンベルク裁判のこと〕では、更なる法を作る先例としての効力を有していない、「唯一無二の」出来事が問題であったのだという主張は、誤りなのである。[★43]

他方で、グローバルな人権保障の弱点は、必要な場合には国民国家の国家主権に基づく暴力に対する介入によって、世界人権宣言が遵守されるようにすることができる、強制的な執行力が存在しないことだ。多くの場合国民国家の政府に抗って人権の価値が認められなければならない以上、国際法上の干渉禁止令は修正される必要がある。そうでない限り、正常に機能している国家権力というものがそもそも存在しない、ソマリアのケースのように（リベリアやクロアチア／ボスニアでも同様であるが）、世界機構は、もっぱら関係諸政府の同意を得てしか、介入しないのだ。とはいえ世界機構は、湾岸戦中の一九九一年四月の〔国連安保理〕決議第六八八号[☆13]を受けて、法的な根拠には基づいていなかったにも関わらず、それゆえに事実上新たな道を踏み出した。その当時国連が拠り所にしたのは、「国際的な安全保障への脅威」が存在する場合に、国連憲章第七章に基づいて国連に付与されるはずの介入権であった。それゆえに、この点では世界機構は、法学的に見ればこの場合でさえ、一主権国家の

「内政問題」に介入してはいなかったのである。ところが、世界機構がまさしく事実上行なったことを、同盟諸国は、(時が経つにつれてトルコによって悪用されてしまっている)クルド難民のための「安全保障地域」を創設するために、すなわち、国民としてはマイノリティーに属する人々を自分の国から保護するために、イラクの領空上に飛行禁止地帯を設置し、イラク北部に地上軍を投入した際に、非常にはっきり意識していたのだ。★44 イギリスの外相はこの好機に際して、「国際行動の範囲の拡大」について語ったのである。★45

(3)国家間関係の性格変化と、主権国家の行動の自由裁量の余地の規範的制限に関して必要な、基礎概念の修正は、世界連合と世界市民的状態についての基本理解に影響を及ぼす。その間存続している、高い要求を突きつける規範は、このことを部分的には顧慮する。しかし依然として、こういう規範の文字通りの意味と実行の間には、大きな食い違いが残っている。今日の世界情勢はせいぜい、国際法から世界市民法への過渡期として理解可能なだけである。多くの兆候はむしろナショナリズムへの退行を物語っている。これをどう判断するかは、第一には、われわれが「好ましい」傾向のダイナミックスをどう評価するかにかかっている。われわれが追い求めているのは、カントが彼の時代に、その端緒を、共和制の平和志向、グローバルな市場の統合力、リベラルな公共圏の規範的圧力というキーワードの下で熟考していた発展の弁証法なのである。こういう傾向は今日、予期せざる布置状況に直面しているのだ。

確かにカントは、自由な国々のアソシエーションの拡張を、自由な共和国という前衛を核にして、よりいっそう多くの国々が結晶するというようにして思い描いていた。「と言うのも、もし幸運にも、強力で啓蒙された人々が自分たちを共和国へと陶冶することができたなら、この共和国は他の国々に対して、連邦的統合に加わり、……〔中略〕……そしてこの種のさらに多くの結合を通じて、次第によりいっそう拡張していくための、連邦的統合の中心点の役割を果たすからである」[46]。しかし今日実際には世界機構は、ほとんどすべての国家を、しかも既に共和主義的な憲法と政体を備えているか否か、そして人権が尊重されているか否かを問わず、その傘下に統合している。世界の政治的統一は、そこではすべての政府が同権のものとして代表される、国連総会のうちに表現されている。その際世界機構は、複数の国家から成る共同体内での各加盟国の正統性の相違だけではなく、階層化された世界社会内での各加盟国の地位の相違も度外視している。私が「世界社会」について論じているのは、コミュニケーション・システムと市場によって、一つのグローバルな繋がりがもたらされたからである。しかし「階層化された」世界社会について論じられなければならないのは、世界市場のメカニズムが、生産性の上昇を貧困の深刻化と、概して発展プロセスを発展の停滞のプロセスと結びつけてしまっているからである。グローバル化は世界を分裂させると同時に、リスク共同体として協力して行動せざるを得なくさせるのだ。

　政治学的観点から見て、世界は一九一七年以来三つの世界へと分裂してしまっている。とはいえ、第一世界、第二世界、第三世界という象徴は、一九八九年以降別な意味を帯びるようになった[47]。第三世界は今日、マフィア的な、あるいは原理主義的な類の間接的な暴力によって国内秩序が震撼させられてしまうほどに、国家としてのインフラや物理的強制力の独占がきわめてわずかしか形成されていない（ソマリア）か、あるいはかなり広範囲に渡って崩壊してしまっている（ユーゴスラビア）ような地域や、社会的緊張が非常に激しく、政治文化の寛容の度合いがきわめて低い地域からなる。こういう社会は、国民的、民族的、あるいは宗教的分裂の進行に脅かされている。事実ここ何十年かの間に、しばしば世界公共圏から十分注視されることなく行なわれていた戦争は、そのほとんどがこの種の内戦であった。それに対して第二世界は、脱植民地化から生まれた国民国家がヨーロッパから引き継いだ、パワーポリティックスの遺産によって特徴づけられている。こういう国家は国内では権威主義体制で状況の不安定性を補い、対外的には（例えば湾岸地域でのように）主権と不干渉に固執する。こういう国家は軍事力に全幅の信頼を置き、もっぱらバランス・オブ・パワーの論理にのみしたがう。己の国民的利益をある程度まで、国連の世界市民的な要求のレヴェルを何とか規定している規範的な観点と一致させるゆとりがあるのは、もっぱら第一世界に属する国々だけなのである。

こういう第一世界に属していることの指標として、R・クーパーが挙げているのは、国内では国境問題の重要性の喪失の進行と、合法的に解き放たれた多元主義に対する寛容であり、また、国家間交渉においては、伝統的には内政に属する事柄に対する相互的な影響力行使、つまり概して内政と外交の融合の進展であり、リベラルな公共圏の圧力に対する敏感さであり、紛争解決の手段としての軍事力の否定と、国際関係を法の支配の下に置くことであり、そして最後に、安全保障の根拠を透明性と予測に対する信頼に置く、パートナーシップへの嗜好性である。このような世界が定めているのは、いうなれば、それをもとにして、経済や文化における非共時性の、政治における共時性が測定される、現在の子午線なのである。以上の点を、十八世紀人として未だ非歴史的に思考していたカントは、無視してしまっていたし、そのうえ、世界共同体機構が実行し、同時に政策のなかでも顧慮しなければならないような、現実の抽象化を見落としてしまっていたのだ。

国連の政策はこういう「現実の抽象化」を、もっぱら、社会的緊張や経済的不均衡の克服を目指して努力するという仕方でしか顧慮することはできない。他方また、それが成功可能なのは、もっぱら世界社会の階層化にも関わらず、少なくとも三つの点でコンセンサスが作り上げられる場合だけである。すなわち、全加盟国によって共有された、平和的共存を同時期に頼みとせざるを得ない、複数の社会の非共時性についての歴史的自覚、さしあたりは、一方のヨーロッパ人と、他方のアジア人とアフリカ人の間で、その解釈が論争の的となる、人権についての規範的合意、[48]そして最後に、その達成が努力されている平和状態の基本理解についての一致という三つの点でである。カントは消極的な平和概念に甘んじることができた。これはとりわけ、戦争の勃発には社会的な原因があるという事情のせいであって、戦争遂行上の制限が取り払われたせいだけではないのだ。

ディーター・ゼングハースとエヴァ・ゼングハース[49]が提唱するところにしたがうならば、戦争の原因の複合性が必要とする基本理解とは、非暴力で行なわれるが、単に暴力を予防することだけでなく、複数の集団や民族が社会的緊張を緩和しつつ共生していくための、現実的な前提条件を満たすことを目標とするような、プロセスとして平和それ自体を解するものなのである。履行されるべき規定は、現地住民の生活を困難にしたり自尊心を傷つけたりしてはならないし、さらには紛争当事者が手続き的な手段を尽くした後であるにも関わらず、再度暴力に訴えてしまうほどに、きわめて重要な利害関心や正義感を大きく損なってもいけない。このような平和概念を指針とする政治は、人道的介入も含め、軍事的な物理的強制力の使用に踏み切る前に、自力でやってゆける経済や我慢できる程度の社会状況、民主的参加、法治国家であること、文化的寛容を促進することを目指して、公式には主権国家の〔専権領域である〕国内の状態に影響を及ぼすために、あらゆる手段を必要とするようになる。こういう、民主化プロセス[50]のための非暴力の介入戦略が、当てにしているのは、グローバルなネットワーク化がいつの日か、すべての国家をその環境に従属させ、そして――明確な形で科せられる経済制裁に至るまでの――間接的な影響力行使という「ソフト」パワーに敏感にさせることなのである。

とはいえ、目標の複合性と戦略遂行にかかる費用の増大に伴い、指導的な諸大国が、イニシアチブをとったり経費を負担するのを妨げてしまう、実行のうえでの障害も増大する。少なくとも、こういうコンテクストで重要な四つの要因には、言及されるべきだ。すなわち、一つの目標を追求せざるを得ない安全保障理事会の創出。結集させられた公共圏の規範的圧力に応えなければならない場合には、短期間でその政府にもっぱら「公正な」政策だけを推進する気にさせることができる、国家の政治文化。世界機構に最初に実際的な基盤をもたらしてくれる地域共同体の形成。そして最後にグローバルな危険の察知に基づく、ワールドワイドに協調行動を採るようにという穏やかな形の強制という四つの要因にである。エコロジー的な不均衡、豊かさと経済力の不釣合い、高度な科学技術、兵器の売買、とりわけ原子・生物・化学兵器の拡散、テロ、麻薬に絡む犯罪等々による危険は、明白である。ましてや、国際秩序の学習能力に絶望せずにいるような人が当てにせざるを得ないのは、このような危険のグローバル化によって世界全体が客観的にはとうの昔から、望まざるリスク共同体へとつなぎ合わされているという事実なのである。

4

一方では国家間の自然状態の世界市民的平和化というカントの理念の、時代に即した再定式化は、国連を改革し、世界のさまざまな地域で超国家的な訴訟能力を普遍的に拡充しようとする、精力的な努力にインスピレーションをもたらす。その際問題となるのは、ジミー・カーター[☆14]の大統領任期以来活力を保持してはいるが、はなはだしい反動に悩まされてもきた、人権の政治のための制度枠組みの改善である(1)。他方では人権の政治は、人権の価値を国際的に承認させようとする企てのうちに、自己破壊的な政治の道徳化が作用しているとみなす、強硬な反対派を呼び起こした。とはいえ、人権の政治に対する反論で引き合いに出されるのは、漠然とした、法権利と道徳の次元を十分区別していない人権概念なのである（2）。

（1）人権の政治に対する批判によって攻撃される「普遍主義のレトリック」は、国連は「世界市民的民主国家」へと作り替えられるべきだとする、提案において最も大胆な形で表現されている。国連改革の提案は、世界議会の創設、世界司法機関の拡充、安全保障理事会の差し迫った再編成という三つの要点に集約される。★51

国連には依然「各国代表が集まる常設会議」という性格が附随している。もし国連が、こういう、政府派遣使節団の会合という性格から脱するべきであるとしたら、国連総会は一種の上院へと改造され、その権限を下院と共有しなければならない。こちらの〔下院に準えられる〕議会では世界中の人々が、その政府を通じてではなく、選出された代議員を通じて、世界市民全体として代表されるはずだ。代議員を（国民としてはマイノリティーに属する人々を顧慮したうえで）民主的手続きにしたがって選出させるのを、拒むような国の代理を務めることができるのは、当分の間、世界議会自体によって抑圧されている住民の代表として指名される、NGOであろう。

ハーグの国際司法裁判所には、告訴する権限がない。それゆえに拘束力のある判決を下すことができず、仲裁裁定機能に限定されざるを得ない。そのうえ、その裁判権は、国家間関係に限定されている。それゆえに個々人の間の紛争や、あるいは個々の国家公民とその政府の間の紛争にまでは及ばない。こういったすべての点において、国際司法裁判所の権限は、ケルゼンが既に半世紀も前にまとめあげた提案の路線上で、拡張されなければならないはずだ。★52 これまでのところもっぱら、個々の戦争犯罪訴訟のために特別に設置されてきた国際刑事裁判は、常設的に制度化されなければならないはずである。☆15

安全保障理事会は、平等を目指した構成を採っている国連総会とのバランスをとるものとして立案された。それゆえにそれは世界の事実的な力関係を反映すべきものなのである。いずれにせよ五十年経ってこの道理に適った原理に求められているのは、世界情勢の変化への適応である。とはいえそれは、影響力の大きな国民国家の代表の評価替え（例えば〔ドイツ〕連邦共和国や日本を常任理事国として迎え入れることによるような）に尽きてはならない。その代わりに提案されるのは、（アメリカ合州国のような）世界的な大国と並んで、（ＥＵのような）地域共同体が特権的な議決権を受け取るということである。その他の点では、常任理事国間の満場一致義務は、ふさわしい多数決によって取って替えられなければならない。安全保障理事会は全体として、ブリュッセルの〔ＥＵの〕閣僚理事会をモデルに、行為能力のある行政権へと改造可能なはずだ。その他の点では、もっぱら世界機構に、戦力を独自の指揮権の下で投入し、警察機能を行使する能力がある場合にのみ、諸国家はその伝統的な対外政策を、世界内政の命法と一致させるようになるのである。

こういった考察は、個々の国の憲法政体の機構の幾つかの部分を、モデルにしているという点では因襲的である。概念的には明らかにされた世界市民法の施行には、どうやら制度に関して少し多めの想像力が必要のようだ。しかしいずれの場合でも、その企てに際してカントを導いていた道徳的普遍主義は、基準を形成する直観であり続けている。しかし、こういう近代の道徳的・実践的な自己理解[★53]には、ある反対論証が投げかけられていて、それはドイツでは、カントの人類道徳に対するヘーゲルの批判以来、影響史的には多大な成果を上げ、今日に至るまで深い痕跡を遺しているのだ。その最も鋭利な定式化と、そして一部は鋭く、一部は混乱した基礎づけは、カール・シュミットによって行なわれたものである。

「人類について口にする者は、人道とか、残虐非道といった」反論の余地のない決まり文句で、「欺こうとしているのだ」とシュミットは言う。彼によると、「人道主義という欺瞞」の根源は、平和と世界市民法というシンボルの下で「正義の戦争」を行なおうとする、法平和主義というまやかしのうちにある。「ある国家が人類の名においてその政治的な敵と戦う場合、ちょうど人が、平和、正義、進歩、文明に対する自分の権利を主張し、敵の権利を否認するために、それらを悪用することがあるのと同じように、それは人類の戦争などではなく、特定の国家が、その敵国に対して、普遍的な概念を占有しようと努める戦争なのである。〝人類〟とは、とりわけ有用なイデオロギー的道具なのである。［以下略］[★54]」。

一九三二年には依然として、アメリカ合州国やヴェルサイユ条約の戦勝国に対して向けられていた、この論証の適用範囲を、後にはシュミットは、ジュネーブの国際連盟と、国際連合の活動にまで広げる。カントの永遠平和という理念によってインスピレーションを与えられて、世界市民状態の実現を目指している、世界機構の政治も、彼の解釈によれば、アメリカ合州国やヴェルサイユ条約の戦勝国と同一の論理にしたがっているのである。と言うのも、汎介入主義は必然的にあらゆるものの犯罪視へと、そしてそれゆえに、それが貢献すべき目標の倒錯へと帰着してしまう他ないからだ[★55]。

（2）こういう考察の特殊なコンテクストに取り組む前に、私は、シュミットのこの論証全体を論じ、その核心が疑わしいものであることをはっきりと示したいと思う。その二つの決定的に重要な命題の内容は、人権の政治が、——警察行動を偽装した——道徳的性質を帯びた、戦争へと帰着するものだというものと、そしてそういう道徳化は、反対者に敵の烙印を押すが、そういう犯罪視によってますます人道に反する行ないをはびこらせてしまうというものである。「われわれはこういう語彙の密かな法則というものを知っているし、今日最も恐ろしい戦争は、平和の名において行なわれるということを、……［中略］……そして最も恐ろしい人道に反する行ないは、人道の名において行なわれるということを知っている[★56]」。

この二つの部分からなる命題は、二つの前提を用いて基礎づけられている。すなわち、（a）人権の政治は普遍主義的な道徳の一部である規範の浸透のために尽くす。（b）道徳的判断は「善」「悪」からなる法典にしたがう以上、（政治的反対派もしくは）敵国の否定的な道徳的評価は、（政治的対決もしくは）軍事紛争の法的に制度化された制限を破壊してしまう。第一の前提は間違いであるのに対して、第二の前提は、人権の政治に関連して、間違った前提条件を示唆してしまっている。

（aに対して）近代的な意味での人権の起源は、一七七六年のヴァージニア権利章典[☆16]とアメリカ独立宣言および、一七八九年のフランス人権宣言である。これらの宣言にインスピレーションを与えたのは、理性法の政治哲学、とりわけロックとルソーである。しかし人権が、まさに国民的な法秩序の枠内で保障される基本的人権として、こういう最初の諸憲法のコンテクストのなかで、初めて具体的な形を採るのは、偶然ではない。だが、見ての通り基本的人権には、二重の性格がある。すなわちそれには、憲法の規範として、実定的な効力があるが、それと同時に、人間としてあらゆる人格に当然与えられるべき権利として、超実定的な効力も付与されているのである。

哲学的な論争[★57]のなかでは、このような両義性は苛立ちの種となった。ある解釈によれば人権は、道徳的な権利と実定的な権利の間の中間的な地位に就くべきだとされるし、他の解釈によれば、「国家に先立って有効だが、ただしそれだからと言って、既に効力を有しているという訳ではない法と権利として」、道徳的な権利という形であれ、法学的な権利という形であれ、同一の内容で現われ得るべきだとされる。人権は「本当の意味では与えられても、あるいは拒まれてもいないが、しかし保障され、あるいは無視されて[★58]」いる。こういう苦し紛れの言い回しによって示唆されているのは、憲法起草者は、たとえそれが所与の道徳規範であっても、それをもっぱら実定法の形でしか表現しないということである。このように、自然法と実定法の間の古典的な区別へと立ち戻ることで、転轍機は誤った方向へと切り換えられてしまうというのが、私の解釈である。人権概念は道徳に由来するものではなく、権利という近代的な概念に特有の、すなわち法学的な概念性に特有の明示なのである。人権とはもともと法学的な性《さが》のものなのだ。人権に道徳法という見かけを付与しているものは、国民国家の法秩序の彼方を指し示す効力という意味であって、その内容でも、いわんやその構造でもない。

歴史的に有名な憲法の条文は、「生得的な」権利を引き合いに出し、しばしば「宣言文書」という儀式ばった形を採る。と言うのも、この二点とも疑いなく、われわれが今日言わんとしているように、実定的な誤解を予め防ぎ、人権はその時その時の立法者の「意のままにできるようなものではない」[★59]ということを、表現するはずだからである。しかしこのような修辞上の留保によっては、基本的人権をすべての実定法の運命から守るのは不可能である。と言うのも、基本的人権もまた改変を被ることがあるし、例えば政権交代後に、無効にされてしまうこともあるからである。とはいえ、民主的法秩序の構成要素として、他の法規範同様に基本的人権は、実際に拘束力を有するべきであるだけでなく、すなわち、国家の法的強制力に基づいて価値の承認が図られるべきであるだけでなく、正当性も要求するべきであるという、言い替えれば道理に適った基礎づけ可能なものでもあるべきだという、二重の意味での「妥当性」も付与されている。さて、この基礎づけという観点から見ると、基本的人権は事実、注目すべき地位に就いているのだ。

そうでなくとも、基本的人権は憲法の規範として、それが法秩序そのものにとって本質的なものであり、それゆえに、標準的な立法がその枠内で展開されなければならない大枠を定めるという点で、とりわけ明らかにされる、ある特典を享受している。とはいえ、基本的人権は、憲法の規範全体から突出した存在である。一方では基本的な自由権と社会権は、国家公民に（単に国民としてだけではなく）「人間として」宛てられた、一般的な規範という形態を採る。人権は、たとえもっぱら個々の国の法秩序の枠内でしか保障されていないとしても、その効力の及ぶ範囲の内部で、単に国家公民のためだけではなく、すべての人格のための権利を基礎づけている。〔ドイツ連邦共和国の〕基本法のなかで人権の内実だとされるものが、広く活かされればそれだけ、〔ドイツ〕連邦共和国に居住する非国家公民の法的地位は、その国民のそれとますます等しくなるのである。[☆17] このような普遍的な、人間そのものに結びつけられた効力を、この基本的人権は道徳規範と共有している。以上のことは、外国人の選挙権をめぐる目下進行中の論争のなかで明らかにされているように、ある点では、政治的な基本的人権にも当てはまる。このことが参照するように指示するのは、第二の、さらにいっそう重要な観点である。基本的人権にこのような普遍的な効力の要求が備わっているのは、それがもっぱら道徳的な見地のもとでのみ基礎づけ可能だからである。確かに他の法規範も、道徳的論証によってもまた基礎づけられはするが、たいていは、歴史的な法共同体の具体的な生の形が、あるいは特定の政策の具体的な目標設定に関係づけられるような、倫理的・政治的な観点やプラグマティックな観点が、その基礎づけに流れ込んでしまっているのである。それに対して基本的人権は、道徳的論証によって十分基礎づけ可能な、普遍の具体的内実を定めるのである。これこそ、このような規定〔基本的人権〕の保障が、すべての人格において一様な関心事のうちに、そもそも人格として資格の地位のうちに含まれる理由の、すなわちそれが誰にとっても善きものである理由の根拠を挙げる論証なのである。

しかしこのような基礎づけ方法によって、基本的人権がその法学的性格を失うことは決してないし、基本的人権からなんらかの道徳規範が作り出されることもない。法規範は――実定法という近代的な意味での――、その法としての形式を失うことはないし、この点に関して、その正統性要求が、どのような種類の根拠を用いて基礎づけ可能なのかに影響されることはない。と言うのも法規範のこういう性格は、その内実にではなくその構造に基づいているからである。そして法規範の構造に基づけば、基本的人権はとりわけ、各人固有の好みによって導かれる行動のための合法的な活動領域を、アクターに認めることによって、その内実を十分特定した仕方で、法的人格を道徳的な掟から解放するという意味も含まれている、請求訴訟を起こすことができる権利なのである。道徳的な権利が、自律的な人格の自由意志を拘束している義務から基礎づけられるのに対して、法的な義務は、自分のしたいように行動する権限の帰結として、しかもそういう主観的自由の合法的な制限から初めて生じるものなのである。[60]

義務に対する、権利の、基礎概念上の特権化は、最初にホッブズがその効力を発揮させた、近代の強制法の構造から生じる。ホッブズは前近代的な、依然として宗教的ないし形而上学的パースペクティヴから構想されていた権利に対して、パースペクティヴ転換の口火を切った。義務を基礎づける義務論的な道徳とは異なり、権利は、自由を制限する普遍法則によって明示的に禁じられていないことは皆、許されているのだという原理に即して、個々人の選択意志の自由の保障のために役立つ。とはいえこのような法則の普遍性は、それから導き出される権利が正当なものであるべきならば、正義という道徳的な見地のお眼鏡に適うものでなければならない。選択意志の自由の領域を保障するような権利概念には、近代の法秩序全体の構造を決する力がある。それゆえにカントは権利を、「その下で自由の普遍法則にしたがって、ある人の選択意志が他の人の選択意志と共存可能な、条件の総体だと[61]」解するのである。カントによると、すべての個別特殊な人権の根拠は、平等な主観的自由に対する唯一無二の根源的な権利のうちにあるのである。「普遍法則にしたがって、あらゆる他者の自由と共存可能な限りで、自由（他者の強制的な選択意志からの独立）とは、こういう唯一無二で、根源的で、どんな人間にも、彼女／彼が人間であることに基づいて、当然与えられるべき権利なのである[62]」。

当然の帰結ではあるが人権は、カントの著作のなかでは、法論にしか馴染まない。他の権利同様——いやなおさら――人権には道徳的な内実がある。しかしこの道徳的な内実は別として、人権はその構造に基づけば、請求訴訟を起こすことができる権利要求の根拠となる、実定的で強制的な法秩序の一部なのである。それゆえに、人権が個々の国のものであれ、国際的なものであれ、グローバルなものであれ、現行の法秩序の枠内で保障される基本的人権の地位を要求するのは、人権の意義にとって不可欠なことなのである。とはいえ、道徳的な権利がその普遍的な効力の要求にも関わらず、これまでもっぱら、民主国家の国民的法秩序のなかでのみ、曖昧なところのない実定的な内実を帯びることができたということから、〔人権の〕道徳的権利との混同は、十分あり得ることである。それればかりでなく、人権にはもっぱら脆弱な国際法的な効力しかなく、それは依然としてようやく進みつつある世界市民的体制の枠内での制度化を、待ち続けているのである。

（bに対して）しかし、人権とはもともと道徳的な権利であるという第一の前提が誤りだとしたら、二つの部分からなる命題のうちの第一の命題からは、すなわち人権の価値のグローバルな承認は道徳的な論理に沿うはずであり、それゆえに、警察行動をただ偽装しているだけの介入へと帰着してしまうはずだという命題からは、その根拠が剝奪される。それと同時に、介入主義的な人権の政治は「悪との戦い」へと堕さざるを得ないはずだという、第二の命題も揺るがされる。いずれにしても、この命題が示唆しているのは、軍事紛争を「文明化された」方向へと導くためには、限定戦争に対応して作られた古典的な国際法で十分なはずだという、誤った前提条件なのである。たとえこういう前提条件が的確であるとしても、実効性のある、民主的に正当化された世界機構の警察行動の方がむしろ、限定戦争よりも、たとえそれがどれほど限定されたものであろうとも、国際紛争の「非軍事的な」決着という栄誉を受けるに値するものになるはずだ。と言うのも世界市民状態の確立が意味しているのは、人権侵害が直接的に道徳的見地の下で判定され、その克服のための努力がなされるということではなく、一国家の法秩序の枠内での犯罪行為と同じように——制度化された法手続きにしたがって——追及されるということだからである。他でもない国家間の自然状態を法の支配の下へと移行させることこそが、法と権利の道徳との一体化を防ぎ、戦争犯罪や人道に反する罪といったような今日重要な訴訟事件においても、被告に、完全な法的保護を、すなわち、だしぬけに波及する道徳的差別からの保護を保障するのである。★63

5

以上のような論証を、私は、カール・シュミットによる異議に取り組みながら、メタ批判的に展開しようと思う。その前に私は、この異議のコンテクストに触れなければならない。と言うのもシュミットは、論証のさまざまなレヴェルを必ずしも明白ではない仕方で関連づけているからである。確かに、とりわけ差別的な戦争概念を考慮して、シュミットが関心を寄せていたのは、個々の国家主権に干渉する世界市民法に対する批判であった。それによって彼の批判は、明確で、法学的に限定された焦点を獲得したように思われる。彼の批判の鉾先は繰り返し繰り返し、国連憲章のなかで明文化されている侵略戦争☆18の処罰へと、そして古典的な、第一次世界大戦までは有効だった国際法には、未だ知られてはいなかった、個人に一種の戦争犯罪の責任を負わせることへと向けられている。しかしこの、それ自体としては無害な法学的論究によって、シュミットは、政治的考察と形而上学的基礎づけを行なわざるを得なくなる。それゆえにわれわれはまず最初に、その背景にある理論からヴェールを剥ぎ取らなければならない（1）が、それは論証の道徳批判的な核心へと突き進むためなのである（2）。

（1）額面通りに取れば、その法学的論証は、戦争の国際法による文明化を目指している（a）。と言うのも、それが結びついているのは、もっぱら信頼できる国際秩序の維持だけを問題としているように見える、政治的論証だからである（b）。

（a）シュミットが侵略戦争と自衛戦争の区別を認めないのは、取り扱いが難しいというプラグマティックな理由からではない。その理由はむしろ、もっぱら、戦争犯罪者個人の逮捕の可能性すら排除するような、道徳的にニュートラルな戦争概念だけが、国際法上の主体〔主権国家〕の主権と両立し得るという法学的なものなのである。と言うのも、開戦法規、すなわち、たとえどのような理由であれ、戦争を行なう権利は、国家主権にとって本質的なものだからである。論証のこのレヴェルでシュミットにとって問題なのは、この問題に関連する著作が明らかにしているように[★64]、戦争遂行に制限を課すことであって、災いに満ちていると誤ってみなされた、道徳的普遍主義の帰結では未だない。もっぱら戦争を差別しない実践だけが、戦時下の行動に制限を課し、シュミットが既に第二次世界大戦前に望ましいほどクリアに分析している、総力戦の災禍から戦時下の行動を保護することができるはずだとされるのである[★65]。

それゆえにシュミットは、限定戦争以前の状態へと回帰しようという要求を、国家間の自然状態の世界市民法による平和化に取って替わる現実主義的な選択肢として、提示するのである。と言うのも、なんと言っても、戦争の文明化に比べると、戦争の廃絶は、その影響が広範囲に及ぶ、そして一見、ユートピア的な目標だからである。とはいえ、こういう提案の「現実主義」を、十分な経験的理由で疑うことは可能である。宗教戦争からの西欧合理主義の偉大な成果の一つとして生じた国際法の単なる援用は、バランス・オブ・パワーという古典的な近代世界の回復に向けて、実際に辿ることが可能な道程も教えてくれはしない。と言うのも国際法は、その古典的な形態では、二十世紀に繰り広げられた総力戦という出来事を前にしては、明らかに無力だからである。領土、技術、イデオロギーのうえで戦争の制限が取り払われてしまった背景にあるのは、強大な軍事力である。それをコントロールできるのは、主権を有する政府の分別に対する法学的に効力のないアピールよりも、むしろ依然として、組織化された世界共同体の制裁と介入なのである。と言うのも、古典的な国際法秩序への回帰は、他ならぬ、その文明化されていない行動を変えなければならないとされる集合的なアクター〔それぞれの国家〕に、その完全な行動の自由を返すことになってしまうからである。このような論証の難点は、法学的論証がもっぱら、その背後に別種の疑念が隠れている、うわべをなしているだけだということを、最初に示唆するものである。

もっぱら、戦争それ自体に少なくとも道徳的中立性という外見を保持するために、ナチス時代に犯された大量虐殺を、特異な種類のカテゴリーとして議論の対象から外すことによってのみ、第二次世界大戦後にカール・シュミットは、純粋に法学的な仕方で行なう論証の一貫性を保ち続けることができた。一九四五年にはシュミットは（ニュルンベルクで起訴されたフリードリッヒ・フリック[☆19]を弁護するために作成された意見書のなかで）首尾一貫して戦争犯罪と、「特定の非人間的なメンタリティに特徴的な現われ」として、人間の理解力を凌駕するような、「残虐行為」を区別する。「上官の命令を持ち出しても、こういう悪行を正当化することも免責することもできないのだ[★66]」。ここでシュミットが弁護人として行なった、この区別の純粋に訴訟戦術上の意味は、何年も経たずに作成された日記執筆者〔シュミット自身のこと〕のテクストから、仮借ない露骨さで明らかになっている。この『注釈集』のなかで明らかになっているのは、シュミットが侵略戦争だけではなく、ユダヤ人根絶という文明の断絶も、犯罪ではないとみなそうとしているということである。彼は「〃人道に反する罪〃とは何か？　愛に反する罪などというものが存在するのか？」と問い、そして、このような場合にそもそも法学的構成要件が問題になっているとは信じ難いと述べる。と言うのも、このような犯罪の「保護の対象と侵害の対象」は、十分正確にはその範囲を規定され得ないからである。「ジェノサイド、大量虐殺といったものは心を揺さぶる概念である。と言うのも、私はその一例を、すなわち、一九四五年におけるプロイセン・ドイツの官吏の根絶を身をもって体験したのだから」。このような、際どいジェノサイド理解は、シュミットをさらなる結論へと導く。すなわち、「〝人道に反する罪〟とは、敵の殲滅についての、すべての一般条項のなかで最も一般的なものでしかない」。そのうえ、他の箇所では「人道に反する罪と、人道のための罪がある。人道に反する罪はドイツ人によって犯される。人道のための罪はドイツ人に対して犯される」[★67]と記されている。

　明らかにここでは別の論証が現われている。世界市民法の浸透は、差別的な戦争概念の帰結とともに、もはや単に総力戦への展開に対する誤った反応としてだけではなく、総力戦の原因だと解される。総力戦とは、介入主義的な人権の政治が必然的に帰着する、「正義の戦争正戦《ジャストウォー》」の現代的な表現形態なのである。「決定的に重要なのは、とりわけ戦争の正義が、戦争の無制限性にとって欠くことができないということである」[★68]。これによって道徳的普遍主義が、説明されるべきものの役割を引き受け、論証は法学的なレヴェルから道徳批判のレヴェルへとずれるのである。古典的な国際法への回帰は、シュミットの眼には、何よりもまず総力戦の回避を考慮して推奨されたもののように映った。しかしもはや、彼が戦争の制限が完全に取り払われてしまっていることを、すなわち戦争遂行の非人道的性格を、真の災禍だとみなしていたのか、それとも反対にむしろ、まず第一に戦争そのものの価値剥奪を恐れていたのではなかったのか否か、定かですらないのだ。いずれにせよシュミットは、『政治的なものの概念』に加えて、一九三八年から書かれた付録のなかで、総力戦には、他ならぬ国民衛生学的な功績が認められるべきだという仕方で非軍事領域への戦争遂行の全体主義的拡張を、説明している。「純粋に軍事的なものを超える行動によってもたらされるのは、量的な拡張だけではなく、質的な向上なのである。それゆえにそれ（総力戦）が意味するのは、憎悪の緩和ではなく、激化なのである。そのうえ、このような激しさの増大の単なる可能性とともに、友と敵という概念もまた再度政治的なものとなり、その政治的性格が完全に薄れてしまった場合さえ、私的で心理学的な決まり文句の領域から、自らも解放されるのである」[★69]。

（b）しかし、もし平和主義に対する根っからの反対者にとっては、全体主義的に逸脱してしまった戦争の制御が、それほど切実な問題ではないとしたら、別な何かが、しかも依然として戦争一般が遂行可能で、争いが戦争によって解決可能な、国際秩序の維持が問題となっている可能性がある。実際に戦争を差別視しないことで、無制限の国民的自己主張が秩序をもたらすというメカニズムは無傷のままで保たれる。この場合には回避すべき災禍とは、総力戦ではなく、古典的な内政と外交分離に基づいている政治的なものの領域の崩壊なのである。このことをシュミットは、彼特有の政治的なものの理論によって基礎づける。彼によれば、法的に平和が維持されている内政は、国際法上の認可を受けた好戦的な対外政策によって補われなければならない。と言うのも、物理的強制力を独占している国家が、体制転覆を謀る国内の敵という危険な勢力に対抗して、法と秩序を維持することができるのは、もっぱら、国外の敵との戦いのなかで己の実体を保持し再活性化させている間だけだからである。この国家の実体はもっぱら、国民が殺し死ぬ用意ができているという媒介のなかでのみ、刷新可能であるはずなのだ。と言うのも、政治的なものそれ自体は、本質的に、「物理的な殺人の現実的な可能性」に結びつけられているからである。「政治的なもの」とは、敵を認識し、「他国人の他在」による「自分の生命の否定」に抗って自己主張を行なう、民族の能力であり意志なのである。[★70]

「政治的なものの本質」についての、こういう奇妙な考察によって、ここでわれわれのうちに呼び起こされざるを得ない関心は、もっぱらその論証の枠内での価値だけに向けられたものである。政治概念の生気論的解釈とは、政治的なものの創造的な力が、「攻撃を行なう物理的強制力の」国際的な、狼の闘技場が、閉ざされてしまうとすぐに、破壊的な力へと転換せざるを得ないという主張の、言うなれば背景なのだ。世界平和を促進すべき、人権と民主主義の価値のグローバルな承認には、自国の国境線の彼方で、「形式上は正義の」、あるいは国際法上是認されている戦争を引き起こすという意図せざる効果がある。自由な猟場へのはけ口がなければ、戦争は、近代社会の、自律化した、非軍事的な生の領域に溢れ出ざるを得ない。すなわち、徹底的に分化された社会の複合性を無に帰さざるを得ないのである。こういう、法平和主義的な戦争廃絶の破局的な帰結に対する警鐘が説明されるのは、せいぜいのところ、いかにもあの時代らしく、時間が経つにつれて確かに少々〔錆びついて〕剝げてしまった、「鋼鉄の雷雨」[★71]の美学を拠りどころにできるにすぎない、形而上学からのことなのである。

(2)とはいえ、こういう好戦的な生の哲学から一つの見解を取り出し詳細に述べることはできる。シュミットの解釈によれば、時間的、社会的、事実的に制限された、「組織化された、民族集団」間の軍事紛争を、制限が取り払われた準軍事的内戦状態へと転換してしまう、イデオロギー的に基礎づけられた「戦争を廃絶するための戦争」[☆20]の背景にあるのは、カントによって概念化された、人類道徳の普遍主義なのである。

カール・シュミットが、国連による、平和を維持する、あるいは平和を創出する介入に対して、ハンス・マグヌス・エンツェンスベルガーと同じような反応をするはずだということには、誰もが同意する。「普遍主義の修辞学は特殊西欧的なものである。それによって掲げられている公準は、例外なく区別なく万人に適用されるべきだとされる。普遍主義は近さと遠さの相違を知らないし、無制約的で抽象的である………〔中略〕………。しかしわれわれができることは限られているので、要求と現実の間の開きはいっそう拡がってしまう。近いうちに客観的偽装への一線が越えられてしまった暁には、普遍主義は、道徳的な策略だということが判明するのだ」[★72]。すなわち、普遍主義のかかげる公準とは、われわれを自己欺瞞へと陥れ、自分自身に対して偽装的に過大な要求をするよう仕向ける、人類道徳という偽りの抽象概念なのである。このような〔人類〕道徳が超えた限界を、エンツェンスベルガーは、アーノルト・ゲーレン同様、人間学的に、空間的な近さと遠さによって規定する。脆弱な存在〔人間〕は、なんと言ってももっぱら、直接知覚できる程度の近距離圏でしか道徳的に機能しないのだ[★73]。

偽装について論じる際に、カール・シュミットが念頭に置いているのは、むしろヘーゲルのカント批判である。彼はその、「人道とは残虐非道のことなのだ」という侮蔑的な言い回しに、一目して同じくらい十分、ホルクハイマーによるもの[☆21]でもあり得るような、両義的な注釈を行なっている。「われわれは、市営中央墓地と言って、ちゃんと弁えて屠殺場のことは秘密にしておく。それにしても屠殺が行なわれているのは自明のことであるのに、屠殺という言葉を口にするのは、人道に反し、いやそれどころか残虐非道なことだとすらされているの〔はおかしなこと〕である」[★74]。このアフォリズムが両義的なのは、さしあたりイデオロギー批判的に、それを用いて、われわれがあまりにもしばしば、勝者の文明の裏面を、すなわちその周縁に追いやられた犠牲者の苦悩を隠蔽する、プラトン的一般概念の、対象を美化するがゆえに、偽りである抽象化へと向けられているように見えるという点でである。しかしこういう解釈は、〔シュミットによって〕反駁されている道徳的普遍主義によって、その真価が発揮させられる、他ならぬ平等主義的な尊重と普遍的な苦しみ《コンパッション》[☆22]への共感の作法を要求することになるはずなのだ。(ムッソリーニとレーニンのヘーゲルとともに)[★75] シュミットの反ヒューマニズムがその真価を発揮させようとするのは、屠殺ではなく、戦い――ヘーゲルの民族の屠殺台、「戦争の名誉」である。と言うのも、さらに「人類……〔中略〕……には戦争を行なうことはできない。……〔中略〕……人類概念は敵概念を排除する」[★76]と言われているからである。すなわち、カール・シュミットによれば、これが政治的なもの本来の秩序、人類道徳が誤って無視している、友と敵の間の避けることのできない区別なのである。この区別はまた、「政治的な」関係を「正」「不正」概念の下に従属させるので、敵国を、「撃退されなければならないだけではなく、決定的に殲滅されなければならない、人道に反する恐ろしい化け物[★77]」へと仕立て上げてしまうのだ。そして差別的な戦争概念は、人権の普遍主義に由来するがゆえに、それは究極的には、「人類の名において」始められた近代の戦争と内戦が人道に反するものであると宣言する道徳に、国際法が感染してしまったということなのである。

以上のような道徳批判的な論証は、カール・シュミットの著作のコンテクストから切り離してもなお、歴史上多くの災いをもたらしてきた。と言うのもそのなかでは、的を射た洞察が、厄介な、政治的なものの友‐敵概念によって育まれた誤謬と結びつけられてしまっているからである。真の核心の本質は、法権利と政治の直接的な道徳化が実際には、われわれが善き、しかも道徳的な理由に基づき法人格のために保持されていることを知ろうと望んでいる、安全地帯を破壊しまうという点にある。しかし、そういう道徳化はもっぱら、国際政治が法権利から、法権利が道徳から守られるか、あるいは国際政治から法と権利が、法と権利から道徳が排除されることによってのみ阻止されるはずだという想定は誤りである。双方とも、法治国家と民主主義の前提の下では誤りなのだ。法治国家の理念が求めるのは、国家の物理的強制力の実体が、対外的にも国内的にも正統な法と権利を通して誘導されることである。そして法と権利の民主的正統化が保証すべきなのは、法と権利が承認された道徳原理と一致していることである。世界市民法とは法治国家の理念の帰結なのである。世界市民法にまず第一に対応するのは、国境線のこちら側とあちら側での社会的および政治的交渉を等しく法の支配の下に置くことなのである。

カール・シュミットが、国内における平和な法状態と対外的な主戦論の間の不均衡を強固に主張する際に示す一貫性の欠如は、示唆に富んだものである。国内における法と権利に基づく平和を、もっぱら国家の諸機関と抑圧的に動きを封じられたその敵の間の潜在的な争いとしてしか思い描いていないために、彼は、国家権力を掌握している者たちに、政治的反対派の支持者を国内における敵だと判定するような権利を、ついでに言えば、〔ドイツ〕連邦共和国にその痕跡を遺してしまっているような実践を認めてしまうのである。★78 独立した裁判所と（極端なケースでは市民的不服従を通じて活性化される）国家公民全体が、憲法に反する行動という重大問題について判定を下す民主的立憲国家においてとは異なり、カール・シュミットは、政治的反対派を内戦における敵として断罪する裁量を、その時どきの権力者に与えてしまう。国内交渉のこういう周縁では、法治国家の統制が緩んでしまっているので、他ならぬ、カール・シュミットが国家間交渉の平和化の帰結として恐れている効果が、すなわち、法的に保護された政治行動への道徳的カテゴリーの浸潤と、敵から悪の代理人へのステレオタイプ化が実現してしまうのだ。しかしこの場合に、国家間交渉は、法治国家と類似の取り決めによって煩わされないで欲しいと求めるのは、つじつまが合わない。

実際には国家間の領域における政治の直接的な道徳化は、カール・シュミットがアイロニカルな仕方で――と言うのも彼がその欠陥を突き止めた場所が間違っているからであるが――認めている、国内の敵との政府の争いにおけるそれと同じように、有害な影響を及ぼすことになってしまうはずだ。しかしこの二つのケースの欠陥の原因はもっぱら、法的に保護された政治行動や、あるいは国の行動が、二重の仕方で誤って法典化されてしまっているという点にのみある。すなわち、それはまず最初に、道徳化される。言い換えれば、これはシュミットが隠蔽している、決定的に重要な契機なのだが、非党派的に判決を下す裁判所の訴訟手続きとニュートラルな刑の執行のための法的な前提条件が満たされることなしに、もっぱら、「善」「悪」という基準に基づき判定され、そのうえで犯罪であるとみなされるという点にのみ、すなわち、「正」「不正」という基準に基づき判決が下されるという点にのみ欠陥の原因はある。世界機構の人権の政治が人権原理主義へと変わってしまうのは、もっぱら、実際にはまさしく一党派の他党派に対する闘争以外の何ものでもない介入に対して、見せかけの法学的正統性を隠れ蓑にして道徳的正統化を得られるように配慮してやる場合だけである。このような場合には世界機構(あるいは世界機構の名において行動している国家同盟)は、「詐欺行為」を働いているのだ。と言うのもそれは、実際には戦う諸党派間の軍事紛争であるものを、ニュートラルで、実定法と裁判所の判決によって正当化される警察による処置だと偽称するからである。「道徳的に正当なアピールが、原理主義的な傾向を帯びる危険に陥ってしまうのは、それが人権の(実定化ならびに)適用と価値の承認のための法的手続きの履行を目指すのではなく、それによって人権侵害が分類されるような解釈図式に直接に干渉してしまう場合や、必要とされる制裁の唯一無二の典拠となってしまう場合である[★79]」。

カール・シュミットはそれだけでなく、国境線のあちら側でのパワーポリティックスを法の支配の下に置くことは、すなわち軍事的な物理的強制力によって従来支配されている領域における、人権の価値の国際的な承認は、結果的には常にかつ必然的に、このような人権原理主義と化してしまうはずだという主張を支持する。このような主張は誤りである。と言うのも、その基礎になっているのが、人権とは、道徳的自然本性の一部なのだという、すなわち人権の価値の承認とは道徳化を意味するはずだという、誤った前提だからである。既に言及された、国家間交渉を法の支配の下に置くことの疑わしい面の本質は必ずしも、従来「政治的」だと解されてきた行動が、法的なカテゴリーに属するべきだという点にある訳ではない。すなわち道徳とは異なり法典は、決して「善」

「悪」という基準に基づいて直接道徳的な評価を必要としない。クラウス・ギュンターはその中心的な問題点を明らかにして、「(カール・シュミット的な意味での)人権に反する行動の政治的解釈が排除されるということが、直接的に道徳的な解釈がその代わりになっても構わないということを意味してはならない[★80]」と述べている。人権は道徳的な権利と混同されてはならないのである。

しかし、ギュンターが固執している法権利と道徳の間の相違はまた、実定的な法と権利には道徳的な内容などあるはずはないということを意味するものでもない。政策立法の民主的手続きを通じてとりわけ道徳的論証は、規範の設定の基礎づけのなかへと流れ込み、そしてそれゆえに、法と権利それ自体のなかへと流れ込むのだ。既にカントが見て取っていたように、法と権利は合法性の形式的特性によって道徳から区別されるのである。この形式的特性を通して、道徳的に判定可能な態度の一部(例えば信念や動機)は法的規定一般から取り除かれるのである。しかしとりわけ法典は、所轄裁判所の判決と制裁を、その影響を被る人々を保護するために、狭義に解され、相互主観的に検証し直すことができるような、法治国家の手続き条件の拘束の下に置く。道徳的人格が、良心による検証という、内的審級の前に、言うなれば何も遮ぎるものなく立ちつくしているのに対して、法権利的人格は、――十分道徳的に基礎づけられた――自由権によって手厚く保護されている。それゆえに、パワーポリティックスの唐突な道徳化の危険に対する適切な応答とは、「政治の脱道徳化ではなく、道徳の、法と権利の適用と価値の承認の法的手続きを伴った、法と権利の実定化された体系への民主的転換[★81]」なのである。人権原理主義は、人権の政治を放棄することによってでなく、もっぱら国家間の自然状態を法の支配の下へと世界市民法的に転換することによってのみ、回避されるのである。

注

★1 Immanuel Kant, “The Contest of Faculties,” in *Kant's Political Writings* (Cambridge, 1970), 187; *Werke* XI (Suhrkamp, 1977), 364.〔『諸学部の争い』角忍・竹山重光訳、『カント全集第十八巻』岩波書店、二〇〇二年、一二四頁〕

★2 Kant, “Rechtslehre” in *Metaphysics of Morals* (*Kant's Political Writings*, 173-174) への結論で。*Werke* VIII, 478.〔『人倫の形而上学』樽井正義・池尾恭一訳、『カント全集第十一巻』岩波書店、二〇〇二年、二〇六―八頁〕

★3 確かにカントは法論のなかで、その「公共的に表明された意志が、普遍的な規則になってしまった場合には、それに基づいては、全ての人々間の如何なる平和状態も不可能になってしまうある格率を」、その「公共的に表明された意志が露見させる不正な敵」に言及している（Kant, *Metaphysics of Morals*, section 60; *Political Writings*, 170〔『人倫の形而上学』岩波全集版二〇一頁〕）。しかし例えば、国際法上の条約違反あるいは（彼の時代のポーランドのような）被征服国の分割のごとき、彼が挙げている事例は、このような思考形態が偶有的で一定の枠内でしか価値がないものであることを明らかにする。不正な敵に対する「懲罰戦争」は、われわれが制約されない主権を有する国家を想定する限りは、ずっと首尾一貫性を欠いた見解であり続けるのだ。と言うのも制約されない主権を有する国家には、その主権を損なうことなくして、国家間関係における規則違反に関して、非党派的に判定を下す司法の審判を承認することはできないはずだからである。たった一度の勝利と敗北によって、「どちら側が正しいのか」（Kant, *Political Writings*, p. 96; *Werke* XI, 200〔『永遠平和のために』宇都宮芳明訳、岩波文庫、岩波書店、一九八五年、二一頁／「永遠平和のために」遠山義孝訳、『カント全集第十四巻』二〇〇〇年、二五七頁〕）について、最終的な決着がつけられてしまうのだ。

★4 Kant, *Political Writings*, 113; *Werke* XI, 212.〔『永遠平和のために』岩波文庫版四四―五頁／岩波全集版二七二―三頁〕

★5 Kant, “Theory and Practice,” in *Political Writings*, 92; *Werke* XI, 172.〔「理論と実践」篠田英雄訳、『啓蒙とは何か』岩波文庫、一九七四年改訳発行、一八六頁／「理論と実践」北尾宏之訳、『カント全集第十四巻』、二二二頁〕

★6 Kant, “Theory and Practice,” 92; *Werke* XI, 172.〔同右〕

★7 Kant, “Toward Perpetual Peace,” in *Political Writings*, 105; *Werke* XI, 213.〔『永遠平和のために』岩波文庫版四五頁／岩波全集版二七三頁〕

★8 Kant, “The Doctrine of Right,” *Metaphysics of Morals*, section 61; Kant's Political Writings, 171.〔『人倫の形而上学』岩波全集版二〇二―三頁〕

★9 Kant, *Metaphysics of Morals* in *Political Writings*, 171; Werke VIII, 475.〔『人倫の形而上学』岩波全集版二〇三頁〕

★10 Kant, "Toward Perpetual Peace," 104-5; *Werke* XI, 212.〔『永遠平和のために』岩波文庫版四四頁／岩波全集版二七二頁〕

★11 Kant, "Toward Perpetual Peace," 127; *Werke* XI, 225.〔『永遠平和のために』岩波文庫版六八―九頁／岩波全集版二八七頁〕

★12 Kant, "Theory and Practice," 90; *Werke* XI, 169.〔「理論と実践」岩波文庫版一八二頁／岩波全集版二一九頁〕

★13 Kant, "Toward Perpetual Peace," 100; *Werke* XI, 205-6.〔『永遠平和のために』岩波文庫版三二―三頁／岩波全集版二六四頁〕

★14 H. Schulze, *Staat und Nation in der Europäischen Geschichte* (München, 1994).

★15 D. Archibugi とD. Held 編の論文集 *Cosmopolitan Democracy* (Cambridge, 1995) の「編者序文」を参照 (10ff.)。

★16 Kant, "The Doctrine of Right," *Metaphysics of Morals*, section 62, *Political Writings*, 172〔「人倫の形而上学」岩波全集版二〇四―六頁〕を参照。

★17 Kant, "Toward Perpetual Peace," 14; *Werke* XI, 226.〔『永遠平和のために』岩波文庫版七〇―一頁／岩波全集版二八八頁〕

★18 Georg Lukács, *Der junge Hegel* (Zürich, 1948).〔「若きヘーゲル」生松敬三、元浜清海、木田元訳『ルカーチ全集第十一―十二巻』白水社、一九六九年〕を参照。

★19 Dieter Senghaas, "Internationale Politik im Lichte ihrer strukturellen Dilemmata," in *Wohin driftet die Welt?* (Frankfurt, 1994), 121ff. ここでは132.

★20 これが、アンソニー・ギデンズのグローバル化の定義である。*The Consequences of Modernity* (Cambridge, 1990), 64.〔『近代とはいかなる時代か？――モダニティの帰結』松尾精文、小幡正敏訳、而立書房、一九九三年、八五頁〕

★21 R. Knieper, *Nationale Souveranität* (Frankfurt, 1991).

★22 J. S. Nye, "Soft Power," *Foreign Policy* 80 (1990), 152-71.

★23 Kant, "Toward Perpetual Peace," 121; *Werke* XI, 238.〔『永遠平和のために』岩波文庫版八九頁／岩波全集版三〇〇頁〕

★24 Kant, "Toward Perpetual Peace," 115; *Werke* XI, 228.〔『永遠平和のために』岩波文庫版七四頁／岩波全集版二九〇頁〕

★25 Kant, "Toward Perpetual Peace," 108; *Werke* XI, 216f.〔『永遠平和のために』岩波文庫版五三頁／岩波全集版二七七頁〕

★26 「国民国家の世界からの決別」というテーマに関して、E. O. Czempiel, *Weltpolitik im Umbruch* (München, 1993), 105ff. を参照。

★27 *Gemeinschaft und Gerechtigkeit*, ed. M. Brumlik and H. Brunkhorst (Frankfurt, 1993), 173ff. と260ff. での、アルブレヒト・ヴェルマーの論文とアクセル・ホネットの論文〔『ポスト伝統的共同体――概念的提言』庄司信訳『正義の他者――実践哲学論集』加藤泰史、日暮雅夫他訳、法政大学出版局、二〇〇五年、三八〇―九一頁〕を参照。

★28 Habermas, *Die Normalität einer Berliner Republik* (Frankfurt, 1995) 165ff. の表題論文を参照。

★29 Kant, "Toward Perpetual Peace," 114; *Werke* XI, 226.〔『永遠平和のために』岩波文庫版六九頁／岩波全集版二八七頁〕

★30 Kant, *Kant's Political Writings*, 51; "Idee zu einer Allgemeinen Geschichte," in *Werke* XI, 46ff.〔「世界市民的観点での普遍史についての構想」岩波文庫、四四頁／福田喜一郎訳『カント全集第十四巻』岩波書店、二〇〇〇年、一八頁〕

★31 「学習する主権者としての人々」という理念については、H. Brunkhorst, *Demokratie und Differenz* (Frankfurt, 1994), 199ff.

★32 Kant, "Idea of a Universal History," in *Kant's Political Writings*, 45; "Idee zu einer Allgemeinen Geschichte," in *Werke* XI, 38.〔「世界市民的観点での普遍史についての構想」岩波文庫版三一頁／岩波全集版九頁〕

★33 Josef Isensee は、「ますます増大しつつある溶解傾向に対する」特別な干渉禁止令を、「国家の基本的人権」に関する驚くべき理論によって、擁護している（"Weltpolizei für Menschenrechte," *Juristische Zeitung* 9 (1995): 421-30)）。「個人の基本的人権であると認められているものは、必要な変更を加えて、国家の"基本的人権"であるとも、とりわけその主権のうえでの平等、対人主権や領土主権としての国家の自己決定であるとも認められる」。しかし国際法上承認されている国家主権と、基本的人権として保障されている、自然な法人格の自由の間に類比を形作ることによって、個人の権利の、一定の枠内での根本的な価値や、近代的な法秩序の個人主義的様式だけではなく、世界市民秩序の市民の権利としての人権の、特殊法学的な意味も、見落とされてしまっているのだ。

★34 Charles Greenwood, "Gibt es ein Recht auf humanitare Intervention?" *Europa-Archiv* 4 (1993), 94 における事例を参照。

★35 Habermas, *Vergangenheit als Zukunft* (München, 1993), 10-44〔「湾岸戦争はドイツの新たな正常化の触媒となったのか？」『未来としての過去――ハーバーマスは語る』河上倫逸、小黒孝友訳、未來社、一九九二年、一〇―四一頁〕を参照。

★36 Kant, "Theory and Practice," 77; *Werke* XI, 144.〔「理論と実践」岩波文庫訳一四一―三頁／岩波全集版一八六―七頁〕

★37 Habermas, "Struggles for Recognition in the Democratic Constitutional State," in *Multiculturalism*, ed. A. Gutmann (Princeton, 1994)〔「民主的立憲国家における承認への闘争」、エイミー・ガットマン編、チャールズ・テイラー、ハーバーマス他

『マルチカルチュラリズム』佐々木毅、辻康夫、向山恭一訳、岩波書店、一九九六年、一五五―二一〇頁〕を参照。

★38 Kant, “Toward Perpetual Peace,” 111; *Werke* XI, 223.〔『永遠平和のために』岩波文庫版六五頁／岩波全集版二八四―五頁〕

★39 Georges Scelle, *Précis de droit de gens* (two volumes; Paris, 1932 and 1934) でのこの著作の取り扱いに示されている。Carl Schmitt, *Die Wendung zum diskriminierenden Kriegsbegriff* (Berlin, 1988), 16. を参照。

★40 Schmitt, *Kriegsbegriff*, 19.

★41 ウィーン人権会議に関しては、R. Wolfrum, “Die Entwicklung des internationalen Menschenrechtsschutzes,” *Europa-Archiv* 23 (1993): 681-90 を参照。議論の的となった連帯する権利の地位に関しては、W. Huber, “Menschenrechte/Menschenwürde,” in *Theologische Realenzyklopädie* (Berlin and New York, 1992), volume XXII, 577-602 を参照。また、E. Riedel, “Menschenrechte der dritten Dimension,” *Europäische Grundrechte-Zeitschrift* 16 (1989): 9-21 も参照。

★42 一九九三年に安全保障理事会は、旧ユーゴスラビアにおける戦争犯罪と人道に反する罪を追及するために、このような法廷を設置した。

★43 こう述べているのは、シュミット『攻撃戦争のインターナショナル法上の犯罪』への「あとがき」におけるヘルムート・クヴァーリチュである。Schmitt, *Das internationalrechtliche Verbrechen des Angriffskrieges* (1945) (Berlin, 1994), 236ff.〔カール・シュミット『攻撃戦争論』新田邦夫訳、信山社、二〇〇〇年、二六七―八〇頁〕。

★44 Greenwood (1993, 104) は「人道主義的な理由からある国家に介入するために、国連は国連憲章に基づきその権限を用いることができるはずだという考えは、今ではさらにきわめて強固に確立されたように思われる」という結論に到達している。

★45 Greenwood, 96 で引用されている。

★46 Kant, “Toward Perpetual Peace,” 104; *Werke* XI, 211ff.〔『永遠平和のために』岩波文庫版四三頁／岩波全集版二七一頁〕

★47 R. Cooper. “Gibt es eine neue Weltordnung?” *Europa-Archiv* 18 (1993): 509-16.

★48 T. Lindholm はそうした人権の議論の枠組みのために理に適った提案を行なっている。The Cross-Cultural Legitimacy of Human Rights (report no. 3, Norwegian Institute of Human Rights, 1990).

★49 D. and E. Senghaas, “Si vis pacem, par posem〔もし平和を望むなら、共に手を携えて追い求めよ〕,” *Leviathan* (1990): 230-47.

★50 E.O. Czempiel は、この戦略を多くの相異なる事例に照らして研究した。*Sonderheft der Zeitschrift für Politik*, ed. G.

Schwartz (Zürich, 1989), 55-75 を参照。

★51 ここで私がしたがっているのは、D. Archibugi, "From the United Nations to Cosmopolitan Democracy," in *Cosmopolitan Democracy*. である

★52 Hans Kelsen, *Peace through Law* (Chapel Hill, 1944) を参照。

★53 Habermas, *The Philosophical Discourse of Modernity* (Cambridge, Mass., 1987), 336ff.〔ユルゲン・ハーバーマス『近代の哲学的ディスクルス』下巻、三島憲一、轡田収、木前利秋、大貫敦子訳、岩波書店、一九九〇年、五八一―六五八頁〕

★54 Schmitt, *The Concept of the Political* (New Brunswick, 1976), 52.〔カール・シュミット『政治的なものの概念』田中浩、原田武雄訳、未來社、一九七〇年、六三頁〕

　Isensee, 1995 にも同じような論証がある。「介入が行なわれるようになってからずっと、それは、十六、十七世紀の宗派の、君主制主義の、ジャコバン派の、人道主義の諸原理や社会主義世界革命といった、もろもろのイデオロギーのために貢献してきた。そして今度は人権と民主主義の番である。長きにわたる介入の歴史のなかで、イデオロギーは、介入する者の権力欲を美辞麗句で包み、実効性のために正統性の聖別式を斡旋するために貢献したのである」。("Weltpolizei für Menschenrechten," 429)

★55 Schmitt, *Glossarium 1947-51* (Berlin, 1991), 76.

★56 Schimitt, *Concept of the Political*, 36.

★57 *On Human Rights*, ed. S. Schute and S. Hurley (New York, 1993)〔ジョン・ロールズ他『人権について――オックスフォード・アムネスティ・レクチャーズ』中島吉弘、松田まゆみ訳、みすず書房、一九九八年〕を参照。

★58 O. Höffe, "Die Menschenrechte als Legitimation und kritischer Massstab der Democratie," in *Menschrechte und Demokratie*, ed. J. Schwardtländer (Stuttgart, 1981), 250. また、Höffe, *Politische Gerechtigkeit* (Frankfurt, 1987)〔オトフリート・ヘッフェ『政治的正義――法と国家に関する批判哲学の基礎づけ』北尾宏之、平石隆敏、望月俊孝訳、法政大学出版局、一九九四年〕も参照。

★59 S. König, *Zur Begründung der Menschenrechte: Hobbes-Locke-Kant* (Freiburg, 1994), 26ff. を参照。

★60 Henry Shue の立場との対話のなかで展開されている、Hugo Bedau による人権の構造分析を参照。"International Human Rights," in *And Justice for All*, ed. T. Regan and D. van de Weer (Totowa, 1983).「義務の強調が、人権擁護を、他者の特定の行動に対するいかなる道徳的意義も剥奪されて無規定のまま、放置しておくのは避けなければならない。しかし義務が、権利を説明な

いし生み出してはならない。義務を説明ないし生み出すことになっているのは、むしろ権利の方なのである」(297)。

★61 Kant, *Metaphysics of Morals* (Cambridge, 1991), 56, *Werke* VIII, 345.〔『人倫の形而上学』岩波全集版四八―九頁〕

★62 Kant, *Metaphysics of Morals*, 63; *Werke* VIII, 345.〔『人倫の形而上学』岩波全集版五八頁〕

★63 倫理、法、権利、道徳の区別については、R. Forst, *Kontexte der Gerechtigkeit* (Frankfurt, 1994), 131-42 を参照。

★64 とりわけ、Schmitt, *Das internationalrechtliche Verbrechen des Angriffskrieges* を参照。

★65 Schmitt, *The Concept of the Political* (1963) と *Die Wendung zur diskriminierenden Kriegsbegriff* (1988) を参照。

★66 Schmitt, *Das Verbrechen*, 19.〔『攻撃戦争論』、五頁〕

★67 Schmitt, *Glossarium*, 113, 265, 146, 282.

★68 Schmitt, *Die Wendung*, 1.

★69 Schmitt, *Der Begriff des Politischen* (Berlin, 1963), 110.

★70 Schmitt, *Concept of the Political*, 33.〔『政治的なものの概念』、一六頁〕

★71 〔英訳者ジェームズ・ボーマンによる注記〕これはエルンスト・ユンガーの小説『鋼鉄の雷雨』〔『鋼鐵のあらし』佐藤雅雄訳、先進社、一九三〇年〕への言及である。この小説はまた、ハイデガーにとっての戦争の美学化のモデルでもある。〔両者間の書簡集が示しているように、ユンガーはシュミットとも親交があった。ヘルムート・キーゼル編『ユンガー＝シュミット往復書簡』山本尤訳、法政大学出版局、二〇〇五年を参照〕

★72 Hans Magnus Enzensberger, *Aussichten auf den Bürgerkrieg* (Frankfurt, 1993), 73ff.〔エンツェンスベルガー『冷戦から内戦へ』野村修訳、晶文社、一九九四年、九一頁〕を参照。また同書については、本書中〔本訳書では訳出されていない〕のアクセル・ホネットの論文〔「道徳的な罠としての普遍主義?――人権政治の条件と限界」高畑祐人、池田拡吉訳『正義の他者』二八一―三〇八頁〕を参照。エンツェンスベルガーは、ここ二十年間の、ラテンアメリカ、アフリカ、東ヨーロッパにおける民主主義の驚くべき拡がりを考慮せずに、国際情勢をきわめて恣意的に論じているだけではない(Czempiel, *Welt im Umbruch*, 107ff. を参照)。彼はまた、一方の国内紛争の原理主義的な処理と、他方の物質的窮乏とリベラルな伝統の欠落の間の複合的な連関を、拙速にも人間学的本質にしてしまうのだ。ソマリアの事例や、旧ユーゴスラビアの事例が示しているように、まさしく拡張された平和概念によってこそ、予防的で物理的強制力を伴わない類の戦略が促され、人道的介入に課せられている、実行上の制約が意識されるのである。さまざまな介入の型の決疑論については、Senghaas, 185ff. を参照。

★73 Arnold Gehlen, *Moral und Hypermoral* (Frankfurt, 1969).

★74 Schmitt, *Glossarium*, 259.

★75 Schmitt, *Glossarium*, 229 と *Concept of the Political*, 63 を参照。

★76 Schmitt, *Concept of the Political*, 54ff.〔『政治的なものの概念』、六二―三頁〕

★77 Schmitt, *Concept of the Political*, 36.〔『政治的なものの概念』、三三頁〕

★78 Habermas, *Kleine Politische Schriften* I-IV (Frankfurt, 1981), 328-39 を参照。

★79 Klaus Günther, "Kampf gegen das Böse? Wider die ethische Aufrüstung der Kriminalpolitik," *Kritische Justiz* 27 (1994), 144.（括弧内の補足はハーバーマスによるもの）

★80 Ibid.

★81 Ibid.

訳注

☆1 一六五八―一七四三年。ヨーロッパ国家連合の創設を主張し、それがヨーロッパに恒久的な平和をもたらすための基盤となると、『永遠平和のための草案』（一七一三年）において述べた。カントの「永遠平和のために」（一七九五年）も、彼の影響下で書かれたものである。

☆2 ドイツ語テクスト（Habermas, Kants Idee des ewigen Friedens-aus dem historischen Abstand von 200 Jahren (1995), in Ibid., *Die Einbeziehung des Anderen. Studien zur politischen Theorie* (Frankfurt, 1996), 200）では〝Forderungen「要求」〟となっているが、意味のうえから考えて、本稿が依拠する英語版に倣って〝Forschungen「研究」〟の間違いだと判断した。

☆3 『神の世界支配に対するわれわれの信仰の根拠について』（一七九八年）中でフィヒテが行なった、「道徳的世界秩序」こそが神であり、信仰とはこの道徳的世界秩序に対するものであるという主張を根拠にした、彼を無神論者だとする非難が直接の原因となって、翌九九年に引き起こされた論争。当初から政治問題としての性格が濃厚であり、これによって最終的にフィヒテはイエナ大学を追われることとなった。

☆4　ハーバーマス『公共性の構造転換――市民社会の一カテゴリーについての探究』第二版、細谷貞雄、山田正行訳、未來社、一九九四年およびクレイグ・キャルホーン編、『ハーバマスと公共圏』山本啓、新田滋訳、未來社、九九年を参照。

☆5　第一次大戦後に国際連盟創設を主導した第二十八代アメリカ大統領。在職一九一三―二一年。民主党。一九一九年、ノーベル平和賞受賞。

☆6　フランス外相ブリアンのアメリカ国務長官ケロッグに対する呼びかけが発端となって、アメリカ、フランス、イギリス、ドイツ、日本、イタリアなど多くの諸国の間に結ばれた戦争放棄協定。ただし自衛目的の戦争は例外とされた。ブリアンは一九二六年に、ケロッグは二九年に、それぞれノーベル平和賞受賞。

☆7　国連憲章第二条の四「すべての加盟国は、国際関係において、武力による威嚇または武力の行使を、如何なる国の領土保全または政治的独立に対するものも、また、国際連合の目的と両立しない他の如何なる方法によるものも慎まなければならない」（国連広報センター協力『国連憲章』小学館、二〇〇三年、一四頁）。

☆8　国連憲章第二条の七「この憲章の如何なる規定も、本質上いずれかの国の国内管轄権内にある事項に干渉する権限を国際連合に与えるものではなく、また、その事項をこの憲章に基づく解決に付託することを加盟国に要求するものでもない。ただし、この原則は、第七章に基づく強制措置の適用を妨げるものではない」（『国連憲章』、一五頁）。

☆9　言うまでもなく、一九四五年設立の“International Court of Justice”のこと。この論文が執筆された九五―六年には、未だ国際刑事裁判所（International Criminal Court）は設立されていなかった。後者は、旧ユーゴスラヴィアやルワンダでのジェノサイドを目の当たりにして、個人の戦争犯罪を裁くべく、一九九八年に採択された国際刑事裁判所規程に基づき、二〇〇三年に設立された。ハーバーマスのこのあたりの叙述を理解するためには、以上のような当時の状況とその後の経緯を踏まえておくことが不可欠である。

☆10　一九七九年、ソモサ大統領の独裁体制が続いていたニカラグアで、革命によりサンディニスタ政権が誕生した。当初同政権を支持していたアメリカは、八一年のレーガン政権の発足後一転して、同政権が周辺諸国の反政府勢力を支援し、社会主義の拡大を謀っているとして、ニカラグアの反政府勢力コントラを支援する政策を採るようになった。それに対してニカラグアのサンディニスタ政権は、アメリカの支援を受けたグループの軍事的・準軍事的活動について、アメリカの責任を追及するため、国際司法裁判所に提訴し、同裁判所はアメリカのニカラグアに対する介入の不法性を認める判決を下した。

☆11　一九四八年十二月十日第三回国連総会で採択された。世界平和のためには世界中の誰もが等しく人権を保障されなければならないという、第二次世界大戦後の国際社会の規範的立場を明らかにした。

☆12　一九九三年に開催された第二回目の世界人権会議。そこで採択された「ウィーン宣言および行動計画」は二十一世紀への指針として、自由権、社会権、発展の権利は相互に不可分で普遍的なものであること、国連人権高等弁務官の設置、世界的に人権教育に取り組むこと等を提唱した。

☆13　国連安保理決議第六八八号「〝国際平和と安全保障を脅かす結果となる〟イラクの一般市民の弾圧を〝非難する〟。イラクは、一般市民の弾圧をただちにやめなければならない。イラクは、援助を必要とする者には、国際人道組織へのアクセスをただちに許可しなければならない」(http://japan.usembassy.gov/j/p/tpj-jpo240.html)。事実上イラク北部のクルド人保護のための国際介入の根拠づけである。これを機に同地にクルド人自治区が形成された。

☆14　一九二四年生まれの第三十九代アメリカ大統領。在職七七―八一年。民主党。二〇〇二年、ノーベル平和賞受賞。

☆15　このハーバーマスの主張は、既に見たように、国際刑事裁判所が二〇〇三年に設立されたことによって、不完全な形ではあるが実現された。

☆16　当時イギリスの植民地だったヴァージニア州が発表したもの。十八世紀の自然法思想を成文化し、それ以後の人権宣言や憲法の先駆けとなった。

☆17　英語版では省略されているが、ドイツ語テクスト(Kants Idee des ewigen Friedens, 223)には、次のような注が付されている。――「いずれにせよ、参政権という人権の内実の意味しているのは、あらゆる人には、市民として一つの政治共同体に所属する権利があるということだ」(ドイツ語テクスト注38a)。

☆18　戦争を主権国家にとっての不可侵の権利だとみなしたシュミットが、〝Angriff〟を、あくまでも価値中立的なものだと強調していたことを踏まえて、シュミットの邦訳書では〝Angriff〟に、否定的なニュアンスの強い「侵略」ではなく価値中立的な「攻撃」という訳語が当てられる。しかし本論文ではこの点に関しては筆者ハーバーマスが、シュミットに対してははっきりと批判的な立場に立っていることに鑑みて、「侵略」という訳語を当てる。ただしこの邦訳版が拠った英語版では〝Angriff〟を、第一節を除いて、シュミットに忠実に多くの場合「侵略」と訳される〝aggression〟ではなく、「攻撃(offense)」と訳されている。詳しくは新田邦夫訳『攻撃戦争論』の「訳者あとがき」を参照。

☆19　ナチスを「戦争機械」に育て上げた巨大企業であるドイツ合同製鋼の共同経営者。フリックは自らが所有する鉄鋼・石炭・軍事資源と奴隷労働を使ってヒットラーの戦争を支えた。これによって彼は敗戦後、ニュルンベルク裁判で有罪判決を受け、懲役七年の刑が言い渡された。一九二六年から四二年まで、彼のビジネスパートナーであり、米国の銀行経営者として彼を支援したのは、二〇〇五年末現在のアメリカ大統領の祖父プレスコット・ブッシュであった。

☆20 この「戦争を廃絶するための戦争（Krieg gegen den Krieg）という言い回しは、Schmitt, *Der Begriff des Politischen*, 37〔『政治的なものの概念』、三二頁〕に見い出される。

☆21 ここでハーバーマスが主に念頭に置いているのは、『薄明（*Dämmerung. Notizen in Deutschland*）』（一九三四年）や『覚え書き（*Notizen 1949-1969*）』（七四年）等における、ホルクハイマーのアフォリズムのことである。

☆22 この「苦しみへの共感《コンパッション》（Mitleid）」もまた、ホルクハイマーの所謂「批判理論」の、最も中心的な概念である。

第4章　世界市民の公共圏

ジェームズ・ボーマン（田辺俊明訳）

カントは『永遠平和のために』において、世界市民秩序を確立するという理想は実現できると明快に論じるのだが、こうした主張を正当化するにあたっては、意外にも間接的で控え目である。彼は、諸国家がいったん法の原則によって適切に組織されると、最終的には「隣国や遠国とも結合」して、「諸国家の抗争を（一つの普遍的国家に類似した仕方で）法的に調停するようになる」[★1]と主張している。カントは同時に、さまざまな経験的な条件があいまって、国際レベルでの平和という理想を妨げることも認めている。このような妨げになる社会的・歴史的事実としては、グローバルな関係の規模が大きすぎるということがあり、これが、共和制憲法のために必要な条件を損なっている。また、根強い言語的、文化的、宗教的なちがいによる人々の間での不和、「文明化」された人々が文明化されていない人々を「道徳的にぞっとする」方法で取り扱う傾向、拘束力のある国際法システムを通じて自己を律し、交戦権を制限しようとする意志が、諸国民間で全く欠如していることなどがある。根強く残るこうした条件が一体となって、法的に拘束力のある平和という、誰にでもわかりそうな期待に背く結果をもたらしている。言い換えると、共和国をモデルとした普遍国家は、世界市民法の制度基盤にはなり得ないのである。

それにも関わらず、世界市民法は単なる道徳的な虚構から達成可能な目標にならねばならず、そのためになんらかの制度基盤を備えるべきだとカントは要求する。そして、それぞれの共和国の内部で平和のために都合の良い条件を生み出すかどうかは、道徳的な動機をもった政治行為主体にかかっているのである。

こうしたわけで、カントはもっと控え目な「消極的代替物」を提案し、積極的ではあるが実現できない普遍国家という理想に代えるのだが、その形は「戦争を防止し、持続しながらたえず拡大する連合」である（『平和』四五頁）。この連合は消極的代替物なので、完全な普遍国家のような統制的理念ではない。つまり、カントの言う理性理念とは全くちがって、平和に向けた公共的な状態をもたらす単なる手段にすぎず、諸国民が似たように組織され、統治されてはじめて実効的となるものである。カントの世界連邦主義という次善の解決策は、政治権威をひとつの最高権威のなかにすべて統合してしまう代わりに、主権を持ち法的に構成される権力の多元性という事実を容認する。★2 厳密に言うなら、共通憲法や強制法に基づいた連合というよりは、独立国家の同盟なのである。カントは意外なことに、政治目的が究極的に一致することを平和の条件として前提にしていない。ヘーゲルや他の批判者たちが考えているのとは異なり、現存する政治的、法的な多元性を、その根底にあって対立する可能性のある評価基準とともに、そのままにしているのである。こうした多元的で非常に脆弱でもある政治秩序を、現実のグローバル統治をともなわずに可能とするのが連合なのだが、最も変化に富み、いつ紛争になってもおかしくない政治的文脈である世界市民法は、いま以上の多元性を容認しなければならないのだろうか。

見たところ弱々しいこの連合主義という「代替物」が平和状態をもたらすために、いったい何ができるというのだろうか。ここでの私の命題は、「代替物」の主な目的は世界市民的公共圏と国際市民社会のために必要とされる制度条件を創出することにある、とするものである。国内での共和的市民の意見と同様に、平和のために必要な軍事力の制限を成し遂げるのは、実は世界市民の力なのである。国民間にいま現にある自然状態から、統一的な国際法が出てくる見通しは暗い。カントにとってこれは、連合が必要とされているということである。彼は、新たに形成された合衆国政府とのアナロジーをいっさい拒絶するので、こうした多元的な世界市民結社の現実のアナロジーを、共和制的な形の政府に求めることはできない。コスモポリスの場合、国家において公民権がもつ最高強制権力は、はじめは非常に弱い世界市民の公論の力、つまり、批判的な公衆の力によって置き換えられる。政治的多元性という条件下ですら、公表性という形式原則は、たとえ間接的なものであるにせよ、規制的な影響力を備えており、それが、以前からある政治権力や市民的な権威に及ぼされる。そしてこの連合こそが、NGOの国際市民社会と、世界市民的公共圏に有利な状態をもたらすのである。どちらとも、共和的制度や政治的アイデンティティを形作り、最終的にはそれを作り変えることすらできるのである。

普遍的共和国の消極的代替物は連合主義なのだが、諸国民の連合では平和を実現するには十分ではない。平和はそうした連合の内側から出てくる、世界市民的公共圏によって実現されるのである。そのなかで、世界市民の公論が周知され、国政の最高権威すらそれを承認する以外なくなる。カントの構想はこの仮説でも支持されるのだが、それは、彼が予期できなかった、政治秩序のいま現にある事実のおかげである。というのも、既存の国家はもはや一元的ではなくなっており、カントの「一人民一国家」という暗黙の原則は、すでに歴史的に妥当しなくなっているからである。つまり、現存する国民国家のほとんどが文化多元的であり、内部に世界市民的公共圏を備えた連合を真似ざるを得なくなっているのである。こうした連合的な結社に加え、現存する国家制度や公共圏を束ねるその他多くの絆を通じて「世界市民法」が現われてくる。というのも、政治的多元性にともなって紛争が生じ、これについて公共的な反省が行なわれるからである。現代の見地からすると、カントの「消極的代替物」が機能するのは、まさに多元的公衆が世界市民法にしたがって政治制度を作り変え、平和を推進していくかもしれないからである。場合によっては、新たな国際制度を創設し、それを絶え間なく作り直していくことさえあるかもしれない。その基礎になるのは、相互に連結した公共圏の原則である。世界市民が主権を行使するのは、そのなかにおいてのことなのである。

I 「消極的代替物」としての世界市民的公共圏

公共圏が、「無法な自由」に強制的市民法が課す制約効果の代わりになるはずのものだとすれば、世界市民的公共圏こそ、絶え間ない戦争と政治暴力の無法状態に制約を課すものだということになる。実効ある形の国際法は、こうして市民法と同じ機能を果たすものになるのだが、それは、諸国民の政治目的が、なんらかのより高次の法的権威の強制力により制約される限りにおいてのことである。考えてみると、市民の戦略的な目的も、ちょうどこのように、共和国で通用している強制法によって制限されているのである。それではなぜカントは「消極的な」代用物を探し求めるのだろうか。国際法は意外にも、まさに執行という課題のところで失敗している。したがって、市民国家と国際法の間でのアナロジーは成り立たない。というのも、私たちを直近の隣人との自然状態から連れ出すことのできた国家権力より高次で、強制力があり、統合された権威が欠けているからである。

以上のように、国家内部にある自然状態と、国家間の関係にある自然状態が似ていないため、カントはグローバルで普遍的な共同体のなかで作用している「書かれていない法典」だけに関して語ることを強いられるのだが、そのおかげで「地上の一つの場所で生じた法の侵害がすべての場所で感じとられる」（五三頁）ようになるわけでは決してない。この「書かれていない法典」でカントが言えるのはただ、非公式ではあるが公に知られる何か国際法と同じようなものが、世界公論の非公式なメカニズムを経由して現われてくるということである。「書かれていない法典」であるにも関わらず、普遍的な法が公共的、政治的な現実になるのは、より力のある、文明化された諸国家が公共的理性を使用するからであり[☆1]、それはちょうど、デル・ラス・カサスがスペインによるメキシコ先住民の非人間的取り扱いを批判したことにたとえられる。連合主義が市民に提供するのは、市民社会を国際化し、実効ある公論を宣伝する制度的な手段である。侵害を公的に認知し、剝奪された人々の権利や請求を認容、弁護しなければならない。諸国民の公共的なフォーラムが必要とされているのは、こうした理由によるものである。

　カントが、強制法の代わりになるものとしての公表性に関する議論を、権威の道徳的説得だけに常に限定しているわけではないことを見ておくのも重要である。公表性は、諸国家の内部であれ、国家間の関係であれ、戦略的行為全部を制約する効力を備えている。カントは『永遠平和のために』の第一補説において、政治戦略が公表性の規準に合致しているかどうかを問いかけ、政治的な怜悧の教えに関する格率の多くは、公に知られると、その目的を実現できなくなるだろうと言う（『平和』一〇二頁）。公表性の規準が、国際的な戦略の格率を排除する限りにおいて、諸国家も、実効ある世界公共圏のせいで、機密を要する戦略を利用できなくなってしまうのである[★3]。だが、カントはもっと先まで踏み込んでいく。世界市民的な状況下では、政治行為の成功そのものが、公的承認にかかってくることになる、と言うのである。こうしてカントは、公表性の規準を肯定的に見立てる。つまり、ある格率は公にされると成功しないのだが、他の行為は、行為者が自らの目的を実現するためにも、公にする必要がある（『平和』一一〇頁）。こうした目的は、ただ協力的手法しか利用できず、さまざまな制度上の目的と、より広汎な公衆（この場合、すべての国家にわたる市民の世界公共圏）の目的と調和することを通じて、はじめて実現するのである。ここで、仮に以上のような肯定的な要求が満たされるとしよう。そうすると、なぜ消極的代替物が、全人類の普遍的共同体と同じ機能を果たすものを生み出し、そこで公表性の規範が、権力を制約すると同時に生み出すとカントが考えているのか、理解できる。しかし、消極的代替物がこうした機能を果たすには、なんらかの制度的、非制度的な場を設けて、そこで共通の問題に向けた協力的な解決策を考案し、競い合わせなければならない。

公論の実効性に関する以上の議論がこの文脈で意味をなすのは、カントの「公表性」規範に関する独特の解釈と照らし合わせる場合に限られる。ここで公表性というのは、一般的に理解できるコミュニケーションの形のことである。公衆は、いかなる前提にも縛られることなく成立するコミュニケーションの潜在的観衆であり[☆2]、世界市民的公衆はもちろん、可能な限り最も広汎な観衆である。ここで、『啓蒙とは何か』においてカントが用いた公私の奇妙な区分が、この意味におけるコミュニケーションの形のちがいと関連していることが判明する。カントは、ある特定の限定された観衆に向けられたコミュニケーションを、「私的」であると考えている[★4]。共通のものとは言えない宗教的信念や、ある特定の政治権威への訴えは、これらをすでに認めている者にしか説得力がない。宗教上の要求がしばしば公共性に欠けるのは、このような理由によるものであり、単に形而上学に関わっているからとか、異なる宗教集団間に価値対立があるからではない。こうした類の根拠に基づいたコミュニケーションは、公衆が事前に限定されていない場合は失敗することがある[★5]。注意すべきは、公表性にしたがってコミュニケーションを行なうからといって、最も深いところにある信念を諦める必要はないということである。世界市民は、ジョゼフ・ラズが「認知的な禁欲」と呼ぶものを実践するわけではなく、むしろ、コミュニケーション上の責任を担う。つまり、他者（特に、まだ意見や判断を共有していない他者）に対し、自らの理由を公に理解できるようにして、質問に対して答える準備を整えなくてはならないのである。[★6] 世界市民的理想にふさわしい公共的な観点を弁明するには、この多元性を考慮に入れなければならない。したがって、公衆の意見が全員一致することを、即座に達成できる政治目標に据えることは諦める以外ない。これはやはり、世界市民法の統制的理念に留まるのである。

カントは、権威を制限する別の手立てとして、理性を公共的に使用することを提案している。オノラ・オニールが述べているように、「理性以外のなんらかの権威を前提としているコミュニケーションは、その権威にしたがわない人と意思疎通するのに失敗するかもしれない。権威を前提としなければ、そもそも解釈すらできないのに、その権威が否定されるからである」。[★7] つまり公表性とは、誰が権威を主張する権限を持っているかに関する前提を共有する観衆がいなくても、コミュニケーションが成立するための条件である。制約された前提のもとでコミュニケーションを行なったりせず、「理性を公共的に使用」すれば、「世界全体」に向けて、誰でも了承できる正当化ができるようになる。実際、はじめは権威への恣意的な訴えの根拠として提出されたのとまさに同じ理由ですら、この方法で公共的理由へと変換することができ、潜在的には了承可能なものとなる。ここでいう公表性とは、コミュニケーションの前提のことであり、その実際の範囲のことではない。友人との会話は狭い範囲で行なわれるが、科学共同体の理を尽くした探求と同じくらい公共的で開かれているかもしれない。理由が公共的なのは、その名宛人である観衆が恣意的に限定されていない時に限られる。したがって、そうした観衆は多元的かつ変化に富んだ意見を持っているのであって、決して一枚岩なのではない。

以上の説明において、「公共的」理由が説得力を備えているのは、それがまさに、次の二つの意味において無制約だからである。第一に、公共的理由が向けられる観衆は、範囲が限定されておらず、全員がそのなかに含まれる。公共的理由は理解できるように定式化しなければならないだけでなく、市民全員が自らの判断力を、カントが言うように、「妨害も邪魔立てもなく」用いることを容認しなければならないのである。第二に、より重要なことなのだが、理由に説得力があるのは、観衆と話し手の間で行なわれるコミュニケーション[☆3]に何も制約がない場合、つまり、自由で平等な参加者が、賛成か反対かを自由に表明できる対話に限られる。こうした、より強い意味における理性の公共的使用は、対話的であるというだけでなく、反省的でもある。つまり、コミュニケーションにおいて使用することで、理由と論証過程の両方における限界と制約をさらけ出し、その判決に疑いを投げかけることができるのである。なぜカントが、公表性と啓蒙が相互に結びつくと主張したのか、これで明らかになる。その理由は、コミュニケーション上の制約がないことで、政治対話が自己批判的になれることにあったのである。世界市民的な協議者は、そうすると、新たな可能性を目の前にしていることになる。これにより、別の考え方や新たな理由を考慮することもできるし、以前認められていた形の理由や正当化をすべて拒絶することもできる。あるいは、自分たちの公共的コミュニケーションや政治討議において隠れて制約として作用している、偏狭さや権威主義的要素を自覚することすらできるかもしれないのである。

カントは公共的理性を、判断力の観点から説明している。判断力とは、首尾一貫した思考、「拡張された思考」、「偏見のない思考」のための能力のことであり、どちらも、「他のあらゆる人の立場から考え」、それにしたがい、自己の判断を修正していく能力にかかっている。[★8]こうした能力を判断の公共的過程において行使する際、その過程を統率する一般的なルールや「格率」という見地から、公表性のより強度の基準を解き明かすことができる。カントが言う「普通の人間悟性の格率」のそれぞれが捉えているのは、理性を公共的に使用する場合に必要とされる条件である。それによれば、各人は自らの視点から離れて抽象化して他者の視点をとったり、新たに提示された理由に照らし合わせて共通の信念を修正する際、首尾一貫して思考しなければならない。[★9] こうした格率を用いて行なわれる反省的判断において示された理由が説得力を備えるのは、各参加者もまた、各自の理由を他者に示すと同時に、そうした過程全体の集合的な結果がどうなるか、見当をつけている場合に限られる。

世界共和国が要求するのは、まさしくカントの普通の人間悟性の理想が要求する類の、何も制約がないコミュニケーションである。だが、それにもまた、カントが考えなかった問題がつきまとう。しかもこの問題は、普遍的共和国という積極的理想を実現不可能にしたのと同じくらい深刻である。世界市民的公共圏は、最大限に広範囲であるだけでなく、最大限に多元的であり、変化に富んでいる。この種のラディカルな多元性は、国民国家がますます多民族的となり、文化的に変化に富むにつれて、国家単位の公共圏にも該当するようになってきている。だから、世界中の万民が似たような信念や目標をもつようになり、ついには共通の共和国に加入するということに、世界市民権の関心を限定してはならない。むしろその関心は、複数のちがった人たちが、共通の公共空間に住めるという状況を実現することになければならない。国際法は、この問題を最も極端な形で提起している。そこには、共同体の準自然的な基礎もなければ、世界市民が寄りかかれる先行合意すらないのである。

公共空間を維持するには、多くの異なった見解や視点に開いておく以外ない。したがってカントの「他のあらゆる人の立場から考える」という理念を修正して、この多元性と両立させねばならないことになる。拡張された思考能力があると、世界的公共圏とそのなかでの意見は「多面的」になる。[★10] だから公平性というものは、何か共通の視点に抽象化することではなく、この多次元性を反映した政治判断を下す能力にあると言うべきである。そのうえ、公平な主体が単一の合理的意見に収斂するとは限らない。むしろそうした主体は、世界市民的公共圏における多種多様な市民の相互作用から生じてくる、多面的な共通感覚を使用すると言った方がいい。この公共圏では、全市民が協議フォーラムにアクセスする平等の権利を有しており、そこでは公表性の規範原則に一致する限りにおいて、それぞれの理由や目標が承認される。さらに言うと、「友好の権利」が「世界市民法」によって確保され、見知らぬ人や市民でない人に、国家単位の公共圏で彼（女）の意見を審理するよう請求する権利を与える。考えや財の交換を別にすると、国家を横断する結社や協力を可能にするのは、普遍的友好である。というのも、他国出身の市民でも、公共的理性を平和裡に用いる時には、最低限文明的に取り扱われると期待してもいいからである。こうして現われてくる国際市民社会（カントの用語では「普遍的共同体」）を基礎にして、世界市民的公共圏がそれぞれの共同体の内部で形成され、他にも多くある同様の領域と脱国家的関係を備えていくことになる。

世界市民は平和をもたらすために、世界市民的公共圏で何をするのだろうか。既存の形の権力を批判するのはもちろんだが、それこそまさしく、カントが哲学者の役割として述べているものである。哲学者は、国家やその権威を批判してもかまわないのだが、常に「暴徒になったり、徒党を組んだりする能力がない」（七五頁）。風変わりで、明らかに自己正当化になっている「永遠平和のための秘密条項」とは、「国家当局により秘密裡に与えられた、当局の行為や政策を批判する権利」（七二—五頁）のことである。批判する力は制定法を乗り越え、改善しようと試みる。当局は、常にこうした普遍理性の優位を認める必要はないが、少なくとも批判者の意見には耳を傾けなければならない。哲学者が国家に対抗して徒党を形成できないように見受けられるのは、普遍的な観衆に語りかけるからである。そして、『永遠平和のために』において、世界市民の活動を代表しているのは、この哲学者なのである。市民もまた、カントの『啓蒙とは何か』における「批判せよ、だが従え」という有名な格率に導かれる。この格率が意図しているのは、公衆が権力の制度基盤に挑戦せず、そのままにしている権威なら、何でも請け合うということである。カントはさらに、討議が世界市民的になることを要求しているが、その結果、「教養」があり、学識のある人しか討議に参加できなくなっている。このような要求は、論争に課せられる暗黙の制約でもある。というのも、教養がある公衆は安全な場所にいて特権化されているため、危険で転換を惹起するような形では、公共的理性を用いたがらないからである。それでも市民は、その理性を批判的に用いることが許される。現存する国法を改正し、普遍的共同体に現われつつある公表性の規範と一致させるためである。

だが、現存する法や権利の批判が、世界的公共圏における市民の唯一の目的であるというようなことはあり得ず、市民はもっといろいろなことをしなければならない。どんな世界連合にもともなう、極端な多様性や多元性を真剣に受け止めようとするなら、なおさらである。こうしたわけだから、世界市民は議論をして、正当な政治制度の内部において下された決定によって影響を受ける「あらゆる人の視点」から了承できる、公共的合意を生み出さなければならない。つまり、連合制度が容認するだけでなく、促進しているようにも見受けられる、さまざまな政治共同体、文化・生活様式の完全な姿と調和する類の「多元的一致」や、多元的合意を生み出さなければならないのである。世界市民の公衆は、単に批判するだけではなく、申し分なく動態的であり、既存の政治制度の枠組みを作り変え、自分たちの領域とメンバーシップの境界線の外部にいる、普遍的共同体の構成員の権利を認知するよう要求する。もしカントが正しいとするなら、共和国の市民が自らを世界の市民でもあるとみなし、他者もそうであると認知しているという事実は、すでに新たな種類の世界市民的政治の必要条件を生み出していることになる。カントに欠けているのは、（自然目的論は別にすると）それぞれの共和国で、友好的な市民社会と世界市民的公共圏を創出する可能性のあるメカニズムである。私が提案したい別の（だが大部分は依然としてカント的な）モデルなら、このメカニズムを用意し、世界市民的公共圏が民主制度を変革・創出する可能性を実現するだろう。たとえ公表性という手法により、平和をいかに創出するかを考案するに際して、主な障害となり続けているグローバルな社会の規模や複雑性の問題を視野に入れたとしても、このメカニズムはあってしかるべきものだと私は主張したい。形式的・制度的なメカニズムと非形式的・公的なメカニズムを組合せることで、この問題を解決できるからである。

2 世界市民的公共圏、市民社会、政治制度

どうすれば公共圏を世界市民的な規模で確立できるのだろうか。これを示すため、私はカントの共和国とは別のものを提案したい。この案においては、まず秩序ある多元的な民主主義があって、それが、もっと要求度が高く、いつ転換を引き起こしてもおかしくない動態的な公共圏で、世界市民的公共圏の制度基盤を用意する。動態的な公共圏において、市民は時事問題を議論したり、協議で公論を形成する以上のことを行ない、時には、政治協議を構造化している制度枠組みすら変更しなくてはならない。こうした変革の時期は、新たな公衆が台頭する時に到来するのだが、それが翻って、市民の民主制度に対する関係も変えていく。ここでの課題は、パーソンズ的な意味における「社会共同体」(つまり、制度化の過程に関し反省的になっていく市民社会の中核)を、いかに新しい形の結社に開いておくかということである。日常生活に現われ、制度変革の文化的基盤を生み出すのは、この形の結社なのである。国際的な社会共同体の可能性があることから、さらに付け加えられる挑戦は、大規模、階層的、強制的な制度の中央集権的な組織化能力なしに、いかに世界市民的公共圏を構成するか、ということで

ある。

制度と公共圏のこうした相互作用は、市民を引き裂くことがある。制度や手続きが、時宜にかなった実効ある決定を下せるように、公共的議題を限定するのに対し、公共圏は、議論を開かれた状態に保ち、すでに下された決定を改訂するために機能するからである。公衆とそれを組織する制度のこうした緊張関係が、活気ある民主主義を成り立たせており、民主主義の安定と、革新を行なう能力のために必要とされている。もちろん各国は、うまく機能する公共圏のために必要な条件整備を進めることはできる。だが、秩序ある民主制度をもってしてすら、公衆は協議に失敗するかもしれない。というのも、市民は端的に、協議を始める原因となった問題状況に向けた、公的に了承可能な解決策を案出できないかもしれないからである。こうした認識上の失敗は、制度上の欠陥にまで遡っていくことができる。世界市民法が共和制憲法の改革に結びついていくだろうとカントが主張するとき、彼はまさにこのことを言っているのである。それにも関わらず、自分たち自身の政治的コミュニケーションの民主的性質を維持しなければならないのは、最終的には市民だけである。公共圏は多くの場合、この過程の一部として、政治協議の領野になるとともに、協議の対象にもなるであろう。公衆の自分自身に対する関心が世界市民的になるのは、コミュニケーションのネットワークとその観衆が、民族的、政治的な境界を超える時である。

さまざまな歴史分析が示しているように、市民社会で公共圏が歴史上出現してきた過程においては、公共的な自己反省が中心的役割をはたしていた。公共圏とは、サロン、クラブ、劇場、議事堂、集会場などの空間やフォーラムの単なる寄せ集めではないし、公式の手続きや制度的ルールの組合せだけで成り立っているわけでもない。国家が表現に課す検閲や、その他の強制的な規制との絶え間ない闘争が示しているのは、公共圏の包括的で開かれた性質を気にかけることを通じて、はじめて公共圏を維持できるということである。公共圏の存在に対する公衆のこの関心が、公衆を公衆として定義する。さらに、小さなサロンですら、自分たちの会話よりも広汎な公衆の方を向くという形で、この関心を歴史上分かちもっていた。協議の参加者は、自分を唯一の公衆であるとも、美学専門家の排他的エリートであるとも考えなかった。「公衆はいつもすでに〔中略〕すべての私人からなる、いっそう大きな公衆のただなかに身を置き、そのなかで自己を理解していた」のである。★11

以上のように自己を理解したり、自己に言及することが、公共圏内部での議論の構造に影響を与え、議論される課題は、利害、重要性、わかりやすさが「共通の」、一般的な関心事であった。公衆内部の参加者たちはまた、公衆全般についても論じたのである。たいていの場合その話題は、芸術作品を公衆自身がどう受け止めるかということであり、それには、例えば劇場における自分たち自身の行儀作法が含まれていた。そして、読書したり、コンサートに行ったり、劇場に行ったりする公衆のなかで流行しているものに関する話題が、これに付け加えられたのである。つまりこれは、公衆が自分たち自身について書いていたということである。喫茶店で、自分たち自身、自分たちの趣味、当時の大きな課題などについて読んでいたのである。十八世紀には、合衆国とヨーロッパの両方で、公衆の意見や論争に関する時事解説が盛んになった。そのなかで現われてくる書簡は、公衆全般に向けられており、公衆の構成員が何を考えているか、何が好みで、何がそうでないかを取り上げたのである。こうした「公共的」な課題のなかに含まれていたのは、寛容、市民的美徳、公共的道徳に関する問題であった。書簡や記事は、文化的な催しの寸評がそうであったように、基本的には自己批判的であり、「よく事情に通じていない判断」、「ドグマ」、「流行」を克服することを目的としていた。つまり、「こうした事柄を読み、議論した」公衆は、「公衆それ自体に関して読み、議論した」。自分たちの意見だけでなく、実践的に理性を働かせている公衆としての、自分たち自身に関しても、読んだり議論したりしていたのである。★12

この自己反省は、そのままでは歴史のどの時点であるかに関わらず限定されている公共圏を維持するより以上の、もっと広汎な機能を担っている。つまり、革新や変革の源泉となる公共活動が、本質において自己批判的な内省と議論から生み出されるのである。ただし、こうした活動が自己批判的になるためには、より大規模で動態的な公共の過程の一部にならねばならない。公衆が自分たちの態度や信念を形作り、検証するのは、こうした過程のなかでのことなのである。この種の自己評価や自己検証に慣れることは、民主主義の公共文化の重要な要素である。共同体全体にまたがった偏見は、こうした自己評価の範囲を狭めてしまうのだが、この現象は通常、有意味な問題を公共的な議題から締め出してしまうことにより生じる。このとき、新たな公衆が台頭して、公共的な自己検証を要求するのだが、時には新しいルールや制度すら要求する。私がここで展開しようとしている政治モデルにおいて、理性の公共的使用のパラダイム的な事例になるのは、まさにこのような過程である。世界市民的な状況にまで拡張できる理性の公共的使用の手本は、最高裁判所ではなく、公民権運動なのである。[13]

社会共同体における変化や革新のためのこうした能力は、公共圏が効果的に機能している証拠であるが、それは、今ある制度が効果的に機能しているということとは全く対照的である。政治制度そのものは、問題を解決し、手近な公共的要求を処理することに向けられているため、それだけでは柔軟性と革新を、特に必要とされている文化革新や学習という形で確保することができない。制度内での協議は、ふだんは現存する問題や紛争の解決をねらいとしているため、既存の材料を取り扱わざるを得ないのである。言うまでもなく、交渉やほとんどの形の妥協には、中途半端な結果が含まれており、手にすることのできる代替案の組合せを変えるというよりは、単に並び替えるだけのことが多い。同様に、官僚制度には優柔不断になる傾向が組み込まれており、組織的資源の使い方を変えたり、協議を通じてはっきりとした合意に達する必要のない解決策を取り上げることが多い。

それとは反対に、公衆はこの手段-目的という形では協議をしない。公衆は自己言及的に考え、行動する。つまり、自分自身を変革することによって、政治協議の条件を変えるのである。デューイが『公衆とその諸問題』で説明しているように、公衆が新たな公衆を形作ると、制度がそれと相互的に作用しなければならなくなるのだが、公衆はこのようにして間接的に制度を変えていくのである。[★14] この過程で、制度はさまざまに変化し、例えば、制度上の関心、継続的に行なわれるルールや手続きの解釈、主な問題解決戦略などが変化する。民主的な刷新は、新たな公衆を形作る過程にかかっている。そしてこの公衆は、それ自身が構成し、創出する新たな協議制度を組織し、それにより組織されるのである。新興の世界市民的公衆は、民主主義を二つの方法によって刷新し、拡大する。ひとつは、各国における多元的な公共圏を経由する方法であり、もうひとつは、国際的市民社会を構成する組織や結社の間で行なわれる非公式なコミュニケーションのネットワークを通じる方法である。

カントがもっと悲観的な時期にはわかっていたことだが、現行の政治制度が、こうした革新を妨害、禁止することもある。政治制度がある特定の、限定された公衆に向けられていて、その強力な利害により構造化されている場合は、特にそうである。新興の公衆（制度を組織し直そうとする公衆）と、既存の公衆（現行制度を形作った公衆）の間には時間的なズレがある。例えば、アメリカ革命の後で現われた比較的弱い国家制度は、分散化、脱中心化された公衆を反映していた。確かに、最低限しか民主的でないような制度であっても、いくらかは安定と持続性を確保できる。だが複合社会において、既存の国家が動態的な公衆との接触を失えば、もはや公衆の必要を満たしたり、表現したりはできなくなる。デューイは、安定と革新の間のこうした緊張が牽引力となって、新たな形の公衆や政治がそれぞれ形作られるのだと理解していた。だが、この過程は困難に満ちたものである。

「公衆は自分自身を形作るため、現存する形態の政治を破壊しなければならない。これは非常に困難なことである。なぜなら、この形態はそれ自体、変革を引き起こす正規の手段になっているからである」[★15]。新たな公衆は、公衆として自分自身を組織するだけでなく、現存する形の制度の一部分、例えば、公共的な要求や意思決定の形も変えなければならない。こうした変革のためには、革命が必要なのかもしれない。というのも、デューイが言うように、「適当に柔軟で、即応的な政治的、法的な機構が何かということは、未だに人知を超えているからである」。新たな公衆の要求に対応していられない制度は、その正当性を失う。そしてこれは、ますます多元的で世界市民的になってきている公衆との関係で、政治制度にとっても現実になってくるかもしれないのである。

この新興の公衆は、新しい制度枠組みを創設するのだが、多くの場合それは、革命的かつ革新的であり、国民国家のなかに新しい「憲法体制」を確立するのに等しいものである。そうした変革は、まるで科学革命が通常科学の条件を変えるように、「通常政治」の可能性を変えてしまう。政治変革の場合、民主的立法が多々尋常ならざる時期が訪れるのは、硬直的な形の制度や、がっちりと固められた権力関係の保守反動に対抗する人民主権の再主張がなされるからである。ブルース・アッカーマンは、合衆国の歴史において、少なくとも三回の「革命」があったと論じており、それらは、パラダイム的な歴史経験（例えば、共和国の樹立、南北戦争とその後の復興、大恐慌とニュー・ディール）の周囲に結晶化している。こうした「革命」や民主的な刷新が成功する原因の大部分は、公的な行為主体がきちんとした政治レトリックと批判的討議を見い出し、重要な出来事や歴史経験に関する共同体全体での協議を開始することにある。そこで、公論の競争が始まるわけなのだが、これは、こうした転換すべてに先行する、凄まじい闘争や紛争からも明らかなことである。いったん公論が競われるようになると、公的に協議する可能性が、通常の制度経路の外側に現われる。国際的市民社会を備えた活発な公共圏において、こうした経路は多くの場合、世界市民的であると言ってもかまわないであろう。アッカーマンが「憲政的政治」と呼ぶそうした時期が、道徳的訴えを特徴としているのは別に珍しいことではない。現存する法よりも「高次」であると言われ、現存する不正義に注意を向けるのが、こうした道徳的訴えなのである。公衆はこのような場合、自分たちの主権を宣言するのだが、そのために、現存する制度に影響を与えるだけでなく、自らを組織する新しい枠組みまで創出する。人権侵害を公表するということはまさに、現存する制度の正当性とその主権に疑問を投げかける道徳的訴えを行なうということである。こうした見地からカントが要請しているのは、それぞれの共和国の啓蒙された公衆の間に設けられる「世界市民的政治」期間のようなものである。だが、仮にそうした政治が、いまや世界の市民になった市民の主権を是認するとしても、カントの考え方とは反対に、諸国民の主権については疑問視するのである。

公共圏が革新的役割を果たすには、健全な市民社会に根差していなければならない。自発的結社が個々人に実験の場を用意したり、自分たちの経験や必要を言い表わす相手である潜在的な観衆を用意するのも、そのなか(市民社会)でのことである。国際結社という、より広汎な形における実験が要求するのは、相互に連結した公衆の多元性と、それらすべてを網羅する市民的公共圏の両方である。自分たちの自発的結社において問題に対する考え方を形成した後、世界市民は世界市民的公共圏、すなわち、議論や見解を交換するための、考え得る限り最も広汎な公共圏を相手にできる。だが、こうして公衆間、制度間でやりとりを行なうためにも、公共圏は、共同体全体にまたがる偏見やコミュニケーション上の深刻な障害から解放されていなければならない。したがって、世界市民的社会で組織される世界市民的公衆は、このコミュニケーションにおける開放性と包括性を維持するものとして自らを理解しなければならない。言い換えると、新たな公衆が現われて、新しいテーマや課題を公共の議題に載せ、そうして、現行の公共的理解に対して挑戦できなければならないのである。公衆と政治制度の相互作用に関する以上の理解は、世界市民的公共圏に関して何を示唆するのだろうか。世界市民の公衆は、こうした革新的機能を果たすには、あまりに規模が大きく、堅すぎるのではないか。問題は主に、内在的な制約のあるタウン・ミーティングのモデルから、公共圏の概念を未だに解放していないことにある。

3　世界市民的公共圏――「幻」の世界公衆？

大規模な複合社会で、十八世紀の読書する公衆に取って替わるのは、マス・メディアである。かつては作家が教養ある読書する公衆を相手にしていたところで、新しいメディアが議論や情報の普及において中心的な役割を果たすようになっている。だが、広汎な観衆に効果的に届くこの手段をもってしてすら、グローバルな遠隔コミュニケーションに基づく世界市民的民主主義は、技術的な空想にすぎない。それにも関わらず、強力な社会的利害によってメディアが統制、制約されないということは、世界市民的公共圏の出現にとっては重要なことである。なぜなら、規模が大きいからといって、さまざまな国家の市民社会で挑戦者が生み出す、新しい形の協議を受けつけないということでは困るからである。つまり、市民的公共圏と、それに結びついた公式の協議制度は、広く認知された問題状況をめぐって台頭し、重要な出来事の解釈を争う、より小さな結社の革新にかかっているわけである。社会運動などの集合的な行為主体が、問題の支配的な考え方に挑戦し、自分たちに耳を傾けてくれる観衆を生み出す挑戦者となるとき、市民は現行の理解のしかたを取り替える。こうした新たな理解が翻って、改めて優先順位をつけ直した関心と、それにふさわしい集合的な行為の形を備えた公衆を新たに定義する。ある条件下では、こうした公衆こそ、現存する制度的境界を乗り越えて、世界市民的になれるのである。

民主主義では、多元的公共圏が協議のなかで重要な役割を果たすのであり、変革と革新の源泉として、特に重要であることを論じてきた。この多元的公共圏の存在は、公共的な討議の規範的前提になっている。つまり、多元的公共圏とは、コミュニケーションが向けられる無限定で見えない観客のことなのである。この公衆は、全市民の集合体であり、その気になれば、カントの言う「他のあらゆる人すべて」の視点を含む「世界大」になれる。そうだからこそ、私たちは世界公論について語ることができるわけだし、この最も広汎な公衆をどう政治的に組織するか、そのさまざまな手立てについて語ることすらできるわけである。だが、この公衆全般とは、いったい何のことだろうか。複合社会では、この公衆をひとつの抽象概念、無意味な言葉、(ハンナ・アーレントが思っていたような)エピソード的な出来事、さらには、(ワルター・リップマンが見立てていた)「幻」以上のものとして理解するのは難しいのかもしれない。実際、ハーバーマスの最近の議論によれば、公衆とは、単なる「コミュニケーションの構造」、つまり、匿名で主体のないコミュニケーションと討議のネットワークにすぎないのである。

確かに、何か公衆全般のようなものが、現行の制度配置の内部で、自らを多数派として形成することがある。だが、公衆全般はまた、大きな制度間で行なわれる不断の相互作用、例えば、民主国家とその主権市民が行なう相互作用において機能的役割も果たすのであり、その相互作用こそが、普通選挙権など、政治の形における変革を生み出してきたのである。市民の公衆が幻のように言われるのは、私たちが公衆に関する実体的な考え方を受け継いできており、それが、大規模な国民国家に当てはまらないからである。デューイが言うように、私たちの民主主義の概念はあまりにも頻繁に、「地方のタウン・ミーティングの理念や習慣」に制約されてしまっていると言った方がいいかもしれない。デューイにとって、公衆はいまや「無定形で、言葉では言い表わせないように見受けられる。［中略］ヒューム以来の哲学者が、自己の場とその構成について不確かであるのと同じくらい、その所在は不確かである」★16。大規模で、どうにも手に負えない議会の代わりに、デューイは民主的公衆を、よりいっそう大きな社会共同体のなかにある、地方共同体の連なりとして考えている。私たちは、世界市民的公共圏もこのように考えるべきである。その背景になるのは、現存する制度構造であるが、共通の関心事をめぐって国際市民社会を組織し、そこに関心を集中させるには、これで十分事足りているのである。

公衆を大きな規模で考え直すに際して問題になってくるのは、タウン・ミーティングの開放性と、大きな制度の閉鎖性という、近寄りがたい性質の間にあるように見受けられる矛盾である。問題は、グローバルな制度が国際的であって、世界市民的ではないということである。国民国家や、その代表者間の利益交渉に基づいており、その結果、民主的な要求を行なう市民にはきわめて間接的にしか近づけないようになっているのである。このメタ制度では、国家が主権者であって、市民ではない。だが、脱国家的制度すべてがこのモデルにしたがわねばならないわけではない。ヨーロッパ議会はすでに諸国家を迂回して、その代表に政策上の決定を委任している。さらに、提案中のヨーロッパ統合の理念では、この議会が政策を協議、決定できるようになっている。ひょっとするとこの議会が、近寄りがたい官僚組織ではなく、ヨーロッパ市民社会において集合的な行為を行なう組織の中核になるかもしれない。ヨーロッパ議会が農業政策を論じる際、その課題に関心を寄せる市民社会（農家の団体や環境保護団体など）が議論をめぐって組織され、議会における代表だけでなく、代表を選出した市民に働きかける、といった具合である。世界市民的公衆が、いかに協議制度に組織され、逆にそれを組織し直し始めるのか、この事例で理解できる。だが、変革を行なうためには、国際的市民社会だけでは十分ではない。というのも、過度に時間に縛られており、空間的、時間的に分断されているため、決定に実効をもたせることができないからである。だから、国際的市民社会が理性を公共的に使用する場になることができるのは、世界市民的公共圏だけである。この公共圏は、現存する制度内での協議に影響を与えるのだが、そのような制度は、公論を国際的に組織できる形では、まだ存在していないのかもしれない。この場合、国際結社が、世界市民制度を構築するための脱国家的政治に、あたかもさまざまな地方集団が新興国家の公衆へと自らを形作っていったように関与するかどうかは、その国際結社が決めればいいことである。民主的に組織された国際結社の公共圏が、国際的な協議制度をめぐっていったん組織されると、国際領域における主権の場所が、国家から市民へと移し変えられる。市民はこうして、ようやく世界市民になるのである。

複合社会において公的協議を媒介しているのは、強力な国家制度だけでなく、広範囲で際限のない観衆に届く能力を備えたマス・メディアである。民主的参加の理念をタウン・ミーティングのモデルから切り離すのが難しいように、印刷物の流通をモデルとしない公共圏を想像することは難しい。[★17] 憲法が保障する、公衆と国家制度の間の相互作用に似た類のものは、公衆とメディアの間にはほとんどないようである。間違いなく、メディアが体現している意味や目的の体系に関して、市民への説明責任が果たされる程度はずっと低いのである。こうした公共的説明責任の欠落は、カントの消極的代替物に対する脅威となるが、彼はそんなことを思いつくことすらできなかった。メディア制度は、世界市民的公共圏を実現できる唯一強力な手段なのだが、今のところまだその一部にはなっていない。わずかの例外を除けば、こうした制度が、それ自身の世界市民的な公表性に関心をもつことはないし、自らを国際的市民社会の一部と考えることもない。それにも関わらず、際限なく広汎な観衆に訴えかける経路としてメディアを捉えることもまた、可能である。市民社会における社会運動が、共通の問題に国際的公衆の関心を向けたり、そうした関心を形作ったりするのは、こうした経路を通じてのことなのである。

そうすると、複合的、多元的、世界市民的な社会にあって、いったい「幻」の公衆はどこにいるのかという、リップマンの問いに対する答えはどうなるだろうか。政治制度が、意思決定のために市民の公衆を組織しているというのは、確かにその通りである。だが、国際的市民社会で公衆を組織するには、脱国家的制度を構築しなければならない。世界市民的公共圏は、単なる構造ではなく、絶えず発展していく過程である。つまり、新興の集合的行為主体が世界市民という観衆を相手にし、それを通じて、公衆を多数派へと組織する制度を変革する過程なのである。例えば、世界市民的な社会批評家と国際的な集合的行為主体が、新たな公衆の台頭に参加して民主主義を活性化し、その意志決定組織を柔軟に保つといったようなことが考えられる。新たな公衆の台頭と変革の過程が密接につながっているのは、別に驚くべきことではない。大規模な複合社会が民主的であり続け、人々を主体とした革新に開かれたままでいるには、開放的で、動態的で、多元的な形の公的協議における制度的な学習を必要とするのである。革新は、国際NGOや実験的な自発的結社のなかで始まるにも関わらず、これこそが世界公共圏のために必要なコミュニケーション・ネットワークを作り出すのであり、全市民がそのなかで、グローバルな計画と自治に参加するのである。この計画こそ、押し迫りつつある経済、生態系の問題に関して、協力的合意を生み出すための唯一の手立てなのかもしれない。こうした問題は相互依存的になっているため、あるひとつの制度的組合せだけで解決することはできないからである。問題解決に必要な協力的合意が生み出されるのは、世界市民的市民の多くの公共圏が、脱国家的ではあるが民主主義的な主権の契機において結びつく時である。そうしてはじめて、世界市民的公衆は、単なる「幻」、つまり、目の前を通りすぎる世界の見世物を単に眺めている観衆としてカントが理解していた、その本質からして受身的で従順な公衆ではなくなるのである。

結論

『永遠平和のために』の主な洞察のひとつは、意図的ではないが、公的に作動するさまざまなメカニズムが、否応なしに国際的な制度の枠組みを出現させるというものである。私がたったいま提案した分析は、カントの自然目的論を、社会的で歴史的なグローバル化のさまざまな過程に置き換えるものである。この過程により、多民族的で多文化的な国民国家は、ある形の世界市民法を、その要素としてすでに必要とするようになっている。この公共圏においては、あと二つ解決しなければならない問題が市民に残っている。第一の問題は、文化多元性の結果に必ずつきまとう、紛争の潜在的可能性である。だが、文化多元的な公共圏において、現存する形の権力や権威を批判することだけが市民の役割ではない。互いを理解し、承認しようと努め、自分たちの紛争の解決策を平和的に練り上げることにも挑戦するのである。翻ってこの解決策が満たさねばならない二つの重要な規準がある。つまり、世界市民秩序のために必要な多様性や多元性を保つと同時に、多元的集団の間で、公表性を基礎にした共通市民権や、重なり合う合意を可能にしなければならないのである。世界市民権はこのような形で紛争の問題を解決できるのだが、それには少なくとも、市民が相互理解に至り、自分たちの反目を解決し、新しい制度（国際的市民社会にある数多くの世界市民的公共圏が協議に影響を与えることができる制度）を創出できる空間がなければならない。

第二の、そしておそらくもっと難しい問題は、コスモポリタンな規模で、民主主義的な主権をいかに確立し、実践していくかということである。いま現にある生態系や経済の危機のような国際問題を解決しようとするなら、国民国家よりもさらに強大な権限をこの制度に与えなければならないように見受けられる。連合主義制度の主な責任は、世界公共圏のために有利な状態を作り出し、国際的市民社会が繁栄するのを容認することである。世界市民的公共圏はまた、こうした問題を解決するために必要とされる協力を行なう政治形態を練り上げ、現行の形の民主主義的な主権を蹂躙するという犠牲のうえでしか国際問題を解決できない、強力な制度を抑制するメカニズムを見出すための場でもある。私の議論によれば、民主主義的な主権をどう確立するかという問題は、市民社会から台頭して、世界市民公衆の注目を浴びる国際的な集合的行為主体によって解決されるはずである。

非歴史的に見てみれば、国際制度の正しい組合せを特定し、自由で開かれた世界公共圏を創設するという問題は、手に負えず、複雑すぎるように見受けられる。だが、世界市民的公共圏がすでに存在しているという事実からすれば、そのような問題はたいしたことはないようにも見えてくる。グローバル化の結果、最終的には公共圏すべてが非常に多元的になるが、実のところそれはすでに世界市民的である。だから、市民的公衆のそれぞれが、全人類を網羅する、相互に連繫した公共圏が織り成す網の目の一部として自己を理解して作り直し、それにしたがって制度を変え始めさえすれば、カントの提案する「消極的代替物」が、その平和を維持する機能を果たせるようになる。平和をもたらす連合主義とは、世界市民的公共圏の内部における国際的社会共同体の連合のことである。この意味において、世界市民的民主主義は単なる理想ではない。それは、国際法と人権に関して現在多く行なわれている議論において顕著な、普遍性と特殊性の葛藤を回避しつつ、国際協力の問題を解決する実践的な手立てでもある。『永遠平和のために』におけるカントの提案と同様、実際の制度枠組みは、この（普遍性と特殊性の）葛藤に悩まされてきた。その主な原因は、誰も世界市民法の基本原則として、民主的正当性を制度化しようとはしなかったことにある。（民主的正当性以外の）他の正当性の基準はすべて、公表性の規準による検証に耐えることができない。そして、この国際政治の民主的基礎を築くのは、依然として世界市民の課題なのである。

注

★1　Immanuel Kant, "Toward Perpetual Peace," in *Kant's Political Writings*, ed. H. Reiss (Cambridge University Press, 1970), p. 123.〔イマヌエル・カント『永遠平和のために』宇都宮芳明訳、岩波文庫、一九八五年、九五頁〕この翻訳はドイツ語の単語である Recht のニュアンスと関連する基本用語の使用において一貫していないので、場合によってはかなり修正を加えた。

★2　リチャード・フォークは、国際的市民社会から新たな形の「法創造と法適用」が現われ出てくることを求めている。現行の国民国家システムをそのままにして、世界市民的で民主的な法を新しいレベルで単に上乗せするだけでは、この要求を満たすことはできない。新しい形の法は将来いつでも実現可能だと思われるが、国際レベルでの執行をどうするかという、しつこくつきまとう問題を解決しなければならない。この点に関し、連合以上のものは期待できないとするカントに私は合意する。だが、連合的な統合は、国際的市民社会の連繋の強さによって、弱くも強くもなり得るのである。Richard Falk, "The World Order Between Inter-State Law and the Law of Humanity: the Role of Civil Society Institutions," in *Cosmopolitan Democracy*, ed. D. Archibugi and D. Held (Polity, 1994) を参照のこと。

★3　カントはここで、明らかに公表性の効能を過大評価している。例えば、相互確証破壊のような戦略は、公表されることと一致するばかりか、成功するために公表性を要求さえするということを考えてみよ。

★4　Kant, "What is Enlightenment?" in *Kant's Political Writings*, p. 38ff.〔カント「啓蒙とは何か」『啓蒙とは何か　他四篇』篠田英雄訳、岩波文庫、一九二五年、一三頁〕

★5　カントが解釈する公表性と、それが理性批判において果たす基礎的な役割を余すところなく展開したものとして、O'Nora O'Neil, *Constructions of Reason* (Cambridge University Press, 1989), pp. 42-48 を参照のこと。

★6　Joseph Raz, "Facing Diversity: The Case for Epistemic Abstinence," *Philosophy and Public Affairs* 19 (1990): 3-46.

★7　O'Neil, *Constructions of Reason*. p. 34.

★8　カントの格率は『判断力批判』の第四九節にある〔訳注　ボーマンの記述から判断すると参照は第四〇節の誤りではないかと推察される。ここでカントは人間悟性の三つの格率について触れている。①自分で考えること。②他のあらゆる人の立場で考えること。③いつも自分自身と一致して考えること〕。カントの普遍的判断という概念の政治的含意に関する明晰な議論については、次を参照のこと。Hannah Arendt, *Lectures on Kant's Political Philosophy* (University of Chicago Press, 1982), p. 72ff.〔ハンナ・

アーレント著、ロナルド・ベイナー編『カント政治哲学の講義』浜田義文監訳、法政大学出版局、一九八七年、五七頁以下〕コミュニケーションと公表性は、カントの著作すべてにわたり、中核的な役割を担っている。このテーマでの有益な議論に関し、Hans Saner, *Kant's Political Thought* (University of Chicago Press, 1983) を参照のこと。

★9　Kant, *Critique of Judgment*, section 49.〔カント『判断力批判』篠田英雄訳、岩波文庫、一九六四年、第四九節〕〔訳注　前述参照〕。セイラ・ベンハビブが論じるところによれば、拡張された思考のための能力は、カントの間主観的な解釈にとっては中心的なものである。だが、物事を「他のあらゆる人すべて」の視点から見るという格率は、必ずしも間主観的ではない。そのうえ、（共通感覚のなかにおける、ある種の判断の基礎にすぎないのだから）判断の説明にはならず、協議には間接的にしか関係しない。Benhabib, *Situating the Self* (Routledge, 1992), p. 136ff. を参照のこと。

★10　この形の判断が中心的なテーマになっているアーレントの『カント政治哲学の講義』の他、彼女の *Life of the Mind: Willing*, volume II (Harcourt Brace and Jovanovich, 1978), p. 242ff.〔ハンナ・アーレント『精神の生活（下）第二部　意志』佐藤和夫訳、岩波書店、一九九四年、二七七頁以下〕も参照のこと。

★11　Jürgen Habermas, *The Structural Transformation of the Public Sphere* (MIT Press, 1989), p. 37.〔ユルゲン・ハーバーマス『第2版　公共性の構造転換』細谷貞雄、山田正行訳、一九九四年、未來社、五七頁〕北米の事例の似たような分析としては次を参照のこと（北米では、公共圏での社会的平等という仮定は、ヨーロッパほど極端に現実からかけ離れたものではなかった）。Michael Warner, *The Letters of the Republic* (Harvard University Press, 1990).

★12　Ibid., p. 43.

★13　秩序ある民主社会における手本としての最高裁判所については、John Rawls, *Political Liberalism* (Columbia University Press, 1993), p. 231ff. を参照のこと。

★14　John Dewey, "The Public and Its Problems," in *The Later Works of John Dewey*, 1925-1953, volume 2 (Southern Illinois University Press, 1984), pp. 245-246.〔ジョン・デューイ『現代政治の基礎——公衆とその諸問題』阿部斉訳、みすず書房、一九六九年〕公衆と、公衆を組織する制度の関係についての素晴らしいデューイ説については、Robert Westbrook, *John Dewey and American Democracy* (Cornell University Press, 1991), p. 302ff.

★15　Dewey, "The Public and Its Problems," p. 255.〔デューイ『現代政治の基礎』〕

★16　Ibid., p. 308.〔デューイ『現代政治の基礎』〕

★17 Habermas, *Structural Transformation of the Public Sphere*, part II.〔ユルゲン・ハーバーマス『第2版　公共性の構造転換』〕

訳注

☆1、2、3　「公共的理性（public reason）」「コミュニケーションの観衆（audience）」「観衆と話し手の間で行なわれるコミュニケーション」——ここで「観衆」というのは、公共圏で行なわれる発言や活動を、メディアを通じて見たり、聞いたり、読んだりする人々のことである。観察者である観衆は、当事者である「話し手」の発言や活動がもつ歴史的な意味に関して、いわば裁判官のように公平無私な判断を下すことができる特権的な位置にある。だがボーマンは、話し手が「公共的理性」を用いて、観衆と同じ地平に立つことを要求する。オノラ・オニールやジョン・ロールズにも使用されている、この公共的理性という考え方は、それぞれの市民が宗教、道徳などの価値信念（ロールズが「包括的善の概念」と呼ぶもの）のちがいを乗り越えてコミュニケーションを行ない、相互に協力するための条件（ロールズが「社会の基礎的構造」と呼ぶもの）に関する合意を可能とするものである。だが、もしこのような形で「観衆と話し手の間で行なわれるコミュニケーション」が成立すれば、観衆（観察者）と話し手（当事者）の間の区別は定義上なくなり、観衆は話し手になってしまうはずであるが、これこそまさしくボーマンが求める状態なのかもしれない。というのも彼は、「理性の公共的使用の手本は、最高裁判所ではなく、公民権運動」であり、世界市民が「目の前を通りすぎる世界の見世物を単に眺めている観衆」として「その本質からして受身的で従順な公衆」になってはならないと考えるからである。

第5章　道理的な万民の法という理念について

トーマス・マッカーシー（田辺俊明訳）

カントの啓蒙構想における中核的理念は、権威の主張いっさいを、理性の自由な検証に供するということである。「理性の存在」は、「この〔批判の〕自由を根底としてのみ成立する。しかし理性は、専制君主的な権威をもつものではない、理性の発言は、常に自由な国民の一致した意見にほかならない。そして国民の一人ひとりは、自分の懸念を――それどころか各自の拒否権をすら憚ることなく表明し得なければならない」[★1]。つまり、それぞれ自らの独立した判断に依拠している個々人の間での理を尽くした合意に由来する権威が、伝統、地位、職務、権力に由来する権威を、理論と実践の両方に関して徐々に置き換えていくべきだというのである。こうした公共的論戦は、批判という形をとる。「現代は、まことに批判の時代であり、一切のものが批判を受けねばならぬ。ところが一般に宗教はその神聖によって、また立法はその尊厳によって批判を免かれようとする。だがそれでは宗教にせよ立法にせよ、自分自身に対して疑惑を招くのは当然であり、また理性がその自由率直な吟味に堪え得たところのものにのみ認める真正な尊敬を要求することができなくなるのである」[★2]。カントが主張するには、「効用の点ではいかに重要なものであっても、またいかに神聖なものであっても、吟味と検討とを尽くして探究する批判

を免れることは許されない、そしてまたこの批判は、個人の権威を無視して顧みないのである」のである。[★3]

本論文での私の所見の背後にあるのは、一般論としてではなく、政治的な事柄、特に国際的な正義に関わる問題について、まだこれを生きた啓蒙の批判構想だと言えるのかどうかという懸念である。こうした懸念は、カント実践哲学から始まる長い行程において、近年ロールズが行なった転向によって、新たな重要性を帯びることになった。ロールズの二番目の主要著作である『政治的リベラリズム』（一九九三）は、最初の著作『正義論』（一九七一）[★4]よりも、彼を、カントの啓蒙プロジェクトからはるか遠くまで引き離している。彼はこの主な原因を、きわめて明快に自覚している。それは彼が、「道理的多元性の事実」と呼ぶものである。彼の考え方によれば、人間生活の意味と価値に関する宗教的、哲学的、道徳的考え方に関する還元不可能な多元性が必要としているのは、あらゆる類の「包括的教説」から「自由に成り立つ」、純粋に政治的な正義の構想を構築することである。ロールズは、『万民の法』[★5]と題されたオックスフォード・アムネスティ講義において、カントが『永遠平和』に関する論文のなかで取り扱った国際法〔Völkerrecht〕の領域までこの構想を拡大し、そうすることで、正義理論へのカント的、新カント的なアプローチから、さらに距離を置いたのである。

以下で私は、ロールズの転向を分析、批判し、転向を誘発した原因になっている多元性の問題に対処するため、よりカントらしい戦略を提案する。まずはじめに、カントが理性という理念や理想によって理解していたものを簡単にまとめることにする。というのも、これが私の議論で重要になってくるからである。

理論的探求との関連において、カントが説明したのは、「理性理念」はただ発見法的にしか機能しないということである。それは、「統制的理念」であり、私たちをもっと深遠な説明や、より広汎な体系化へと駆り立てるものである。形而上学の根本的誤りは、被制約的で、部分的で、不完全なものを超えようとする衝動が、無制約的で、全体的で、完全なるものに達してきたとか、達することができると理解していることである。つまり、単に統制的なものを構成的だと誤解していたのである。これは、理性理念に全く意味がないということではなく、それを理論的に把握したり、それに関して確固たる知識を手に入れたりはできないということにすぎない。理性理念は実践との関連において、すなわち、ここでは理論的探求という実践との関連において考えなければならないのである。この領域では、一貫性のある、矛盾のない、体系的な知識の統一性を発見法的に投影することにより、思考を組織し、導き、制約するのに役立つ。だが、経験や判断の多元性や多様性を総合して得られる統一が、ただ単に与えられる〔gegeben〕ことは決してなく、それは常に永遠に課題〔aufgegeben〕なのである。

　だが、私がここで関心を持っているのは、理論的な探求の営みにおける理性の役割ではなく、生活の営みにおける役割、つまり、カントの実践理性理念の取り扱いである。これも体系的な統一を生み出しはするのだが、いまやそれは、自らに課す共通法のもとにある理性的な存在者の統一にすぎない。ここで大きくちがっているのは、この理念が単に間接的に実践的なのではなく、行為に直接関わっており、私たちが何をすべきで、何をねらいとするべきかを教示するということである。だが、実践理性理念が生成する法則は純粋に形式的であり、内容を受け入れるのは、道徳主体が状況に応じて法則を適用する時に限られる。この意味において、これもまた未確定であり、ある特定の道徳状況における具体的な道徳経験、考察、判断によって内容を埋めなければならない。したがって、自己自身を目的とする人という理念、自らに課す普遍法に基づく、自由で平等な理性的存在者の結社としての目的の国という理想、一般法のもとで他のすべての人の同様の自由と両立する限りでの最大限の自由としての権利という理念、統一された（一般的な）人々の意志に基づいた原初的な（社会）契約という理念、権利と正義が国際的に保障される世界市民社会という理念はすべて、ある特定の状況における行為の全般的制約ないし指南として機能する。これはつまり、実際には状況の変化が要求するところにしたがって、絶えず文脈化しなければならないということである。

カントの啓蒙プロジェクトの中心にある理性構想にともなって生じてくる哲学的問題をここで描出する必要はない。簡単に言うと、ここ百五十年の自然主義、歴史主義、プラグマティズム、多元主義が、カント的理性の脱超越論化、脱中心化を避けられないものとしてきているのである。この理性構想を支えているヌーメノンとフェノメノンの分裂に見られる形而上学の残滓、批判の組み立て方と、批判を行なうに際しての精神主義の支配、統一性への熱望のなかに埋め込まれている多様性の軽視は、もはやすべて弁護できない。「純粋」理性は、言語と文化、時限性と歴史、慣習と利害、身体と欲求の不純性に対して、原理的かつ永続的に譲歩しなければならなくなっている。もう少し具体的に言うと、自己の理性を用いるとか、自分で考えるというカントの概念は、そうする際には常にすでに当然の前提とされている、取り除くことのできない背景を認めて、差し引かねばならない。背景とは、先行概念、先行判断、先行理解などのことであり、理性的な営みすべての本質になっているものである。彼は、法の正当性の淵源としての合意と一致、特に、人々の「統一意志」を強調しているのだが、それは、理論と実践に根強く残る、道理的な異論を認めて割り引かねばならないのである。そして、理性を公共的に使用するという彼の理想は、根拠の強さや議論の説得力を評価する際に重要になってくる、文脈や観衆に対する自覚を高めることによって、和らげなければならない。まさにこうした「理性や判断の負担」の正当な評価こそ、ロールズを導き、最近の著作でカントから決定的に決別させたものなのである。

2

ロールズはカント的な調子で私たちに語りかける。「道理的な人々は自分自身のために社会的世界を望む。そこでこそ自由で平等な人間として、皆が了承できる条件で、他者とともに協力できるからである」(*Political Liberalism*, p. 50)。だが、ロールズが理解する「道理的」の別の決定的な側面は、「憲法体制において正当な公的権力の行使を導く際、判断の負担を進んで認め、その帰結が理性の公共的使用に及ぶのを了承する」(*PL*, p. 54) ということにある。判断の負担を認めるということの意味は、なぜ道理的な人々の間で道理的な異論があり得るかということだけでなく、なぜそうなりやすいかを理解するということ、つまり、たとえ長い時間をかけてすべての事柄を考慮に入れたとしても、理性の自由な使用の結果として、こうした結果が普通に現われてくるのがどうしてなのかを理解するということである。こうした異論の多くの源泉や原因に照らし合わせてみると、「理性の完全な力を備えた良心的な人ならすべて、自由な議論の後では〔常に〕同じ結論に達する」と期待するのは理不尽である (*PL*, p. 58)。若干様式化すれば、こうした道理性の二つの根本側面は、カントが『基礎づけ』その他で区別している二つの視点と、同じような緊張関係に立っているとみなせるかもしれない。私たちは理性的主体として、他者すべてが理性的に了承できる根拠に基づいて自己の行為を正当化したいと思う。だが、私たちは観客、観察者として、道理的多元性という事実を認め、私たちには了承可能な理由であっても、他者には了承できない理由もあるだろうと予想する。では、私たちは公共的正当化に関するこの二つの視点をいかに結び合わせるべきなのか。ロールズの戦略は、「正義の政治構想」を「重なり合う合意」の領域のなかに限定することによって、いわば多元性を事前に割り引いてしまうものである。「公正としての正義のねらいは、道理的多元性を与えられた事実として捉えて、政治的正義の問いに関する正当化の公共的基盤を明らかにすることにある。正当化は他者に向けられるので、共通に信じているものか、信じることができるものから行なわれる。だから私たちは、公共的な政治文化に内在している共通原理から出発する。その際に望まれるのは、そこから政治構想を発展させ、それに関して自由で理を尽くした判断における合意が得られ、さらには、この合意が道理的な包括的教説の重なり合う合意の支持を得て安定化することである」(*PL*, p. 63)。正当化の公共的基盤を手に入れるという「実践的なねらい」(*PL*, p. 9) が、潜在的に共有されている理念から始め、反照的均衡を経由して政治構想にまで練り上げていくという戦略の動機になっている。重なり合う合意の焦点として役立ち、その安定性を高めるのが、こうした政治構想なのである。加えて、包括的教説の真理に関して合意に達するのが、「実践的に不可能」(*PL*, p. 63) であることを所与とするなら、公共的理性の概念は、「道理的な包括的教説の視点の間で公平でなければならない」(*PL*, p. xix) という結論が導き出されるように見受けられる。このように、実践的な不可能性に直面しつつ、実践的なねらいを追求すること、これが、『政治的リベラリズム』の理論戦略を決めているのである。

道理的多元性という事実に照らし合わせて、合意をどう確保するか。これと同じ関心が、基礎的な課題に関する公的協議において、何をきちんとした理由であるとみなしていいかに関する規準を決めている。「多くの教説が道理的であると理解されるので、原理的な政治上の問いが争点になっている時に、自分は真理であると理解しているが、他者がそうは理解しない理由に固執する人々は、単に自分の信念に固執しているようにしか、他者には見えない。彼（女）らは、自分たちの信念が真理だから押しつけるのであり、それが自分たちの信念だから押しつけるわけではないと言う。しかし、これは他の人すべてが平等に行なえる主張であり、また、誰かが市民一般に向けて立証できるものでもない。だから、私たちがこうした主張を行なう時、自ら道理的であるような他者は、私たちを理不尽である」(*PL*, p. 61) とみなすか、もしくは、「党派的」(*PL*, p. 129) とさえみなすにちがいない。つまり、公共的フォーラムにおいて、自分たちは真理であると理解するが、他者がそうは理解しないものに「固執する」政治主体は、「理不尽である」というわけである。公共的に正当化できる根拠で行為したいという政治的行為主体の願望は、政治観察者の道理的多元性の事実認識を通じて屈折し、原理的な事柄に関するイデオロギー論争を回避する願望として表われてくる。政治討議においては、この「道理性」という理念が、道徳的真理に取って替わる。「正義の政治構想のなかでは、信念が真理を決めると定義することはできず、この点は、その信念がたとえどれだけ広く、理想化された合意に耐え得るものであるとしても変わらない。〔中略〕道理的多元性が、自由な制度下における公共文化の永続的な条件であるという事実をいったん了承すれば、道理性という理念こそ、公共的正当化の基礎部分としてよりふさわしいものとなる」(*PL*. p. 129)。どちらかというと、カント的な理性理念というよりは、寛容に関するリベラルな理念の最新版のように機能しているこの理念は、さらに国際的な正義の形を定めることにも役立っているのである。

3

『政治的リベラリズム』と同じく、「万民の法」("The Law of Peoples") も、文化的、イデオロギー的な多元性に直面する政治理想の「実現可能性」や「実践可能性」に対する支配的な関心が特徴になっている。ここでも、「可能なるものの技法」が、正義理論の構造を形作っている。そしてここでも、「正しい理由による安定」というねらいが、社会秩序の機能的要請以上のものを示している。つまりロールズは、自らの国際的な正義の政治構想が、重なり合う合意の焦点になり得るということを、自分自身と私たちに納得させたいのである。そうすれば、国際的な正義の政治構想は、単なる暫定協定〔modus vivendi〕に留まらず、理性的で道理的な存在者としての自由で平等な人々から(さまざまに)理を尽くした支持を得られるのである。だが、いまから私が論じるように、「現実的」な政治理想を構築しようとするこの戦略の欠点は、含まれるべき多様性の範囲が拡大するにつれて、ますます明らかになっていくのである。

現実主義の精神は、冒頭から明らかである。自分たちの「政府によって組織された法人団体としての人々は、なんらかの形で世界中のあらゆるところに存在している。歴史的に言うと、万民の法のために提案される原則や基準はすべて、熟慮し、内省する人々の公論や、その政府に了承可能なものにならなければ、実現可能性がない」(*LP*, p. 50)。[★6] これは、彼の政治的リベラリズムの構想の、特にリベラル、民主的、平等主義的な内容は、最低でもかなり薄めて考えなければならないということである。国際的な正義の構想は、国内的な正義のリベラルな構想を拡張するという形で構成されるのだが、拡張は、「非リベラル社会に予断を下さない、より一般的な万民の法を生み出す」ものでなければならない(*LP*, p. 65)。例えば、基本的権利を備えた自由で平等な市民というリベラルな理念に固執する代わりに、ロールズは、「リベラリズムに特有なものであるとか、私たち西洋の伝統に特殊なものであるとして拒絶できない」、その意味において、「政治的に中立的な」（*LP*, p. 69）、別の人権構想を用意しようとする。同様に、公正としての正義の平等主義的な特徴を切り落とすことにより、国際舞台において要求される「より大きな一般性」を備えた正義を弁明しようと試みている（*LP*, p. 51f）。要するに、非リベラル社会がリベラルな正義の原則を了承することを「道理的に」期待できないため、国際的な正義のリベラルな政治構想でさえも、それに固執すると道理的ではなくなってしまうのである（*LP*, p. 75）。否、むしろリベラルな構想こそ、特に問題である。なぜなら、これに固執すれば、「リベラリズム独自の原則である、社会を整序する他の道理的な方法への寛容」（*LP*, p. 80）という原則を侵害することになるからである。

「道理的」という理念は、ここで相当希薄化されているように見受けられる。だが、ロールズが私たちに請け合うように、これこそあるべき姿なのである。「寛容の射程が拡張される時は、いつでも道理性の規準は緩和される」（*LP*, p. 78）。そうすると、寛容を超える道理性というもともとの理念に、いったい何が残るのかと尋ねざるを得ない。『政治的リベラリズム』で、道理性が取り込む異論は、理性や判断の負担の射程内にあって、民主的条件下における理性の自由な使用から出てくると予想されるものに限られる。だがいまや、政治的・文化的なちがいを見境なく取り込んでおり、それが特に理性の負担のせいか否か（つまり、理性の自由な使用の結果から生じてくるのかどうか、あるいは、理性の自由な使用に耐え得るかどうか）は関係がない。ロールズはここで、「完全に道理的」、すなわち、完全かつ平等な良心と思想の自由を認めるものと、「完全に理不尽」、すなわち、それらを全く否定してしまうものとの間にある中間的なカテゴリー、つまり、完全かつ平等ではないにしても、「ある程度」を容認する「理不尽でない」カテゴリーに訴えかけているのである（*LP*, p. 63, p. 225 n. 28）。そして、国教をめぐって組織される「秩序ある階層社会」（ロールズの万民の法が明らかに迎え入れようとしているもの）が、典型的にこのカテゴリーに当てはまることからすると、この万民の法は、もっと正確に言うなら、「理不尽ではない」人々の社会に属しており、したがって、「理不尽ではない」包括的教説の間で得られる重なり合う合意に属しているものとして特徴づけることができるだろう。このように、『正義論』から『政治的リベラリズム』を通じて「万民の法」に至るまで、正義に関する理念は段階的に弱められている。これは、次第に広範囲の文化的多様性を迎え入れるためであるが、ロールズはそれを、理論的に還元不可能なものとして取り扱っているのである。

それでは、「万民の法」でロールズが行なった議論の細部のいくつかに目を向けて、いったいどうしてこのようなことが起きるのかを分析することにしよう。先に触れたように、ロールズの戦略は、自足的で自由かつ民主主義的な社会に向けた正義の政治的説明を、秩序ある社会が形成する社会によって形成された社会に向けた正義の政治的説明へと「拡張」するのだが、リベラルな社会はその一部にすぎない。この拡張は主な二つの「段階」で行なわれる。第一段階では、理想的な正義理論が展開され、そこでは完全に遵守されること、都合の良い条件が整っていることが前提とされる。第二の非理想的な理論の段階では、現実世界の特徴である、違反や都合の悪い条件から生じてくる課題を取り扱う。「非理想理論が問いかけるのは、どうすれば秩序ある人々の社会という理想を実現することができるか、あるいは、少なくともそれに向かって努力できるかということである。〔中略〕このような形で考案される〔それ〕（非理想理論）は、理想理論がすでに手元にあるということを前提にしている。〔中略〕また、ある任意の時点における私たちの世界の具体的な状況——現状——が、理想的な構想を決めてしまうわけではないが、〔中略〕こうした条件が、非理想理論上の問いに対する答え、すなわち、非理想理論から理想理論にどう移行するかという問いに対する答えに影響するのは確かである」（*LP*, p. 71f）。ロールズが以上のように述べるアプローチにカント的な響きがあるのは、見紛う余地がない。しかしロールズは、このアプローチを決定的に非カント的な形で押し通していくため、現状の特徴が理想理論それ自体に投影されてしまうのである。

ロールズの説明では、理想理論は二「段階」の手続きを踏む。まず、国内的な正義のリベラルな構想が、リベラルな社会に向けた万民の法へと拡張される。それがさらに、秩序ある非リベラルな社会にまで拡張される。どちらの段階も、代表装置として「原初状態」を用いるのだが、契約の当事者は今回に限り、個人ではなく、社会の代表である。それぞれの段階で、当事者は対称的に位置づけられる。これは、自らを自由で平等な人々とみなす、人々の代表者間における、公正な協議条件をモデル化するためである。最後に、ロールズが言うには、こうして道理的に位置づけられ、理性的な存在者として表象される「リベラルな社会と階層的な社会の両方」が「万民の法を了承する」ことは、彼の説明にとり、「根本的な」ことである(*LP*, p. 2)。ここが核心である。つまり、ロールズの戦略に欠かせないのは、国際的正義の理想的な政治構想が、すべての「秩序ある」人々によって、自分たち自身の正義の構想がリベラル、民主的、平等主義的であるか否かに関わりなく了承されねばならないということである。ここから導き出されるのは、リベラルな人々と非リベラルな人々、民主的な人々と非民主的な人々、平等主義的な人々と非平等主義的な人々の間で達成できる重なり合う合意の焦点それ自体、とりたててリベラル、民主的、平等主義的であるはずはないということである。だが、そうした戦略から出てくる共通分母をなぜ理想的と呼ぶべきなのだろうか。また、リベラル、民主的、平等主義の線に沿って自らを組織している社会に了承されるとロールズが考えているのはなぜだろうか。なぜ彼(女)らは、自分たちの基本的政治原則を放棄してまで、それを共有しない人々と合意に達しなければならないのだろうか。国内の場合における重なり合う合意とは対照的に、ここでは包括的教説における差異だけでなく、正義の政治構想において鍵となる差異ですら、その役割から外されてしまっているのである。

ロールズは両側からギャップを縮めることによって、この緊張を緩和しようとしている。（a）秩序ある階層社会の構想のなかに、リベラル主義者が政治的礼儀正しさの最低限の条件とみなすと彼が考える要素を組み入れる（*LP*, p. 69）、（b）リベラルな社会に向けた万民の法の構想（理想理論の第一段階）から、階層社会のいずれかが、異論の余地ありとみなすと彼が考える要素を切り落とす。

（a）秩序ある階層社会の特徴は次の通りである。（1）平和的であり、領土拡張主義的ではない。（2）正義の共通善構想によって形作られ、道理ある協議階層制に基づいている結果、体制が人々自身の目から見て正当である。（3）基本的人権を尊重している。

（b）リベラルな社会に向けた万民の法には、「公正としての正義」の特に平等主義的な特徴、つまり、政治的自由の公正な価値、公正な機会均等、格差原理が含まれない。[☆1] というのも、それほど平等主義的ではない正義の構想によって形作られている他のリベラルな社会ですら、これはすでに了承できないものだからである。トーマス・ポッジは、平等に関する関心を、国際的正義理論のなかで低下させることが賢明かどうか、巧みに疑問を投げかけている。[★7] 私はここで、政治的、個人的権利に関する別の二点を展開していくことにしたい。

秩序ある非リベラルな社会が、秩序あるリベラルな社会と同じ万民の法を「了承するであろう」（*LP*, p. 43）とする、ロールズの全体構成における核心的な主張がもっともらしさを保っているのは、リベラル社会に向けた万民の法（つまり、理想理論の第一段階）から、非リベラル社会との主な異論の原因となり得るもの、つまり、公正としての正義の民主的な要素を黙って切り落としてしまうか、あるいは、無理矢理その背景に押し込んだからである。[★8] 彼が素描する「自由で民主的な人々の間における正義の原則」（*LP*, pp. 51–59）は、意外にも、民主制度や過程に関する具体的言及をいっさい省いている。この段階では単に論じられておらず、したがって、非民主的な人々が視野に入ってくる次の段階でも問題にならない。公正としての正義の平等主義的な特徴を明示的に切り落とし、その民主的な特徴を暗黙のうちに脇に押しやることによって、ロールズの中心命題は幾分ありそうなものとなる。だが、国教をめぐって組織されている階層社会は、限定的な基本的人権の体系しか認めておらず、完全にリベラルな体系に必要な残りの部分を認めようとはしない。私たちが、こうした状況に対処しなければならないことに、なんら変わりはないのである。

ロールズが秩序ある階層社会に求めるのは、生命、自由、私有財産、法の前での平等と移住への「最低限の権利」を尊重することだけである（*LP*, p. 62）。求められるのは、良心や思想の自由を完全に保障することではなく、「ある程度」保障することにすぎない（*LP*, p. 63）。さらには、リベラルな社会のように、言論の自由を認める必要もない。なんらかの特権をともなう制度化された宗教があるかもしれないが、どんな宗教も迫害してはならない（*LP*, p. 63）。ロールズによれば、人権をこのような形で考案する理論戦略上の利点は、それが、「いかなる包括的な道徳教説にも依拠しないことにある。〔中略〕例えば、人間は道徳的人格であるとか、平等な価値を備えているといった教説がこれにあたる」。というのも、それこそ階層的社会が、「リベラルで民主的だという理由で、あるいは、なんらかの形で西洋哲学の伝統を示すものであり、他の文化に予断を下すものであるという理由で、拒絶するかもしれない」教説だからである。これに対して、彼自身の戦略は、「最低限礼儀正しい体制」に向けた、「政治的に中立的な」要求を見定めることを頼みにしている（*LP*, p. 69）。彼が言うには、これがリベラリズムの戦略であることに変わりはない。というのも、政治的リベラリズムをもって始まり、それを万民の法にまで「拡張する」ものだからである。だがそのねらいは、とりたててリベラルな国際的な正義の理念を構築することにあるのではない。ねらいはむしろ、「私たち（リベラル主義者?）が超えることのできない基底」を見出すため、「寛容の限度」を探ることにある（*LP*, p. 78f）。

4

この万民の法の素描には、明らかに躊躇させるものが多くある。私はここで、その細部に関し、個人的、政治的、社会的権利の急進的な矮小化といった副次的とは言えない部分も含め、これ以上コメントするつもりはない。その代わり、私はロールズがとっている理論戦略に焦点を絞りたい。彼の用語と論及の両方が示しているのは、彼がカントの戦略を意識的に修正して、理性の脱超越論化された理解にもっとうまく合わせようとしているということである。カントは相も変わらず、確信と自信の間にある古典的な合理論者の区別を使っていた。[★9] 何かが真理であると主張することが確信であると言われるのは、「客観的根拠」に基づいており、したがって、理性を有する限りの人に「例外なく妥当」するからである。自信であると言われるのは、その根拠が「主観の特殊な性質」だけにある時である。だが、カントはまた、次のことも認めている。つまり、私たちが何かを真理であると主張するのが確信の場合に該当するのか、それとも自信の場合に該当するのかを決める試金石は、実際には、「その意見を他者に通じさせることができ、またそれがすべての人々の理性に妥当するものとして認められ得る」かどうかである。彼が書いているように、普遍的合意を確保しようとする努力と、その過程を通じてはじめて、「我々に妥当するところの根拠が、ほかの理性に対しても我々の理性に対するのとまったく同じ影響を及ぼすかどうかを、ほかの人達の悟性についてためしてみる」ことができる。だが、カントがこうした見解を提出して以来二世紀の間、私たちの理性と合理性に対する理解は脱崇高化している。つまり、彼が「主観的」とみなしていた要素を、理を尽くした合意に達することをねらいとした合理的なコミュニケーションの過程において、不可避的に現われてくる要素としてみなしているのである。したがって、体系的な統一性を強調しすぎないためにも、取り除くことのできない多様性を認めて、均衡を図らねばならないのである。

ロールズが、理性の負担、道理的多元性、重なり合う合意という概念によって試みているのは、まさにこのことである。だが、彼のやりかたは、理を尽くした合意という理念をあまりに薄めてしまうため、それに対応する客観的な妥当性という理念から、現実を超越する理念性のほとんどが失われてしまう。このようなことが起きてしまう原因の大部分は、「自由な制度下における人間理性の行使」(*LP*, p. 82) から結果として出てくると予想される道理的多元性が、彼の正義の政治構想のなかで、暗黙のうちに包括的教説の事実上の〔de facto〕多元性に取って替えられ、それが、彼が改訂した寛容の概念によって設定された、よりいっそう弱い条件を満たしてしまうことにある。これはすなわち、ロールズの構成では、啓蒙や批判の理念が、カントに比較すると周辺的な役割しかはたしていないということである。彼の「自由な」正義理論は、自身が理解する政治構想の内容に直接に関わらない妥当性要求に関しては、いかなる立場もとらないのである。

この点が明らかになってくるのは、ロールズが素描した万民の法における「第二段階」であり、そこでは、現実世界の非理想的な状況のなかで、どうすれば理想的な構想を最もうまく前に進めていけるかが考察される。彼が考える不都合な条件とは、物質的・技術的資源、人的資源やノウハウ、政治的・文化的伝統の不足である。「不都合な条件を備えた多くの社会のなかには、資源を欠いているわけではない社会が多くある。〔中略〕むしろ、公共的な政治文化や、その制度下に横たわっている宗教的・哲学的な伝統の性質が問題になっている方が普通である」(*LP*, p. 77)。仮に非理想理論の背後にあるより広い関心が、「今は不都合な条件により負担を背負わされている」社会を、「秩序ある社会が可能になる条件」の整備に向けて補助していくことにあるのなら (*LP*, p. 75)、非理想理論の主な関心のなかに、公共的な政治文化の自由化や伝統の批判、すなわち、まさにカントが啓蒙という理念によって理解していたものと似たものがなければならない、とする結論が導き出されるように見受けられる。だが、ロールズはこの道を選ばない。というのも、これは別種の自民族中心主義に通じているからである。彼はむしろ、政治文化の問題を、「抑圧的政府」や「腐敗したエリート」(*LP*, p. 77) など、「政治的に中立的な」用語で言い表わす (*LP*, p. 77)。こうすれば、都合の良い政治文化の条件整備を促進するという義務と、自民族中心主義の回避を両立させることができるはずだとされる。だが、そこにはひとつの非常に興味深い例外がある。つまり、「理不尽な宗教によって教唆された女性の隷属」の問題が、私たちが変えようと努めるべき不都合な条件として選び出されているのである (*LP*, p. 77)。だが、もしこうした取るに足りないとは言えない啓蒙批判の断片に、ロールズが進んで賛成するのであれば、人種、民族、階級、地位など、ありとあらゆる目印によって特定される、女性以外の集団の不公平な取り扱いを正当化する「理不尽な宗教」や、その他の包括的教説を批判することに対して、何を根拠に反対できるのか、よくわからない。というのも、理性の負担を厳密に考えた場合、こうした隷属を是認するよう求める、伝統的な世界観の要素に寛容であるほど、その懐が広いとは考えられないからである。

もっと一般的に言うと、ロールズの逃げの手法は、階層的な社会・政治構造を裏書きすることに役立つ包括的教説の批判を正当化する理由を、理論上いっさい取り除いてしまうのである。こうして知らず知らずのうちに、実在する権力（つまり、支配エリート）の側に（それが抑圧的でなく腐敗してない限り）理想理論を置くというリスクを冒してしまう。そのうえ、自由化、民主化、社会正義のための内発的な運動もまた、現実世界の一部であるにも関わらず、それらを支持する手段すら奪うというリスクまで冒すのである。[★10] もし既存の体制が、秩序に関する彼の三つの要求を満たしていれば、ロールズの政治的正義の理想のなかには、非リベラルで、非民主的で、不公平な条件という現実を変えようとする者に提供できるものが、何もないことになる。つまり、改革運動や解放闘争にとって、完全な平等どころか、言論、思想、良心の自由でさえ、正当化しようとしても、訴えかけるものが何もないのである。これは部分的には、国民的な政治文化のそれぞれを一枚岩と見るロールズの傾向のせいである。だから、リベラル－非リベラルのちがいが、「私たち」対「彼（女）ら」として表わされるのである。ロールズが注意を促しているように、例えばリベラリズムの見解を持っている人たちは、すべての社会がリベラルであれば、世界はもっと善い場所になるだろうと論じるかもしれない。「だが、そうした意見は、〔中略〕彼（女）ら〔すなわち、私たち〕が正しさに関する事柄として、政治的に行なえることのなかではなんら作用する力を持たない。〔中略〕〔というのも〕ある特定の包括的な見解が優れていると断言することは、それを押しつけない政治構想を断言することと完全に両立するからである」（*LP*, p. 81）。こうした所見は、明らかに「外部の者」に向けられている。つまりそれは、今日の非リベラル社会の特色となっている、正しさに関する事柄についての内部的な異論の存在を無視している。だが、たとえ議論のために、この私たち対彼（女）らという図式を受け入れるとしても、政治理論家は、ロールズ版「政治的中立性」と、非リベラル社会に対して「リベラルな」見解を押しつけることの、どちらかを選択しなければならないのだろうか。理性の負担や、除去不可能な道理的多元性を認めることと両立する、別の選択肢は開かれていないのだろうか。

代案を構築しようとする試みは、理想理論と非理想理論の境界線を移動させ、カントが理性の理念（もしくは理想）として理解していたものにもっと近づけていくことから始まるだろう。この理論戦略では、理性の負担と道理的な異論の除去不可能性は、理想理論のなかに組み入れられねばならないことになる。というのもこれは、ポスト形而上学的、ポスト超越論的理性それ自体の特徴になっているからである。他方で、非リベラル、非民主的、非平等主義的な体制の現実は、ロールズの秩序ある社会の三つの条件を満たすものですら、理想理論ではなく非理想理論の関心事となる。そうすると、理想理論がリベラル、民主的、平等主義的な国際秩序の希薄化されざる理念を構成し、この領域における正義と不正義の最終的な基準として役立つようになる。

もちろん、カントの理性理解を手直しすれば、その構造に影響が及ぶであろう。例えば、ユルゲン・ハーバーマスにならうなら、超越論的な自己意識の形から、コミュニケーション的相互行為の形へと理性批判の焦点を移していくことになる。[★11] そうすると、カントの啓蒙プロジェクトの成功は、理論的・実践的討議を適切な形に発展させ、それに社会的実効性を付与するための制度や手続きを創設することにかかってくることになる。例としては、実践的討議との関連で、自由で平等な市民が、法的・政治的な事柄に関して行なう公共的議論を阻んでいる条件を批判、変革することが含まれる。なるほどこうした戦略は、リベラル、民主的、平等主義的な正義の理念を、何の言い訳もせずに生み出すものであるから、ロールズの見解では、自民族中心主義的で不寛容になる危険をともなっているということになる。だがここで、「自民族中心主義的」であることが、自分自身の視点から正義の理論を展開し、弁護するということを意味するにすぎないのであれば（そのように見受けられるのであるが）、私たちはローティの言い回しで言うなら、率直な自民族中心主義者にならなければならない。この利点は、共通の土俵を見い出そうとする常に進行中の課題を、論争を超えたところにいる、重なり合う合意の理論家に譲り渡さずに、論争の参加者自身に任せておけるということである。十分に根拠があるとみなす見解を提案し、弁護することに関しては、何も「理不尽」なことはないのだから、私たちはロールズの意味における自民族中心主義を支持するか、他民族を受け入れるかのどちらかを選択するように迫られるわけではない。その他にもすぐれて道理的な選択肢がある。それは、相互尊重をもってちがいを論じたり、進んで反対の見解を聞いたり、それを真面目に受け取ったり、思慮分別をもって長所と短所を比較したり、それにしたがって自分たちの考えを変えたり、必要なところでは妥協したりすること、などである。このアプローチでも、道理的な異論や道理的な多元性を迎え入れることができるのであり、決してロールズのアプローチに劣ることはないのである。

しかし、ロールズが自らの理想理論のなかで、最低限の礼儀正しさという、ある限界内で迎え入れようとする、政治文化の事実上の〔de facto〕多元性についてはどうだろうか。私たちの理想的な構想とは根本的にちがう正義の構想をめぐって組織されている体制とどう関係していくかという問いを、もし非理想理論に委ねてしまえば、不寛容になったり、押しつけたりする必要すらなくなってしまう。これは、政治のうえでの実践的な問題であり、何か決まった答えがあるわけではない。政策が適切であるためには、常に変転する状況、傾向、確率、可能性を計算に入れなければならないのである。

トーマス・ポッジが記しているように、国内の場合におけるリベラルな寛容は、非リベラルな考え方や生活様式にも余地を残しておくよう要求する一方で、リベラルな基礎構造を採用することを排除するわけではなく、実はそれを前提にすらしているということを、ロールズは忘れてしまっているようである。[★12] リベラルな社会は、リベラルであれ、非リベラルであれ、多くのちがった世界観や生活様式を許容できるのだが、それは唯一、リベラリズムの線でしか構造化できない。つまり、リベラル主義者は隣の原理主義者に寛容でなければならない一方で、同時に彼（女）らから、リベラルな実践や制度を守らなければならないのである。これに対応して、国際的な領域におけるリベラルな理論も、ある種の非リベラル社会のための余地を残しておかねばならない一方で、リベラルな万民の法を排除したりせず、実はそれを支持することさえ要求するのである。もっと一般化して言うと、正義にかなった世界秩序は、予見可能な将来には、さまざまな形で構造化されている社会（リベラルな社会もあれば、非リベラルな社会もある。民主的な社会もあれば、非民主的な社会もある。平等主義的な社会もあれば、非平等主義的な社会もある）に対して寛容でなければならないのかもしれないが、それ自身はさまざまな形で構造化できないのである。したがって、政治理論はリベラル、民主的、平等主義的な国際的な正義の原則と、それに都合の良い種類のグローバルな取り決めを臆面もなく支持するべきである。そして、政治の実践は、こうしたグローバルな取り決めの推進を求めていくべきであるが、その手立ては、国際的正義の原則と一致するものでなくてはならない。その際に望まれるのは、取り決めが確立されるにともない、非リベラル、非民主的、非平等主義的な信念や習慣が次第に変化し、こうした取り決めを受け入れていくということである。

この戦略は、私たちをカントの啓蒙構想に連れ戻す。それは、権威の主張いっさいを「理性の自由な検証」に供し、そこでは各人が、「自らの懸念を憚ることなく表明し得なければならない」。目的は、主に伝統、地位、職務、権力に由来する権威を、きちんとした理由に基づいた権威と次第に置き換えていくことにある。カントの啓蒙構想は、ロールズが過度に合意を特権化するなかで否定しているように見受けられる重要な場所へと批判を差し戻す。啓蒙構想が推進するのは、ロールズの秩序ある人々の社会よりも、カントの共和的な人々の連合に近づいていく国際法の構想である。だが、啓蒙構想は同時にカントを超えて、世界市民法のもっと力強い構想へと向かっていく。世界市民秩序が一般論として要求するのは、基本的人権、民主主義、法の支配を超国家レベルで制度化することである。★13 そして、仮に世界市民秩序の制度化がパターナリスティックにでなく、民主的に行なわれるべきだと言うのであれば、「多文化的な世界市民討議」とでも呼ぶべきものの条件を改善していくことが求められる。もし人々の間に信念や習慣において根本的なちがいがあるのなら、そして、それにも関わらず協力的に共存することを望むのであれば、さらに、そうしたちがいを裁定する「どこからでもない視点」などないのなら、常時共通の土俵を探し求める、さまざまなタイプの公共的対話以外に、非強制的な代替案はない。だが、代替案が次に要求するのは、脱国家過程がいま現在位置づけられている、グローバルなネットワークの根深い非対称性を克服することである。カントの啓蒙プロジェクトが単なるヨーロッパ中心的な幻想以上のものであるということが判明し得るのは、世界市民的理想を多少なりとも具体化する制度や実践においてのことなのである。

注

★1 Immanuel Kant, *Critique of Pure Reason* (St. Martin's, 1961). 第一、第二版の"A"と"B"という標準的な頁番号で引用する（ここではA 738-739/B 766-67）〔イマヌエル・カント『純粋理性批判（下）』篠田英雄訳、岩波文庫、一九六一年、三九頁〕。

★2 Ibid., Axi.〔前掲、一六頁〕

★3 Ibid., A738/B776.〔前掲、三八―九頁〕

★4　John Rawls, *A Theory of Justice* (Harvard University Press, 1971)〔ジョン・ロールズ『正義論』矢島鈞次監訳、紀伊国屋書店、一九七九年〕and *Political Liberalism* (Columbia University Press, 1993).

★5　John Rawls, "The Law of Peoples," in *On Human Rights : The Oxford Amnesty Lectures* 1993, ed. S. Shute and S. Hurley (Basic Books, 1993).〔ジョン・ロールズ「万民の法」スティーヴン・シュート、スーザン・ハーリー編『人権について――オックスフォード・アムネスティ・レクチャーズ』中島吉弘、松田まゆみ訳、みすず書房、一九九八年所収〕

★6　ロールズが記しているように、国境は歴史的に見て恣意的である（*LP*, p. 223, n. 16）。それにも関わらず彼は、国境が果たすべき理論的役割がなくなるとは考えない。しかし、国際的な正義の理論家の多くは、血塗られた国民国家システムのような、道徳的に見て恣意的なものを、規範理論の基礎に組み入れるのが得策かどうか疑っている。私は、ロールズが理想論の内部で国境に与える重要性を正当化する（つまり、組み入れる）のをいっさい認めないのだが、この点については、ここでは取り上げない。

★7　Thomas W. Pogge, "An Egalitarian Law of Peoples," *Philosophy and Public Affairs* 23 (1994): 195-224. ポッジはロールズが行なった素描の配分面に焦点をあてているが、人権部分の欠陥についても記している（p. 214f.）。

★8　これはユルゲン・ハーバーマスの指摘にも一理あることを示唆している。彼によれば、ロールズの思想では、「私的自治」が「公的自治」（つまり、民主的自己決定）に優先してしまっている。J. Habermas, "Reconciliation through the Public Use of Reason: Remarks on John Rawl's Political Liberalism," *Journal of Philosophy* 92 (1995): 109-131. esp. 126-131 と同号におけるロールズの回答"Reply to Habermas," pp. 132-180, esp. 153-170 を参照のこと。

★9　例えば、*Critique of Pure Reason*, A 820-821/B 848-849〔『純粋理性批判（下）』二一―二二頁〕を参照のこと。本段落でのくだりの引用はここからのものである。

★10　ヘンリー・リチャードソン（Henry S. Richardson）がこの論文の口頭発表において所見を述べたように、ロールズが説得努力とリベラルな方向における改革を支持するのに、国内も海外もないことは確かであり、これに関しては私も同じ意見である。私が言いたいのはただ、この主張にふさわしい根拠が、理想論のなかに何も残っていない、ということである。理想論が非理想論を導くわけだから、こうした努力を支える理論的根拠が彼の説明のなかにあるはずなのに、それがいったいどこにあるのかわからないのである。

★11　J. Harbermas, *Postmetaphysical Thinking* (MIT Press, 1992)〔『ポスト形而上学の思想』藤澤賢一郎、忽那敬三訳、未來社、一九九〇年〕と *Justification and Application* (MIT Press, 1993) を参照のこと。

★12　Ibid., pp. 216-218.

★13　この趣旨での力強い議論に関し、David Held, *Democracy and the Global Order : From the Modern State to Cosmopolitan Governance* (Polity, 1995)〔デヴィッド・ヘルド『デモクラシーと世界秩序――地球市民の政治学』遠藤誠治、小林誠、佐々木寛、土井美徳、山田竜作訳、NTT出版、二〇〇二年〕を参照のこと。

訳注

☆1　「政治的自由の公正な価値（fair value of political liberty）」、公正な機会均等（fair equality of opportunity）、格差原理（difference principle）」――ロールズは、自由、権利、機会、権力、所得、富、自尊心などを社会的な財（primary social goods）と呼び、これらの保有量を最大化する傾向を備えた当事者は、個々人の属性に関する具体的な情報を遮断する「無知のヴェール」をかけて構成される「原初状態」において、以下の正義の二原理に同意するはずだと主張する。というのも、当事者は、無知ヴェールが取り除かれた後に、自分が社会的に最も不遇な立場に置かれたならば負わねばならない蓋然的なリスクを最小限にするルールを選択するはずだからである（日本語訳は川本隆史『現代倫理学の冒険』創文社、一九九五年、二八―九頁より引用）。前述の「政治的自由の公正な価値」は第一原理に、「公正な機会均等」は第二原理の第一条件に、「格差原理」は第二原理の第二条件に対応する。ロールズ『正義論』における公正としての正義の概念が「平等主義的」であると言われるのは特に格差原理のためである。

第一原理　各人は、平等な基本的諸権利・諸自由の十分に適正な制度的保障を要求できる、正当な資格を等しく有している。ただし、十分に適正な保障というのは、〔無制約なものではなく〕全員が同等の保障を受けている状態と両立できるものである限りにおいてのものである。そしてこうした制度的保障を通じて、平等な政治的諸自由の（そしてそれのみの）公正な価値が確保されねばならない。

第二原理　社会的・経済的不平等は以下の二条件を満たすべきである。

（1）公正な機会均等という条件下で全員に開かれた職務や地位に結びついた不平等に限られる。

（2）社会で最も不遇な成員の最大の便益に資するような不平等であること。

第6章　カント世界平和構想に対する共同体主義と世界市民主義の挑戦

ケネス・ベインズ（田辺俊明訳）

私はこの論文で、カントが素描した国際平和のプロジェクトに対する、最近の反論のいくつかを考察する。反論は、共同体主義者（ないし特殊主義者）と世界市民主義者（ないし普遍主義者）の両方から提起されている。私が主張したいのは、カントの理論は本当に修正し、改訂する必要があるということである。それは、あまりに一元的で差異化されていない政治的主権構想に関して、特に言えることである。だが、理論が規範的な妥当性を持ち続けていることに、何の変わりもないこともまた、確かなのである。

I　カントの共和主義と世界平和構想

カントが国際平和の条件を構想したことはよく知られている。構想では、自由で独立した国民国家が条約に合意し、それぞれがある特定の戦争だけでなく、すべての戦争の終結を宣言することになっている。彼は統一世界国家という理念を、「理論的に正しい」とみなすが、実際には実現不可能であるとして却下し、このような構想は、「魂のない専制主義」を生み出すことになりやすく、そこでは、市民がもはや自分たちの国家の法に縛られているとは感じられなくなってしまうと主張する。[★1] つまり、いくつかある解釈には反することになるが、カントが素描した、永遠平和を保証する世界秩序には、単一の世界政府は含まれておらず、非常に緩やかに考案された連合しかない。それは、共和制国民国家の「国際協会」[★2]のようなものであり、法の支配の自発的な承認と（対内・対外）主権の相互尊重に基づいているのである。

この構想を支えるカントの議論の中核にあるのは、世界平和は諸国家がまず共和制になってはじめて可能になるとする主張である。というのも、権力分立、法の支配、代議制により、個々人の権利を保障する政治秩序があって、はじめて君主の好戦的な野望を十分に抑制できるようになるからである。[★3] さらに、市民が公共政策について自由に協議し、自らの意見を表明できる共和国（つまり、カントが「超越論的公表性の原則」と呼ぶ原則に合致している国）だけが、国際平和を実現するために必要とされる類の対内的、対外的条件を確保できる、とされる。

だが、公表性の原則に合致する形の共和制の政府が、世界平和に必要な条件であるにしても、それだけでは、世界平和を実現するための条件を確保できない。カントは、平和条項に関する第一補説のなかで、思弁的な歴史哲学に少しふけり、「自然」もまた、ある種の「隠された計画」にしたがい、人類という種の「非社交的社交性」と「商業の精神」の発達を通して、平和を保証するように作用するだろうと推測している。[★4] カントによれば、自然や摂理が作用して、個々人の意志に反してまで、ある状態を実現する。それは、万人が道徳的義務として求めるべき状態、つまり、独立国民国家の連合のことである。

一方に、カントの社会契約と市民的憲法制定に関する理念があり、そこでは個々人が、「無法な自由」を諦め、国家を形成することになっている。そして他方に、国際的な自然状態から脱却し、世界市民平和を探求すべしとする道徳的責務があって、前者との間で部分的なアナロジーになっている。だがカントは、世界市民国家や世界共和国が必要であるという結論を、ここから（少なくとも『永遠平和のために』においては）導き出さなかった。確かに国家は、自由で独立の資格を備える「道徳的人格」なのだが、それに対応する、世界国家の創出を通じてこの自由を確実なものにするという責務は、（個人の場合にはあるのだが、国家の場合には）存在しない。国際的な自然状態はホッブズ的な戦争状態ではないのかもしれないが、紛争を解決する最高権威の欠落を特徴とする状態であることに変わりはない。それにも関わらずカントは、諸国家がその暫定的な自由を決定的なものにするため、この自由な状態から脱却すべきだという結論を下さない。むしろ、諸国家が国際的な法の支配に自発的に合意して、戦争を破棄することだけが、カントが支持する主権原則に合致するのである。要約すると、カントが世界国家や世界共和国の理念を拒絶するのは、まさに主権の権限を備えねばならないからであるように思える。主権の権限が正当に帰属するのは、独立した道徳的・法的人格としての、国民国家だけだと信じているのである。

提案されてから二百年の間、カントの提案はさまざまなちがった視点から挑戦を受けてきた。最近になって、共同体主義者や、その他「特殊主義者」たちが論じるところによれば、（正と善をきっぱりと分ける）カントの手続き的リベラリズムでは、ある種の共和主義的な精神を確保できないのだが、それは、カント自身の考え方においてさえ、世界平和のための条件になっているのである。それとは別に、より強硬な世界市民主義者ないし「普遍主義者」たちが主張するには、カントは国民国家の理念にあまりに執着しすぎており、人権と世界平和の実現を妨げるナショナリズムの再燃や「新たな部族主義」に対応するための方策が欠落している。こうした反論を順に考察していきたい。

2 共同体主義の「手続き的リベラリズム」批判

チャールズ・テイラーが最近の一連の論文や著書のなかで表明しているのは、活発な民主政治、あるいは、彼の用語で言うところの、共和的自治に必要な条件は、一般に、リベラリズムでは満たせないのではないか、という懸念である。[★5] テイラーは、「近代の不安」を、原子化の進展、道具的理性、近代世界における「意味や自由の喪失」に結びつけているが、その後に続くのが、手続き的民主主義と中立性の政治であり、これでは、力強い民主的、共和的政治のために必要とされる忠誠心や動機を生み出すことができない。カント自身の提案にしたがい、さらに次のように主張できるかもしれない。つまり、永続する国際平和や国際的な正義を達成できないのは、自国で純粋な共和主義を実現するのに失敗していることに関係している。さらには、近代の不安に資している要因、例えば、所有にとりつかれた個人主義的文化、節操のない市場や消費主義、あるいは、科学や技術革新がもたらす利便性への素朴な信仰も、国際平和の実現をもっと直接的に妨害しているのかもしれない。したがって、手続き的リベラリズムは、本来「魂のない専制主義」(カント)に傾倒しており、世界平和のために必要な状態を生み出せないのである。

テイラーは、自分の立場を支える二つの考えを提示している。第一に、共和的な「シヴィック・ヒューマニズム」の政治のために必要とされる政治的自由や美徳は、個人がかなり高いレベルで自制することに加え、「互いに分かちもつ無媒介な共通善[★6☆1]」に関与することを必要とする。非専制体制において、こうした規律の源泉として唯一了承できるのは、市民の忠誠心であり、「ポリスとの自発的な同一化」である。[★7]テイラーは、この政治的自由（ないし自治）と愛国主義が関係している点に言及し、これを「共和主義の命題」としている。市民がこの種の愛国主義的な同一化をするのは、自由な（非専制的な）体制の「本質的条件」である。[★8]だがテイラーによれば、求められているこの種の愛国主義は、「リベラル」ないし「手続き的な」共和国では、見つかりそうにもない。というのも、この種の政治体は、適正な政治的美徳や自由を促進しないし、必要とされる「特別なものへの愛」や「ある特別な歴史共同体への共通の忠誠心」を奨励しないからである。[★9]

　第二に、テイラーが主張するには、リベラリズムとシヴィック・ヒューマニズムは、二つの「両立不可能な」、市民権と市民の自治能力に関する構想を前提にしている。[★10]リベラリズムは、互いに敵対的な市民のモデルを推進しているのだが、そのモデル市民は権利を回復することに主な関心があり、自分自身の善を追求するための道具や手段として国家を認識している。これとは対照的なシヴィック・ヒューマニストは、政治的自由と自治参加能力の観点から市民権を定義する。[★11]このモデルでは、市民は政治制度を「自己表現」であると認識しており、ある特別な歴史共同体として、深く「ともに同一化」し、それを進んで尊敬し、防衛する用意がある。繰り返しになるが、ただ後者の市民の構想、つまり、自治能力に力点を置いた市民の構想だけが、純粋な共和制政治のために必要とされるだけの愛国主義を生み出し、維持できるのである。

　テイラーの議論に対する最初の応答としては、シヴィック・ヒューマニズムに結びついた政治的美徳と、それが生み出す愛国主義ないし「共和的連帯」の形を、もう少し具体的に明らかにするよう求めることが考えられる。愛国主義は、最近ロールズによって「公正な社会協力」関係の条件を充足する必要条件として同定されたもの（例えば、礼儀正しさ、寛容、道理性、公正さの感覚）よりも広汎で、文脈に規定された政治的美徳を要求するのだろうか。[★12] 民主主義の根本的な規範の相互尊重や、カントやロールズに見い出されるリベラルな中立性のより魅力的な解釈と結びついた相互主義的尊重以上のものを含意しているのだろうか。こうした問いに対する答えが、テイラーの主張を検証する前に求められるのは明らかである。つまり、市民権と市民の自治能力に関する二つの構想は、本当に「両立不可能」なのか。より一般的な市民権構想のなかで、補い合っている側面にすぎないのではないのか。公正への関与だけでなく、寛容や相互尊重ですら、伝統的な共和的美徳を排除するようには見受けられない。少なくとも、敵対者たちが各自の要求を公正に行なっており、相互関心と相互尊敬が確保された条件下で相争っているのだと信じている限りにおいては、こう言えるだろう。

テイラーの市民権モデルは曖昧だが、二つの留保を加えてもいいかもしれない。第一に、少なくとも私が議論しているテイラーの論文において、彼は公共生活に関するきわめて無媒介な構想を提唱している。つまり、市民が自ら進んで行なう同一化は、政治共同体全体に対してであり、自発的結社や二次的な結社によって媒介されない。ここで、テイラーとマイケル・ウォルツァーのちがいが最も印象的となる。ウォルツァーのリベラルな多元主義モデルによれば、市民が忠誠心を向けるのは、主に自分たちが所属している、先人から引き継いだ数多くの自発的結社であり、相互尊敬の全般的な条件を整えることによって、結社を保護する政治国家に対する忠誠心は、媒介的なものにすぎない。[★13] このモデルでは、市民権が「それだけで限りない善」として理解されることもないし、国家の正当な役割として認められている、善き生の網羅的な構想の一部であるとも主張されない。[★14] さらには愛国主義を、全体としての政治共同体に対する市民の「自発的な同一化」とは定義しない。むしろ、多元主義を快く受け入れるこのリベラルなモデルにおいて、愛国主義の印は、市民が「社会的な多数性を尊重することに合意するかどうかであり、『唯一不可分の』共和国へ忠誠を誓うことではない[15]」。最後に、政治は確かに必要な活動ではあるが、少なくともほとんどの市民は、「精神的に持続する活動」とはみなしていない。あるいは、おそらくこう定式化した方がいいのかもしれないが、多元主義モデルにおいて、政治活動が何を意味しているのかについて、考える必要がある。というのも、個々人が政治的に活発なのは、ほとんどの場合、自ら加入することを選択した、さまざまな二次的な結社での参加を通してのことだからである。こうして、以上の課題のそれぞれ、つまり、市民権、愛国主義、政治活動に関して、リベラリズムは、公共生活のモデルに加え、もっと抽象的な「反省的愛国主義」（トクヴィル）を迎え入れることができるように見受けられる。互いを尊重し合う政治的美徳は、テイラーが要求する類のシヴィック・ヒューマニズムではなく、リベラリズムのなかでも確保できるのである[16]。

第二に、テイラーがきわめて要求度の高い道徳的期待を市民にかけている、という結論を避けるのは難しい。つまり、市民はただひとつしかない、公共生活に関する善（「政治的な最高善」）の網羅的な構想に共同で関与したうえで、私的な利害関心をこの共通善に進んでしたがわせなければならないのである[17]。共和的な政治の条件を、ほとんど市民の道徳的能力だけに結びつけるようなこの立場とは対照的に、こうした期待を取り除き、場合によってはそれを制度的な設計で代えることのできる手立てを探してもいいだろう。

私は別のところで、代わりになる制度設計のための提案をいくつか行なった。そのねらいは、よりいっそう共和的、協議的な政治であり、選好〔preferences〕を洗い出し、濾過する制度、異なる視点間における相互尊重を促進する制度、もっと徹底した公的協議を行なう制度、などが含まれる[18]。この文脈において、対内主権の差異化と呼ばれるものに寄与するものとしても、本提案を理解できるということを付け加えたい[19]。ウォルツァーの提案にあるように、人権保障の一般的な枠組みのなかで忠誠心が分配されているというのは事実だが、政治的な主権と伝統的に結びつけられてきたさまざまな権限や責任が、市民社会内部にあるその他の制度や結社の間で共有されてきたのもまた、事実なのである。この種の主権の差異化は、合衆国憲法の特徴となっている連邦主義の原則によってすでにそれとなく示されているのだが、多くの集団や結社の配置の別のありかたと結びつけて、さらに探究することもできる。私の念頭にあるのは、例えば、シュミッター、コーエン、ロジャーズなどによって提案されている民主的ネオ・コーポラティズムのモデルのいくつかに加え、代議制の代替モデルを要求するその他の提案である。[★20] これらすべての提案が確保しようとしているのは、関連する集団すべてが政策の形成（時には実施）において参加する実効ある機会を持ち、それにふさわしい説明責任の経路を維持しておくことである。だが、こうした関心に導かれた制度設計の戦略が必要とするのは、カント・リベラリズムを拒絶することではなく、むしろ、その根底にある主権構想を修正することである。すぐ後でこの点に立ち帰ることにする。

3　世界市民主義の挑戦――「世界国家」

カントに対して挑戦する共同体主義ないし「特殊主義」よりも力強い、世界市民主義ないし「普遍主義」も、カントによる国際平和の素描が適切かどうか疑問視してきた。さまざまなナショナリズムやナショナリストたちの運動の再燃が動機の一部となっている、こうしたより最近の世界市民主義者たちは、国民国家の境界を維持したり、それにあまりに強く固執することに、道徳的価値や重要性があるのかどうか疑ってきたのである。[★21] ある人にとっては、カントが世界共和国を拒んでいることは、彼自身の道徳、政治原則のより深いところにある動機と首尾一貫するのに失敗していることを端的に意味している。他の人にとっては、「勢力均衡」と国民国家システムが、平和と正義を保証し、迫りくる他の国際的な懸念（環境破壊など）に対処することにおいて、歴史上失敗し続けているということは、国民国家が「時代遅れ」であり、もっと強力な「グローバルな憲法主義」の実現が必要であることを指し示している。[★22] 最後に、あまり魅力的でない形のナショナリズムが現われてきたという事実は、国民国家間の勢力均衡のなかにあっても、言語的、宗教的多様性は咲き誇るとしていたカントの仮定があまりに楽観的であったことを示唆している（『平和』六八―九頁を参照のこと）。しかも彼は、共和制的な条件のようなものが、国際平和を確保するのに必要であると考えていたにも関わらず、ナショナリスト的感情がそうした条件を損なう傾向に対しては、真剣に向き合わなかったのである。

新しい世界市民主義や普遍主義それ自体が、ちがった形をとるようになっている（そのうちすべてが等しく国民国家に対して敵対的であるというわけではないが、分割されざる対内・対外主権の主張にはこぞって挑戦するであろう）。ある形のものは、国境や国民の関心を超えて人権を尊重するべきだと改めて強調する。それは例えば、国際的な正義理論に対する関心が復活してきたことに反映されている。[★23] 別の形のものは、「グローバルな憲法主義」を求める声のなかに表明されており、それによれば、権限と権利は三つのシステム、すなわち、国民国家、国際政府機関、多種多様なＮＧＯと市民結社の間で共有される。[★24]

特にこうした提案のどれかひとつを別のどれかに含めて整理したりせず、その動機になっていて、より深いところにある懸念に多少なりとも対処する別の方法を探りたい。この方法は、国民国家の役割を保持して、カントの世界市民主義の精神の内部に留まりながら、彼の理論において作用している主権構想に疑問を投げかけるものである。言い換えると、国民国家から世界国家に移行して、主権構想を不問に付したままにするのではなく、対外主権のより差異化された構想の可能性を探りたいと考えている。これは、(共同体主義者たちへの応答として)右で提案された、対内主権のより差異化された構想に対応するものである。『権力と平和の探求』でのカントに関する議論において、ヒンズリーが正しく認識しているのは、カントの国際平和に関する議論における、主権構想の中核的位置づけである。カントは、「〔世界政府以外の〕何か他の解決策がなければならない、つまり、国際平和は国家の自由に基づき、国家の自由を通じて達成しなければならないと主張した。彼がこう主張するのは、国家主権と自律の教説から論理的な帰結を導き出すからである」。[★25]カントの立場と対照させて、私はもっと差異化、分散化された主権の可能性について考えたい。これは、諸国家に「法的主権」の要素をいくらかはとっておくことを認め(そうしてその道徳的・法的人格を維持し)、しかも、主権概念に伝統的に結びつけられてきた権限や権威を全部は認めないものである。[★26]

デヴィッド・ヘルドが参考になる論文、「民主主義とグローバル・システム」のなかで指摘しているように、最近の民主主義理論を含む近代の共和制理論は、一般にまったく疑問視されることのない政治主権の構想をその内部に組み込んでいる。そこでは、国家は「境界によって画定された権力構造であり、領域内で最高の管轄権を持っており、ある決まった市民のまとまりに説明責任を負う」と考えられている。[★27]民主主義理論は特に、著しく一元的な主権構想を前提にしており、それは、ヘルドが政治的意思決定者と政治決定の受領者の間における「対称」「合同」関係と呼ぶものに関与している点において明らかなのである。「実は、対称と合同は二つの要所で当然とされている。第一は、投票者である市民と、原則的には説明責任を問うことのできる政策決定者たちの間。第二は、政策決定者たちの(決定や政策などの)出力と、その有権者(つまり、突き詰めて言うと、境界により画定された領域のなかの人々)の間においてである」。[★28]政治主権の概念は、市民に説明責任を担える単一の主体に権限と権威を局所化すると同時に、主権者が責任を負い、説明責任を担える相手である集団を領域的境界で定義することによって、この民主主義の一般的な構想を強化することになっている。対内・対外主権はこのようにして、民主主義の通俗的な解釈とうまくかみ合っているのである。

だが、ヘルドが（他の多くの論者とともに）指摘しているように、こうした主権構想は現代世界ではほとんど通用しない。「グローバルな相互連繫」に向かう傾向が、主権の行使を修正、制限しており、対称や合同に関する前提に疑問を投げかけているからである。グローバル化過程が、国民国家の法的管轄にますます拘束されない意思決定の構造を作り出し国家を無責任にしてしまったと同時に、未だに国民国家の法的枠組みのなかで下されている決定の多くが、国家の領域的境界を悠々と越える結果をもたらしているのである。

ヘルドが、国家の事実上の〔de facto〕自律だけでなく、その主権にもますます加えられている制約に関する、こうした主張を支持して指摘しているのは、国民の政治経済の内部における構造変化、増大する多国籍企業の力と機動性、国際法における最近の動向、覇権的な勢力や勢力ブロック、つまり、NATO（北大西洋条約機構）やEU（ヨーロッパ連合）の形成などであるが、これらが原因となって、独立した国民国家がそれぞれ自分たちの考えだけで政策を追求するのが難しくなっている。そこでヘルドは、次のような結論を下す。「こうした過程が、それだけで確証しているのは、諸国家がますます複合化していく国際システムのなかで作動すると、その自律性が制約されるとともに、主権もますます侵害されていくということである。制約も分割もできない形の公的権力として主権を解釈する構想はすべて掘り崩される。今日では、主権それ自体が、国家的、地域的、国際的主体といった、数多くの主体の間ですでに分割されており、まさにこうした多元性によって制約されているものと考えなければならない[★29]」。ヘドリー・ブルの提案にしたがい、ヘルドはこうしたグローバル化傾向の結果を、ある種の

「新中世的な国際秩序」として説明している。それは、「中世キリスト教ヨーロッパに存在していた類の政治組織の近代的、世俗的な対応物であり、その本質的な特徴は、『重なり合う権威と多重的な忠誠心』[30]である。だが、カントに近い立場のブルとは対照的に、ヘルドは「重なり合う権威と、十字交差する忠誠心」のモデルが、多少なりとも規範的で魅力的な特徴を引き続き表わしていくかもしれない、と示唆している。

もちろん、ヘルドが同時に指摘しているように、こうした傾向が国民国家を妥当性のない、時代遅れのものにしているわけではないし、この傾向自体も、グローバルな正義、平和、（おそらく特に）民主的統治の価値に関しては、きわめて両義的なのである。それにも関わらず、この傾向から規範的なレベルで読み取れるのは、カントや多くの現代民主主義理論が前提にしている、対外主権の一元的な構想からは自由に、グローバルな憲法主義について創造的に考えていくこともできるのではないか、ということである。例えば、ポスト冷戦時代において、国連の権限を民主化すると同時に強化することが、自明な選択肢として残っているわけだが、強制力ある警察権限を備えた中央集権的な世界政府だけが、現行の国民国家システムに代わる唯一の案というわけではない。民主的で創造的な形で、現存する国民国家システム、国際政府機関、さまざまなNGOや結社が構成するグローバルな市民社会をひとまとめにする、グローバルな憲法主義の他の可能性は、まだ解明されないままなのである。もちろん、こうしてグローバルな憲法主義を描き出そうとすれば、説明責任と民主的正当性に関し、難しい問題を提起することになる。対外主権の差異化も、それに対応する対内主権の差異化と同じく、さまざまな当局の行為が、その影響を被る個々の当事者に対して説明責任を担えるように、確実を期す形で進んでいかなければならない。さらにはそうした当局も、個人の基本的権利や民主的正当性の原則と一致するように構成されなければならない。これに関しては、民主的ネオ・コーポラティズムのいくつかの提案を再度指摘する以外、何か具体的な提案が私にあるわけでない。だが、差異化された対内・対外主権が最低限必要とするのは、それに対応する世界市民的で多元的な公共圏であり、そこでは、国際政策の形成に関わる問題や課題をさまざまなちがった方法で、しかもさまざまなレベルで取り上げることができなければならないのである。

4　政治的アイデンティティと文化的多様性

活力ある、多元的で動態的な公共圏の必要性に関して以上のように論及し、それがカントの意味における純粋な共和主義の必要条件であり、かつ、世界市民的市民社会の必要条件でもあるとするなら、多元的社会にあって、拘束力のある政治的権威を適切に正当化するにはいったいどうすればいいか、という問いに連れ戻される。もっと具体的に言うと、非専制体制において、拘束力ある権威が生じるのは、ただ自由に与える合意という基礎のうえでのことならば、政治体の構成員は、協議的政治を可能とするため、いかなる規範的志向を共有しなければならないか、ということである。この最後の問いの大部分は、テイラーの「共和主義の命題」の背後にある指導的な懸念を、もう少し抽象的なレベルで言い換えたものである。

リベラリズムと共同体主義の間で行なわれている最近の論争は、こうした問題の多くに改めて対処するのに役立つ文脈を与えてくれるのだが、私はどちらか一方が、適切な解決策を提示しているとは考えていない。一方で、共同体主義はその排外的、かつ（または）同化的な傾向で非難されるだろう。[★31] 他方で、リベラリズムは共同体の構想をいっさい受け入れないこと、そして（あるいは）日常生活の官僚化、法制化、消費化にともなう「ノーマライゼーション」効果と真剣に向き合うのに失敗してきた、とよく非難されている。[32] こうした課題が提起している、普遍主義と特殊主義の間に多くある緊張に適切に対処することをここで望むわけにはいかないが、今後の議論のための舞台を設定するのに役立つ、三つの所見を示したい。

第一に、概念的、実践的な困難はあるが、今日、政治的共同体（ないし政治体）と、民族、文化的共同体の間の区別にこだわり続けることは重要である。[33] 以上二つの共同体構想は、古典的ポリスの構想のなかでは、おそらく常にはっきりとは区別されておらず、国民国家の理念のなかで一時は再び結合させられた。だがこの二つの構想は、いまやますます相容れない理想や価値を体現するようになっている。[34] 一方の構想は、普遍的権利や憲法原則に関与しているのだが、他方の構想が特殊的なのはおそらく避けがたく、（言語、宗教、民族的出自など）さまざまな社会的排除のありかたによって定められている。テイラーやマッキンタイア、その他共同体主義者たちの議論と対照させて私が提案してきたのは、共和政体はその構成員に、共通の文化的伝統や網羅的な善の構想に関与するよう求める必要はないということである。むしろ、何よりも必要とされているのは、ハーバーマスが「憲法愛国主義」〔Verfassungspatriotismus〕と呼ぶもの、すなわち、民主主義的規範や人権を普遍化することに結びついた、より抽象的な原則や手続きへの関与である。[35]

第二に、「憲法愛国主義」という理念を支持するからと言って、リベラルな憲法と伝統的に結びつけられてきた理念を、全く修正しなくてもいいということにはならない。「憲法の境界は、新たな状況を論じる政治的な圧力を通じて、創造的に定義し直し、拡大していかなければならない」。[36] 同様に、「政治的なるものの領域」を静態的に定義したり、リベラル・ブルジョワジー文化のなかに潜んでいる共通感覚や基本的直観に訴えかけて、不当に制約してはならない。つまり、自由で平等な人たちの間での道理的な合意という理念を、再帰的かつ自己批判的に適用することとの関連で、もっと動態的に考案しなければならない。もっと具体的に言うと、いまやマーシャルの市民権拡張に関する三重の図式、つまり、市民的、政治的、社会的権利という図式を修正して、文化的メンバーシップのさまざまな権利を含めなければならないのかもしれない。この意味は、市民が自由に結社を形成する権利を持っているということに留まらない。政治的共同体内部の「少数民族の文化」に、特別な保護や手当への資格を与えてもいいということである。[37]

もちろん、前者のカテゴリーの伝統的に「市民的な」権利が、時として後者の類の権利と（例えば、ある少数民族の文化を手つかずのまま保護しようとする試みにおいて）対立することもあるだろう。だが、市民権の領域における、この普遍主義と特殊主義の対立は、個々人の文化的、政治的アイデンティティとの関連だけで起きてくるわけではない。多重的な「過度に決めつけられた」アイデンティティが（例えば、公的自己と公的でない自己、さまざまな公的でない自己の間、あるいは、さまざまな公的自己の間において）交錯するところなら、どこで生じてもおかしくないのである。[38] リベラル主義者はここで、全く倫理的な損失のない世界など不可能かもしれないということを、譲歩して認めなければならない。[39] 似たような問題が、市民権から国際的人権へという別方向で動く時にも生じてくる。普遍主義的な観点からすれば、「国境」はすべて道徳的に恣意的であり、偶然的に見受けられるのだが、国境に全く道徳的な重要性を与えなければ、市民権の実効性をいっさい損なってしまうように思える。[40] したがって、ここでもまた、倫理的な損失のない世界が可能であるようには見受けられないのである。

最後に、憲法愛国主義を支持し、文化的メンバーシップの権利の価値を承認しても、それだけでは、純粋に共和的、協議的な政治を実効あるものとするために必要とされる類の政治文化は保証できない。権利や民主主義の規範を尊重するだけでなく、文化のちがいの価値を承認することが、実効ある協議的政治の必要条件である。この種の政治文化を創出、維持するのは、確かに簡単な仕事ではない。それには、「断定的文化」の「抑圧的な寛容」とマルクーゼが呼ぶものを、しっかりとした形の相互尊重の名のもとにおいて、絶え間なく批判することが要求される。したがって、共和的な政府と批判的な公衆が、世界平和のための必要条件ではあっても、十分条件ではないとするカントの所見は、この文脈にも該当する。だが、世界市民的で世界的な価値を中心とするこの種の政治文化は、単なるユートピア的な理想でもなく、日常的な形のコミュニケーション実践においてすでに先取りされている。「知性的な自己規制」と、差異化された主権という理念に基づいた、国内だけにとどまらないグローバルな制度設計の助けをもってすれば、私たちの高度に複合化、差異化した多元的社会のなかで、世界市民的な政治文化をおおいに実現していくこともまた、可能なのである。★41

注

★1 Kant, "Toward Perpetual Peace," in *Kant's Political Writings*, ed. H. Reiss (Cambridge University Press, 1970), p. 113.〔カント『永遠平和のために』宇都宮芳明訳、岩波文庫、一九八五年、六九頁〕

★2 F. H. Hinsley, *Power and the Pursuit of Peace* (Cambridge University Press, 1963), p. 68 を参照のこと。カントの "Idea for a Universal History"〔「世界公民的見地における一般史の構想」『啓蒙とは何か　他四編』篠田英雄訳、岩波文庫、一九五〇年〕における、世界政府に関する初期の所見を強調する反対の解釈に関し、Hedley Bull, *The Anarchical Society* (Columbia University Press 1977), pp. 253 and 262〔ヘドリー・ブル『国際社会論：アナーキカル・ソサイエティ』臼杵英一訳、岩波書店、二〇〇〇年、三〇三、三〇五頁〕を参照のこと。

★3 Leslie Mulholland, "Kant on War and International Justice," *Kantstudien* 78 (1987): 25–41.

★4　カントの見解についての最近の説に関し、Susan Shell, "Kant's Idea of History" in *History and the Idea of Progress*, ed. A. Melzer et al. (Cornell University Press, 1995) を参照のこと。

★5　例えば、Charles Taylor, "Cross-Purposes : The Liberal-Communitarian Debate," in *Liberalism and the Moral Life*, ed. N. Rosenblum (Harvard University Press, 1989) p. 179.

★6　テイラーは、個々人が偶然に共有する「重複する」共通善（清浄な空気、軍事的保護への欲求など）と、「無媒介な」共通善を区別している。後者は、確固たる共有・共通のアイデンティティの特徴である（"Cross-Purposes," pp. 168-169）。

★7　Ibid., p. 165.

★8　Ibid., p. 170.

★9　Ibid., p. 176.

★10　Ibid., p. 179. 市民権と市民の自治能力という二つの構想の間での似たような対比に関し、Taylor, "Alternative Futures : Legitimacy, Identity and Alienation in late Twentieth Century Canada," in *Consitutionalism, Citizenship and Society in Canada*, ed A. Cairns and C. Williams (University of Toronto Press, 1985), pp. 209-210. テイラーはこの初期の論文において、二つのモデルが両立不可能であるとは主張しておらず、ただ、両者の間に根深い緊張が存在すると言っているにすぎない。愛国主義はある特定の歴史共同体との同一化を要求するという、よりいっそう強硬な主張に関し、A. MacIntyre, "*Is Patriotism A Virtue ?*" *The Lindley Lecture* (University of Kansas, 1984).

★11　マイケル・ウォルツァー（Michael Walzer）は、市民の二つの構想、つまり、積極的な参加者と消極的な受給者との間で似たような比較をしている。だが、テイラーとはちがって、彼はこれらを「両立不可能」とはみなしていない。二つの（理想的・典型的な）極として、おそらく常に緊張関係にあるものとみなしているにすぎない。Walzer, "Citizenship," in *Political Innovation and Conceptual Change*, ed. T. Ball et al. (Cambridge University Press, 1989) , p. 216 を参照のこと。"The Problem of Citizenship" in *Obligations* (Harvard University Press, 1970)〔マイケル・ウォルツァー『義務に関する十一の試論――不服従、戦争、市民性』山口晃訳、而立書房、一九九三年〕も参照のこと。

★12　Rawls, "The Priority of the Right and Ideas of the Good," in *Philosophy and Public Affairs* 17 (1988), p. 263 を参照のこと。テイラーは、彼が「参加型自治」と呼ぶものが具体的に入っていない限り、おそらくロールズのリストを不適切だとみなすであろう（"Cross-Purposes," p. 177 を参照のこと）。だが、この用語それ自体曖昧である。テイラーが「参加型自治」を「愛国主義」や「共和的連帯」と同じ意味にしていることが示しているように、単一の美徳のことでさえないかもしれない（以下を参照のこと）。

★13　Michael Walzer, "The Communitarian Critique of Liberalism," *Political Theory* 18 (1990): 6-23; "What Does it Mean to Be an American?" *Social Research* 57 (1990): 591-614.

★14　Walzer, "What Dœs it Mean to Be an American?" p. 603.

★15　Ibid.

★16　"The Priority of the Right and Ideas of the Good", p. 272を参照のこと。ウォルツァーが強硬な市民共和主義よりもロールズの立場を支持していることにも注意すること（"The Communitarian Critique of Liberalism," pp. 19-20）。

★17　"Cross-Purposes," p. 178; "Alternative Futures," p. 213を参照のこと。

★18　私の論文"Liberal Neutrality, Pluralism, and Deliberative Politics," *Praxis International* 12 (1992): 50-69を参照のこと。

★19　「対内」「対外」主権の間の区別と、それぞれの内部でのもっと大幅な差異化を支持する議論に関し、Charles Beitz, "Sovereignty and Morality in International Affairs," in *Political Theory Today*, ed. D. Held (Stanford University Press, 1991) を参照のこと。

★20　例えば、以下を参照のこと。Joshua Cohen and Jœl Rogers, "Secondary Associations and Democratic Governance," *Politics and Society* 20 (1992); Ian McLean, "Forms of Representation and Systems of Voting," in *Political Theory Today*.

★21　例えば、以下を参照のこと。Kai Nielsen, "World Government, Security, and Global Justice," in/Problems of International Justice, ed. S. Luper-Foy (Westview, 1988); Veit Bader, "Citizenship and Exclusion," *Political Theory* 23 (1995): 211-246.

★22　*The Constitutional Foundations of World Peace*, ed. R. Falk et al. (State University of New York Press, 1993) を参照のこと。

★23　Charles Beitz, *Political Theory and International Relations* (Princeton University Press, 1979); R. J. Vincent, *Human Rights and International Relations* (Cambridge University Press, 1986).〔チャールズ・ベイツ『国際正義と秩序』進藤栄一訳、岩波書店、一九八九年〕

★24　特に、*The Consitutional Foundations of World Peace* の論文を参照のこと。

★25　*Power and the Pursuit of Peace*, p. 67.

★26　似たような提案としては、Charles Beitz, "Sovereignty and Morality in International Affairs," in *Political Theory Today*; Bader, "Citizenship and Exclusion"; Thomas Pogge, "Cosmopolitanism and Sovereignty," *Ethics* 103 (1992): 48-75.

★27　David Held, "Democracy and the Global System," in *Political Theory Today*, p. 223.

★28　Ibid., p. 198.

★29　Ibid., p. 222.

★30　Ibid., p. 223.

★31　例えば、以下を参照のこと。Amy Gutmann, "Communitarian Critics of Liberalism," *Philosophy and Public Affairs* 14 (1985): 308-322; Don Herzog, "Some Questions for Republicans," *Political Theory* 14 (1986): 473-494; William Connolly, "Identity and Difference in Liberalism," in *Liberalism and the Good*, p. 78.

★32　Connolly, "Identity and Difference in Liberalism," pp. 74-75; *The Ethos of Pluralization* (University of Minnesota Press, 1995) を参照のこと。

★33　W. Kymlicka, *Liberalism, Community and Culture* (Oxford University Press, 1989), p. 135 を参照のこと。この区別を行なう際の困難に関し、Bader, "Citizenship and Exclusion," pp. 223-224 を参照のこと。

★34　例えば、ハーバーマスの次の論文における所見を参照のこと。"Historical Consciousness and Post-Traditional Identity," in *The New Conservatism* (MIT Press, 1989), p. 254.〔「歴史意識とポスト・伝統的アイデンティティ――ドイツ連邦共和国の西欧志向」西川珠代訳『法と正義のディスクルス――ハーバーマス京都講演集』河上倫逸編訳、未來社、一九九九年、一三一―四六頁〕

★35　Ibid, pp. 261-262. ハーバーマスの構想は、トクヴィルが「反省的愛国主義」と呼んだものに近いようである。Mary Dietz, "Patriotism," in *Political Innovation and Conceptual Change* を参照のこと。

★36　Connolly, "Identity and Difference in Liberalism," p. 75.

★37　Thomas H. Marshall, *Class, Citizenship and Social Development: Essays* (Greenwood, 1973)〔T・H・マーシャル、トム・ボットモア『シティズンシップと社会的階級――近現代を総括するマニフェスト』岩崎信彦、中村健吾訳、法律文化社、一九九三年〕キムリッカは、（先住民などの）少数民族の文化のため、集団や団体の特別な権利を認めても、リベラリズムには反しないと論じる。*Liberalism, Community and Culture*, chapters 7-9 を参照のこと。

★38　この緊張はしたがって、コノリーが「政治のパラドックス」（そして「パラドックスの政治」）と呼ぶものと似たようなものである。"Identity and Difference" p. 82 を参照のこと。

★39　Rawls, "The Priority of Right and Ideas of the Good," pp. 265-266 を参照のこと。さらに、Isaiah Berlin, *Concepts and Categories* (Oxford University Press, 1980) も参照のこと。

★40　普遍主義と特殊主義のこの型の緊張に関し、Charles Beitz, "Cosmopolitan Ideals and National Sentiment," *Journal of Philosophy* 80 (1983): 591-600. 国境の道徳的重要性についての異なる考え方に関し、David Miller, "The Ethical Significance of Nationality," *Ethics* 98 (1988): 647-662; Robert Goodin, "What Is So Special About Our Fellow Countrymen?" *Ethics* 98 (1988): 663-686; Joseph Carens, "Aliens and Citizens: The Case for Open Borders," *Review of Politics* 49 (1987): 251-273 を参照のこと。

★41　Jürgen Habermas, *Moral Consciousness and Communicative Action*, p. 201〔ユルゲン・ハーバーマス「道徳と人倫――カントに対するヘーゲルの異議は討議倫理学にもあてはまるか」岩倉正博訳、河上倫逸他編『法制化とコミュニケイション行為――ハーバーマス・シンポジウム』未來社、一九八七年、二九―三〇頁〕; Thomas Nagel, "What Makes Political Theory Utopian?" *Social Research* 56 (1989): 903-920 を参照のこと。

訳注

☆1　「互いに分かちもつ無媒介な共通善（a shared immediate common good）」――テイラーの「共通善」の考え方は、個々人の欲求の総計ではなく、私たちの共同行為の価値を表わしている。例えば、コンサート・ホールで聞く音楽の楽しみは共通善であるが、この共通善は多数の人がCDで音楽を聞く楽しみを総計して実現されるわけではない。また、彼が主張している存在論の立場によれば、価値は独立の秩序として客観的に存在しているのであって、私たちが自己の内部で世界を対象化し、それをさまざまに解釈した結果生み出される主観的なものではない。よって、彼が「無媒介」ないし「直近の」（immediate）共通善という場合、それは、共通善が私たちの主観的な解釈を媒介せずに存在する実在であるということを示唆している。この論文でベインズは、二次的結社によって媒介されていないという、より政治的な点に言及して「無媒介」という表現を用いているのだが、実はこれは、テイラーの共通善構想の哲学的な性質から必然的に派生するものだと言うべきであろう。前者に関し、Charles Taylor, *Philosophical Arguments*. Harvard University Press 1997, pp. 127-145. 後者に関し、Charles Taylor, *Sources of the Self : The Making of the Modern Identity*, Harvard University Press 1989, pp. 186-192.

第7章　世界市民的民主主義とグローバル秩序——新たな議題

デヴィッド・ヘルド（田辺俊明訳）

本章の背後にあるのは、諸国家や社会の間で急激に進展している複合的相互連繋である。第一節では、冷戦の終結に照らし合わせて新たな政治の文脈を探り、グローバル化過程が政治共同体の性質と実効性に対して提起している挑戦を探る。第二節では、民主主義理論の限界を議論し、国民国家が民主主義思想と実践の中心でいられるかどうかを問題にできずにいる点を強調する。第三節では、カントの政治共同体、世界市民主義、世界市民法の理解を検証しながら、その分析の観点をさらに探っていく。カントの見解を批判することが、民主主義や民主主義的善[☆1]が要求する別の構想、つまり、世界市民的民主法[☆2]という構想に結びついていく。カントの世界市民法の構想が、世界市民的民主法の構想と対比され、そこから焦点が制度的なちがいに移行する。第四節では、世界市民的民主主義の制度プログラム、つまり、グローバル化時代における国家単位の民主主義の制約に対処できる（と私が論じる）形の民主主義を詳しく述べ、短期および長期における制度的な解決策をいくつか指摘する。私はカントの精神において新たな世界市民主義を擁護するが、それに必要な要素である法、秩序、説明責任の理解は、カントの著作に見い出せるものとは、かなりちがっている。

I　グローバル政治の新たな配置状況

一九八九年以来、尋常でない変化が国際政治に起こっている。東西分裂をめぐって組織されていた地政学的統治システムは、およそ半世紀にわたって地球を支配していた。だがこのシステムは、後でどのようなシステムに取って替えればいいのかに関する手がかりを残さないまま、ほとんどたったの一撃で崩壊してしまった。新たなミレニアムの境目において、いまや国際関係は、新たな機会と危険に直面しているのである。

突然生じた政治的機会の大部分は、未だに活用されるのを待ち続けている。ポーランド人、チリ人、カンボジア人、南アフリカ人、パレスチナ人にとって、冷戦の終結が未来への新たな希望を育むものだとすれば、ボスニア人、ソマリア人、イラク人、クルド人、ルワンダ人にとって、「新世界秩序」の恵みはまだまだ遠いところにある。冷戦終結の功罪を評価するのはまだ早いが、現行のグローバル秩序の本性を明らかにするため、三つの重要な課題を提起できる。

i．冷戦の終結による国内体制への反響はどのようなものであるか。
ii．国家間関係の構造にどのような変化が生じているか。
iii．どのような制度であれば、グローバルな問題（つまり、大陸を横断する問題）を協議し、それに対処する基盤を提供できるか。

本章の背景を明らかにするため、こうした課題を手短かに紹介することにする。

i

近年起こった国内における政治変化のなかに、自由民主国家の数の顕著な増加がある。東側、南側、北側で、数多くの国家が、民主主義システムを回復するか、新たに手に入れるかした。何百万人もの人が、人生ではじめて、脅迫の恐れをともなわない政治討議に参加し、自由選挙で投票するという、自由民主主義の典型的な経験を享受している。国内での民主主義に向かうはじめの段階は、多くの場合一時的なものであり、不確実性に満ちていたのだが、一九九〇年代の前半は、唯一の民主主義の時代ではないにしても、民主主義の時代のひとつとして、記憶するに値するだろう。民主主義への希望があまりに強いため、ある批評家は、部分的には楽観主義から、部分的には歴史上の証拠に関する無知から、私たちは「歴史の終焉」に向かいつつあるという仮説を大胆にも提出した（Fukuyama 1992を参照のこと。Held 1993a, bと比較のこと）。だが、自由民主体制の数が増加しているにも関わらず、その恩恵を受けることができない何百万人もの人にとっては、政治結社の質になんら注目すべき改善はなく、ある場合には急激に低下さえしたのである。

逆説的なのだが、民主主義の原則に基づいて統治される国家の数が増大してきている一方で、内戦が、もうそんなものは永久になくなってしまったと信じられていた国々に戻ってきている。旧ユーゴスラビア、旧ソ連邦、サハラ以南のアフリカの一部における出来事は、ある体制から別の体制に移行することがどれだけ心理的なトラウマになり得るかを明らかにしている。現在進行中の恐るべき内戦は、政情不安の氷山の一角にすぎず、これに対しては、歴史的に最も堅固な国民国家でさえ脆弱なのである。ドイツ、イタリア、スペイン、ポーランドなどの地域において、民族紛争とナショナリズムが再燃している。これにより、国内平和を維持し、市民の安全や財産を保障するという、国民国家が果たすべき最も重要な二つの約束が履行されるかどうかについては、全く予断を許さなくなっている。

国内政治の観点から見ると、出現しつつある世界秩序には二つの顔がある。それは、(一方では) 民主主義の拡大を促した。だが、(他方では) 国民国家内にある緊張を暴き出し (時にはそれを爆発させもし) たのである。膨大な数の国々に、制約された形の自律を押しつけることで、冷戦は少なくともヨーロッパにおいては、多くの形の国内紛争を抑圧してきた。冷戦が終わった時、国内の不和によってつけられた傷のいくつかが、再び開いてしまったのである。

ii

現下の歴史情勢は、国内政治だけでなく、国家間関係の組織にも、新たな問題を提起している。露骨に打ち立てられていた、古色蒼然とした諸国家の階層が崩壊した時、国際関係のなかに危険な権力の真空が開いたのである。民主国家は、この新たな状況に矛盾した形で反応してきた。ある場合には (例えば、合衆国がパナマに干渉した時のように)、対立ブロックの枯渇した権力に非合法な行為によってつけ込んだ。他の場合には (とりわけクウェートとイラクにおいて注目されるように)、具体的な行動をとる前に、国際社会とその制度のなかで、原則に関する合意を模索してきた。

だが、一般的に言って、民主国家の数が増えているのに、諸国家間の関係においては民主主義が進んでいないのは驚きである。国連安全保障理事会や国際通貨基金、あるいは、先進七か国 (G７) サミットのような、あまり公式的ではない舞台での政策決定も、ベルリンの壁の崩壊からほとんど変わっていない。各国政府は、強力なものも、あまり力のないものも含めて、引き続き自分たち自身の国家理性に基づいて行為している。こうなってしまう原因を部分的にでも説明してくれるのは、諸国家間でもっと大きな説明責任を確立するのに必要なルール、価値、制度がどのようなものであるか、不確かだということである。だが、民主体制が、自分たち自身の統治モデルを、諸国家間の関係に自ら進んで拡張しようとせず、対外関係および国際関係を含む安全保障の事柄に関して、説明責任を果たすよう求められるのを渋っていることも、その一因になっていると言うべきであろう。

iii

新たな国際状況の最も顕著な特徴になっているのは、国境を超える課題の出現である。経済の国際化、環境問題、少数民族の権利保障は、ますます世界共同体全体の問題になりつつある。恐怖の均衡が国家の自律に対して押しつけていた制約に付け加えられるのは、いまや環境、社会、経済のグローバル化過程（つまり、大陸を横断する規模での人的社会組織と社会的権力行使における移り変わり）に起因する、もっとわかりにくい、構造的な形の侵蝕作用である。

民主政治と二十世紀末の世界の間に、多くの原理的な裂け目が開いてきている。「裂け目」は、市民、個々の国家、経済システム間の関係において、地域レベルとグローバルなレベルで見られる。ここで述べるに値するものとして、少なくとも三つの分裂がある（Held 1991 を参照のこと）。

第一に、国政当局の形式的な領域と、生産、流通、交換に関わる実体的な経済システムの分裂があり、後者は、数多くの地域的でグローバルなネットワークにより、国政当局の実際上の権力を制限し、掘り崩している。第二に、独立行為主体としての国家という理念と、（貿易、海洋、宇宙空間などの）脱国家活動の領域全体を管理するために設立された、非常に多くの国際体制や組織系列の間での分裂がある。新しい形の多国間政治が確立されるとともに、国家、政府間組織、さまざまな国際的な圧力団体を含んだ、集合的意思決定の新しい形が生まれてきている。第三に、個々人に権利と義務の両方を付与する国家単位の政治共同体のメンバーシップ（つまり、市民権）の理念と、個人、NGO、政府を新たな規制システム下に置く、地域的国際的な法の発展の間での分裂がある。さらには国際法が、国民国家の要求を超える権利や義務を認めている。こうした権利や義務は、執行する強制権力が欠けているにも関わらず、広汎にわたる影響を与えている。

民主政治は、「運命の国民共同体」という理念、つまり、しかるべく自らを統治し、将来を決定する共同体という理念を、昔から前提にしてきた。この理念が、地域的でグローバルな相互連繫パターンにより、ますます掘り崩されているとは言えないにしても、そこから挑戦を受けていることは確かである。国民共同体だけが、独占的に「政府や議会の行為や決定をプログラムしているわけではない」し、後者だけで、市民にとって何が正しく、適切であるかが決められていると考えるのは、全くの誤りなのである（Offe 1985, p. 286ff.）。

もちろん、グローバルな問題の出現は何も珍しいことではない。重要性はかなり高まってきてはいるものの、多くは何十年か、それ以上も昔から存在している。グローバルな挑戦のなかには、冷戦中は解決不可能であるとみなされて、単に無視されたものもある。その他のものは、あからさまに非民主的な規準に基づき、説明責任を果たす制度枠組みの外で対処されてきた。（核兵器のような）政治的、戦略的決定は、合衆国・ソビエト連邦のサミットが下してきたし、経済的な課題（例えば、利子率や貿易収支）は、G7会合が検討してきた。国連機関は概して周辺化されており、差し迫る戦略的、社会経済的な問題の効果的な管理というよりは、むしろ、議論と代表のために機能するようになっている。

東西の古い対立が終わったいま、環境、エイズの拡散、いわゆる第三世界の債務負担、国家の管轄を超える財政的資源の流れ、麻薬取引や国際犯罪といった、地域的でグローバルな問題が、国際政治の議題に載せられている。それにも関わらず、どの制度が、いかなる規準にしたがって超国家的な決定を下すべきかについては、依然として暗中模索の状態にある。

出現しつつあるグローバルで地域的な問題に関する政治理論の探求は、まだ始まったばかりである。民主主義理論は、国民国家の境界の内部から現われてくる民主主義への挑戦に関しては、詳細に検証、議論してきたのだが、国民国家それ自体が民主主義思想の中心に位置していられるかどうかに関しては、真剣に取り上げてこなかった。諸国家や社会の間で複合的連繋が急激に進展しており、ナショナルな諸力・過程と国際的な諸力・過程が交錯しているにも関わらず、これらが提起している問題については、大部分解明されないままなのである。

2　民主主義理論の限界

十九世紀と二十世紀を通じて、自由民主主義思想の核心には、政治的意思決定者と政治決定の受領者の間の「対称」で「合同」な関係に関する前提があった。事実、「対称」と「合同」の関係は、第一に、投票者である市民と、（原則的には）説明責任を問うことのできる政策決定者の間、第二に、政策決定者の（決定、政策などの）「出力」と、その有権者（要するに、ある画定された領域における「人々」）の間にあるのが当然だとされてきた（Held 1991 を参照のこと）。言い換えると、民主主義の理論家は、正統、革新を問わず、「国民共同体の運命」は、大部分がそれ自身の手中にあり、国民国家内で「行為主体」と「構造」が行なう相互作用を検証しさえすれば、満足のいく民主主義理論を展開できると仮定してきたのである。

こうした民主政治へのアプローチの中心には、当たり前のものとして理解されている主権構想と、無批判に使用されている政治共同体の概念がある。問題は、政治共同体が孤立して、境界を画定された地政学的な完全体として存在しているというようなことは、仮にあるとしてもめったになく、それは多重的に重なり合う相互作用のネットワークとして考えた方がいいということである。こうした相互作用のネットワークは、権力（とりわけ、経済的、政治的、軍事的、文化的権力）のさまざまな場所と形をめぐって結晶化し、領域的境界には決してそのまま対応しない行動パターンを生み出している（Mann 1986, chapter 1を参照のこと）[☆3]。近代国民国家は、その力が及ぶ空間に、国際的であったりグローバルであるばかりでなく、局地的でもあるネットワークが通過できないようにする境界線を備えつけなかった。その結果、さまざまな過程や構造が政治共同体のなかを貫いて広がり、複合的な配置状況のなかで、政治共同体をつなぎ合わせたり、分断したりしている。したがって、国民共同体が自分たちのことだけを考えて意思決定を行ない、政策を策定しているわけではなく、また、政府が自国の市民のことだけを考えて、物事の是非を決めていないとしても、何も驚くには値しないのである。

政治権力のナショナルな構造やメカニズムだけを参考にすることで、政治共同体の本性や可能性を理解できるという前提は正当化できない。現代的な相互作用ネットワークのうわべだけの流れから、政治共同体の「境界」には、今日ではもう目立つほどの仕切りや裂け目がないという結論を導き出すのは間違いであり、これらの境界が、時間の経過にともない、多重的な相互作用ネットワークや権力システムによって形作られてきているのは事実である。これが、政治共同体という理念の運命はどうなるのか、民主政治的善を表現するのにふさわしい場所はどこなのか、という二つの問いに通じていく。仮に近代政治討議の中心にある主体が（人であれ、集団であれ、集合体であれ）、さまざまな重なり合う共同体と、「国内的」か「国際的」かを問わず組み合わさっているなら、政治と民主主義にふさわしい「家」は、いったいどうなってしまうのだろうか。

3　民主主義的善が求めるもの——世界市民的民主主義

他の国民や国家の行動が自国の自由に対する脅威になっている限り、政治共同体にとって正しいことが広まらない。これに対して、仮に法の支配が国際関係だけでなく、すべての国家でも支持されれば、「正しいこと」が普及する、とカントは主張した（『平和』四七—五三頁、Reiss 1970, pp. 33-34）。本論で提示されている議論の観点から、これは重要な主張なのだが、国家、地域、グローバルなレベルでの相互連繫性という文脈における民主主義の条件に合わせるためには、仕立て直さねばならない。そうすると、ある政治共同体で民主主義が普及するのは、それが他の政治共同体の作為（ないし不作為）や、共同体の境界を横断する相互作用のネットワークによって妨げられない場合に限られる、と主張できることになる。

カントの考え方では、自由に対する脅威は多くの形の暴力に由来するのだが、主な脅威は戦争と戦争準備である。「我々は、開花した諸国民の上にのしかかるところの最大の害悪が、戦争に由来することを認めざるえを得ない。しかもそれは、現に行なわれている、あるいは過去に行なわれた戦争の結果というよりは、むしろ将来の戦争のための軍備——それも永久に軽減されることのない、それどころか不断に拡大しつつある軍備によって引き起こされるのである」(『人類の歴史』七六頁)とカントは記している。ある場所で法と権利を暴力的に侵害すると、他の多くの場所に深刻な結果をもたらし、他のどこでも経験されるようになる(『平和』五三頁)。カントの説明において、正しいことを確立するために要求されるのは、政治の手段としての戦争を廃止することである。商業と共和主義の「精神」が、この可能性の実現に向けて後押しする。つまり、商業は相互的な自己利益のネットワークを生み出して、これが戦争や戦争努力に起因する分断と相対することになる。さらには共和主義が、合意を頼みにする政治体を創出し、これが市民を導いて戦争を警戒させるだけでなく(というのも、「災難」が自分たちに直接降りかかってくるからである)、同じく合意に基づいた、法を守る共和国の他者を尊重するよう導いてくれるのである(『平和』三二―三頁)。

戦争や直接的な威嚇が、政治共同体の自律に対して提起する脅威を軽く見るべきではない。だがこの脅威は、自治と自己決定に対する挑戦のひとつの要素にすぎず、経済的、政治的、文化的、軍事的権力や圧制の源泉のすべてが、挑戦になり得る。つまり、こうした領域の権力なら、どれでも民主主義の実効的な定着を損なうことができるのである。そして、民主主義に対する挑戦は、ある特定の共同体の内部にある権力域から沸き上がってくるだけでなく、共同体を横断する権力域からも沸き上がってくる。権力の場は、国家的、脱国家的、国際的のいずれでもあり得るのである。したがって、政治共同体の内部における民主主義は、国際領域における民主主義を必要とする。この点を若干言い換えると次のようになる。国家を単位とした民主公法を支持する民主国家は、民主公法の国際的な構造、つまり、「世界市民的民主法」と私が呼ぶものによって補強し、支える必要がある。私がこれで言いたいのは、何よりもまず、国境の内外で制定される(権力システムの説明責任を確立する)民主公法のことである。

世界市民的民主法は、諸国家の法や、ある国家と別の国家の間で作られる法（つまり、国際法）とは種類のちがう法領域であると考えるのが最も適切である。世界市民法という理念の解釈の第一人者であるカントにとって、世界市民法は空想的、ユートピア的な法の考え方ではない。それは、現存する国法、国際法の書かれていない法典に「必要とされる補完物」であり、後者を人類の公法に転換していくための手段である（『平和』五三頁）[★1]。カントは、世界市民法の射程を普遍的友好の条件に限定しているが、これで彼が言いたいのは、見知らぬ人や外国人が他国に到来する時、「敵意をもって扱われない」権利のことである（四七頁）。彼はこの権利を、他国の住民と考えや財を交換する権利にまで広げていくべきだと力説したが、市民権はいうまでもなく、歓待される権利や永久に定住する権利にまでは広げていかなかった（四七―八頁）。外国人は、「平和的に振る舞う」限りにおいて、いっさい敵意を被るべきではない。だが彼を追放することは、「死を招くような結果にならなければ」、可能である（四七頁）。端的に言うと、友好の権利とは、自己を紹介し、耳を傾けてもらう権利のことである。つまり、「その土地の住民との交通を試みる」ために必要とされる条件のことである（四八頁）。

このように理解される世界市民法は、ある特定の国民や国家の要求を超えて、「普遍的共同体」の万人にまで拡張される。人々が互いに同伴するのを許し、平和裡に共存することを学ぶべきだとすれば了承しなければならない権利と義務こそ、世界市民法の含意なのである。カントの手中において、この議論はさらに、植民地主義を拒絶することにも結びついていく。植民地主義は、「私たちの大陸の文明化された諸国家、特に商業活動の盛んな国家の非友好的な行ない」であり、「ほかの土地やほかの民族を訪問する際に示す不正」であり、「訪問することは征服することと同じことを意味する」のである（四八―九頁）。したがって、カントにとって普遍的友好とは、協力的な関係と正義にかなった行ないの条件である。だが、植民地主義に反対し、普遍的友好を支持して行なった議論は注目に値するものの、カントは友好の条件を余すところなく描き出しているわけではない。世界市民法を世界市民的民主法として考えないことには、ひとりひとりの人すべての自由と自律を保障する条件を、満足いくように解き明かすことはできないのである。

さまざまな場所で、個人や団体の目標を、普遍的な「善隣」に関与する文脈のなかで追求していく際には、自分自身の自律と他者の自律の正当な境界線を尊重するために、権力と支配の構造を掌握することが要求される。普遍的友好が最低限必要とするのは、ある程度の自律を享受することに加え、自律に課す必要のある制約を尊重することである。言い換えると、自分自身の目標や人生計画を追求するための、平等で正当な他者の権利を相互に承認し、尊重することを、その内容にしなければならない。さらに、高度に相互連繫した世界において「他者」に含まれるのは、近隣の共同体に見い出される人々だけでなく、経済的、政治的、環境的な相互作用ネットワークのなかで、運命が相互につなぎ合わされたすべての人々が含まれる。仮に、経済、文化、その他の理由によって、他者の生活の質が、彼（女）らの参加も、賛成も、合意もないままに、どこか別の国で形作られ、決められているのなら、普遍的友好が実現されているとは言えない。普遍的友好の条件とは（私なら、世界市民的方向性の条件と表現するが）、カントにならった狭義の世界市民法ではなく、むしろ、世界市民的民主公法である。この法において、権力は原則として説明責任を果たす。権力がどこにあっても、権力の源泉が重大な影響を被る人々からどれだけ離れていても、責任逃れの言い訳にはならないのである。

こうした形での世界市民主義への関与は、自分たちの国境の内外で民主公法を支持する、民主的国家や社会からなる国際共同体、すなわち、世界市民的民主共同体の設立に向けて努力する義務を課す。カントの説明によれば、世界市民共同体が設立できるかどうかは、着実に増え続ける国家間で、戦争を永久に予防する「平和連合」

ないし「団結」、つまり、条約を生み出せるかどうかにかかっている。カントは、連邦構造に基づいた「平和団結」と、同盟構造に基づいたものを区別した。連邦的な結社は、「(アメリカの諸州の結合のように) 国家的憲政組織に基づきそれゆえ解消しえない」のに対し、同盟構造は、「種々の諸国家の、任意の、いつでも解消しうる会合」を意味するにすぎない(『法論』)。この用語をさらに洗練させるには、連邦とは、共通の財政、外交、軍事政策を備えた、「連邦以下」の主体への脱退条項がない政治団結だと考えればいい。これとは対照的に、同盟主義が含意している団結では、国民や国家は別々の財政、外交、軍事政策を持ったままであり、脱退条項により、交渉、調整による関係を終わらせることができる。

カントは同盟主義を支持するよう断固主張したのだが、その根拠は、万民の単一国家(つまり、諸国民の国家や国際国家)が実際的ではなく、潜在的には危険な目標だからである。それにも関わらず、世界市民的民主主義的秩序の理念は、同盟主義の理念と両立する。事実、世界市民的な民主主義は、人々と諸国家の能動的な合意を要求しており、世界市民的民主主義的秩序の最初のメンバーシップは自発的であるとしか考えられない。もしこの秩序が非自発的に(つまり、強制的に)作り出されるとすれば、それはまさに、民主主義の理念それ自体の矛盾になるだろう。民主主義的国際秩序の導入が正当であるためには、合意に基づかねばならないのである。だが、個々人が統治過程に直接に携わらないその後の状況では、合意は彼(女)らの代表の多数決による決定から導き出さねばならない。ただしその場合でも、統治される者からの信託を受けた者が、世界市民的民主法とその盟約を支持していることが条件になる。

4　世界市民的民主主義の制度プログラム

以上の議論を背景にした場合、民主主義はどう理解すればいいのだろうか。私たちの時代における民主主義の問題は、相互に連繋した権力や当局の連なりのなかで、いかに民主主義を確保できるかに関し、具体的に詰めていくことである。これに関し、一群の市民的、政治的、社会的権利（言論、出版、集会の自由、自由で公正な選挙において投票する権利、普通教育など）を実施することだけが民主主義ではない。脱国家的な政府間の権力構造のなかで、こうした権利をどう立法化するかということも考えなければならない。だが、民主主義を申し分なく維持できるのは、国民国家の領域的境界の一要素でありながら、その境界を横断する主体や組織だけである。つまり、今日の民主主義は、民主公法に制約され、民主公法を支持する民主国家や団体の拡大していく枠組みに結びついていなければ、実現できないのである。では、これを制度的観点からどう理解するべきだろうか。この問題に取り組むには、私が「民主主義の世界市民モデル」と呼ぶものを解きほどいていかねばならない。

まず手始めに、世界市民モデルが過渡的な手立てとして要求するのは、国連が憲章で約束していることを実際に果たすということである。なかでも、人権規約の主な要素を実施に移す方法を追求すること、武力を使用する自由裁量権を禁止すること、国連憲章によって構想されている集団的安全保障システムを活性化させることが含まれる。加えて、憲章のモデルを拡張すれば（例えば、新たな国際人権裁判所を通じて、人権侵害の救済手段を提供したり、安全保障理事会の拒否権の配置を修正して、地域的説明責任を十分に果たせるように会の代表制を考え直すなどすれば）、国連憲章システムが自らの政治資源を生み出して、自律的意思決定センターとして行為する基盤が確立されるかもしれない。

だが、この方向でのそれぞれの動きは、より持続的な平和への見通しを改善するために、とりわけ重要ではあるものの、国際社会における、非常に部分的で不完全な形の民主主義への動きを表わすにすぎない。確かに、ひとつひとつの国家は、国連システムのなかでもっと大きな平等を享受するようになるであろうし、地域の利益も、よりよく代表されることになるだろう。だが、国家間システムの力学と論理は、グローバルな事柄における途方もなく巨大な力を相も変わらず代弁することになるであろうし、グローバルな政治経済における権力の大きな不均衡や資源の非対称性は、実質的には何も手をつけられないまま放って置かれるであろう。また、迫りくる国際的、脱国家的課題に対してはアドホックな反応が典型的であり続けるだろうし、市民社会の主体や団体に対して直接的に説明責任を担いつつ、グローバルな問題を追求するフォーラムもないままだろう。さらには、国際組織やグローバルな組織の説明責任に関する疑問すべてが、解決されないまま放って置かれることになるだろう。

以上より、民主主義の世界市民モデルは、すでに述べた変化に合わせて、(例えば、南米やアフリカで)地域議会を創設することを求め、(ヨーロッパのように)そうした組織がすでにあるところでは、議会の決定を法の正当で独立した源泉として原則的に承認するように、その役割の改善を求めるであろう。モデルがさらに予定しているのは、国民や国家を横断する集団の一般投票である。エネルギー政策、公共・民間輸送の均衡、地域当局の組織などに関する幅広い課題に関し、論争の的になっている脱国家的な課題の本性と射程にしたがって定められる有権者とともに行なわれるのが、この一般投票である。

こうした進展と並んで、世界市民的な民主主義モデルがさらに要求するのは、民主的な意思決定を形作り、その限界を画するため、一群の市民的、政治的、経済的、社会的権利を確立することである。★2 このために要求されるのは、国家や国際レベルにおける協議会の憲法のなかにこうした権利を盛り込むこと、国際法廷の影響力を拡大することにより、集団や個人が政治当局を訴え、政治結社の内外で基本的権利を立法化して執行するための、実効ある手段を手に入れることである。

要するに、民主国家と、その他すべての団体の権威ある協議会を結成すること、つまり、国連総会を改革したものや、それを補完するものが目標となるわけである。国際的、民主的な協議会の任務に関して合意するのは、控え目に言っても難しい。直面する困難のなかには、協議会の代表基盤を決定するルールをどうするかということがある(一国が一票を取得すべきなのか。主要な国際的機能組織は代表できるのか)。だが、(例えば、国際憲法制定会議において)運営ルールに決着がつけば、この新しい協議会は、健康と疾病、食糧供給と配分、第三世界の債務負担、地球を毎日のように循環している何千億ドルもの通貨の不安定性、オゾンの枯渇、核・化学戦争のリスク軽減など、迫りくるグローバルな課題に考察を加えて検証する、権威ある国際センターになることだろう。

民主主義の世界市民モデルが次に提示するのは、短期的、長期的な政治的含意をともなう、実現可能な転換プログラムである。これは二者択一の選択を提示するのではなく、むしろ、可能性のある変化の方向を、明確な要点とともに定めるものである。

短期

1　国連安全保障理事会を改革する(発展途上国により大きな発言権を与えるため)。

2　国連第二議会を設立する(国際憲法制定会議の後に引き続いて行なう)。

長期

1　世界市民的民主法、つまり、政治的、社会的、経済的権力のさまざまな領域に組み込まれた権利と義務の新たな憲章を制定する。

2　地域、国家、地方と結びついたグローバル協議会(限定的な収益能力を備えるもの)を設立する。

3 政治の地域統合（ヨーロッパ連合を超えるもの）をさらに進展させ、脱国家的一般投票を活用する。	3 刑法・市民法の要素を含む、相互連繋したグローバル法システムを導入し、国際刑事裁判所を創設する。
4 国際法廷の強制管轄を承認し、国際人権裁判所を新たに設置する。	4 協議会や選挙過程に公的資金を供与することにより、政治的利益と経済的利益を分離する。
5 地域とグローバルなレベルにおいて経済連絡団体を新たに創設する。	5 地域とグローバルなレベルの協議会に対して、国際的、脱国家的経済主体の説明責任を確立する。
6 実効性があり、説明責任を担える国際軍を創設する。	6 非軍事化を行ない、戦争システムを克服することを究極目的として、国民国家の強制能力を地域的でグローバルな制度へと徐々に永久移行する。

仮に民主主義の歴史と実践が、今まで都市国家、共同体、国家などの場所に関する理念を中心としてきたのであり、さらには、いずれにせよどこかを中心としなければならないのなら、将来的には国際領域やグローバルな領域だけを中心とすることになるのだろうか。こうした結論を導き出すと、現代のグローバル化の本性や、ここで提示された議論を誤解することになる。言い回しを借りるなら、グローバル化は弁証法的な過程である。つまり、空間や時間を横断する横方向の拡大だけでなく、局地的な転換もグローバル化の要素なのである（Giddens 1990, p. 64）。諸集団が、グローバルな諸力や、不適切で実効性のない政治体制により打ちのめされている自分を見い出すにつれて、地域、地方における自律を求める要求が新たに解き放たれるだろう。こうした状況は明らかに危険を孕んでおり、党派的な政治を劇化させるリスクもある一方で、地方レベルでの集中的な参加型民主主義が、より広汎なグローバル秩序の協議会を補完するものとして復帰するという、新たな可能性の予兆でもある。要するにこうした状況は、地域的でグローバルなネットワークだけでなく、結社、都市、国家が織り成す政治秩序の

先触れにもなっているのである。

結　論

民主主義の世界市民的構想は、共同体や市民結社の「内部」における民主主義を強化する手段であるが、それは、空間的に画定された場を横断する地域的、国際的な団体や協議会のネットワークを通じて、「外部」から民主主義を発展させ、補強することによって行なわれる。こうしたネットワークを求める勢いは、多くの過程や諸力のなかに見出すことができるが、例としては、天然資源や環境の保護、疾病や不健康の撲滅など、はっきりとした地域的でグローバルな目標を備えた脱国家的な草の根運動の発展がある。また、「人類共通財産」や「グローバル共有地」の保護、人権の擁護、武力の使用に関して、国家や個々人に影響を及ぼす新たな法的権利と義務の解明、さらには、脱国家的な諸力や問題を調整するため、二十世紀に出現、激増した国連とその諸機関から、地域の政治ネットワークや組織にまで及ぶ国際制度がある（Falk 1991 を見よ）。したがって、よりいっそう体系的な民主主義の未来を築き上げるための政治基盤があると論じても差し支えないのである。

こうした未来は、世界市民的見地から考案されるべきだろう。コスモポリスは、グローバルな射程をもった新しい制度複合体であり、民主主義の根本となる法との関連でその姿と形を与えられる。政府の性質を帯びるのは、ただこの法を公布、実施、執行する限りにおいてのことである。だが、どれだけ制度を緻密に思い描くかに関わらず重要なことがある。それは、ある単独の共同体内部での民主主義と、共同体間の民主的な関係は深くつながっており、民主主義が生き残り、繁栄するには、組織的、法的なメカニズムを新たに確立しなければならないということである。コスモポリスの未来は、このような認識の上に築き上げるべきなのである。[★3]

注

★1　カントの世界市民的法構想の正確な意味は、もちろん長い間論争の的になっているのだが、この論争は、ここでの直接的な争点ではない。代表的な見解については、Hinsley 1963, chaper 4 ; Doyle 1983a, b ; Wight 1987 ; Archibugi 1992 を参照のこと。

★2　私独自の人権の構想を描き出すのは、本章の射程を超えている。私は人権を、「政治行為の共通構造」の概念、つまり、人々が自由で平等な政治参加を享受するための必要条件と結びつけて考えている。Held, 1991 の pp. 227-235 と、特に、Held 1995, partIII を参照のこと。

★3　ここで発表されたテーマは次の文献でもっと詳細に解明されている。*Cosmopolitan Democracy : An Agenda for a New World Order*, ed. D. Archibugi and D. Held (Polity, 1995) と D. Held, *Democracy and the Global Order : From the Modern State to Cosmopolitan Governance* (Polity, 1995)〔デヴィッド・ヘルド『デモクラシーと世界秩序——地球市民の政治学』遠藤誠治、小林誠、佐々木寛、土井美穂、山田竜作訳、NTT出版、二〇〇二年〕を参照のこと。

訳注

☆1、2、3　「民主主義的善 (democratic good)」、「民主 (公) 法 (democratic public law)」、「権力の場所 (site of power)」——ヘルドにとって、民主主義の要諦は、自分で自分自身の生活を決定する自律原則を確保することにある。そしてこの自律原則は、政治、経済、社会、文化など、広範囲にわたる「権力の場所」において確保しなければならない。例えば、ある社会集団がなんらかの理由で政治参加から排除されている場合、「政治権力の場所において他律が存在する」と表現される。個々人を力づけ、その能力を高めるための権利と、それを保障する「民主（公）法」は、すべての権力の場所において、この自律原則を促進するためのものとして位置づけられるのであり、この目的こそが、「民主主義的善」と呼ばれるものである。ヘルドが本論文で主張しているのは、世界市民的民主主義のモデルでしか、この民主主義的善を確保できないということである。

参考文献

Archibugi, D. 1992. Models of International Organization in Perpetual Peace Projects. *Review of International Studies* 18 : 295-317.

Doyle, M. W. 1983a. Kant, Liberal Legacies and Foreign Affairs, Part I. *Philosophy and Public Affairs* 12, no. 3 : 205-235.

Doyle, M. W. 1983b. Kant, Liberal Legacies and Foreign Affairs, Part II. *Philosophy and Public Affairs* 12, no. 4 : 323-353.

Falk, R. 1991. Positive Prescriptions for the Near Future. World Order Studies Program Occasional Paper 20, Center for International Studies, Princeton University.

Fukuyama, F. 1992. *The End of History and the Last Man*. Free Press.〔フランシス・フクヤマ『歴史の終わり』渡部昇一訳、三笠書房、一九九二年〕

Giddens, A. 1990. *The Consequences of Modernity*. Polity.〔アンソニー・ギデンズ『近代とはいかなる時代か？——モダニティの帰結』松尾精文、小幡正敏訳、而立書房、一九九三年〕

Held, D. 1991. Democracy, the Nation State and the Global System. In *Political Theory Today*, ed. D. Held. Polity.

Held, D. 1993a. Liberalism, Marxism and Democracy. *Theory and Society* 22 : 249-288.

Held, D. 1993b. Anything But A Dog's Life? Further Comments on Fukuyama, Callinicos and Giddens. *Theory and Society* 22 : 293-304.

Held, D. 1995. *Democracy and the Global Order : From the Modern State to Cosmopolitan Governance*. Polity.〔デヴィッド・ヘルド『デモクラシーと世界秩序——地球市民の政治学』遠藤誠治、小林誠、佐々木寛、土井美穂、山田竜作訳、NTT出版、二〇

〇二年〕
Hinsley, F. 1963. *Power and the Pursuit of Peace*. Cambridge University Press.
Kant, I. 1970. *Kant's Political Writings*, ed. H. Reiss. Cambridge University Press.
Mann, M. 1986. *The Sources of Social Power*, volume 1. Cambridge University Press.
Offe, C. 1985. *Disorganized Capitalism*. MIT Press.
Reiss, H. 1970. Introduction. In *Kant's Political Writings*, ed. H. Reiss. Cambridge University Press. 〔ハンス・ライス『カントの政治思想』樽井正義訳、芸立出版、一九八九年〕
Wight, M. 1987. An Anatomy of International Thought. *Review of International Studies* 13.

訳者あとがき

カントの反証にもかかわらず、世界市民理想など一種の妄想にすぎないと思っている読者はまだ多いのではないだろうか。もしそうだとすれば、この理想が現実の国際政治にどう関わっているかを示して、本書の意義を浮き彫りにすることが必要である。

世界市民理想の基礎になっているのは、性別、人種、国籍などのいっさいの属性にかかわらず、人間の理性の尊厳を普遍的に尊重する原則だとヌスバウムは論じる。カントなら、この原則は無前提的に妥当だと言うであろうが、国際政治の現実のなかで徹底しようとすると、さまざまな困難にぶつかる。例えば、国家主権という法的な擬制も、人間の尊厳を確実なものとするためにこそ正当化されるのだと解釈される。これを裏返すと、自国の人々の尊厳すら尊重していない国家の主権は尊重に値しないということになるが、この論理は、独裁政権を打倒するためなら、軍事力の行使も躊躇すべきではないとする武断的な論理と容易に結びついてしまう。この致命的な結びつきこそ、ジョージ・W・ブッシュ政権のイラク戦争を招いた原因なのである。

自由民主主義と市場経済を世界に広めるという目標を掲げるブッシュ・ドクトリンは、ある意味では理想主義である。だが、自分たちの理想の実現のためなら、国連憲章に代表される国際法を無視して、単独で先制的に軍事行動におよぶことを辞さない点では、偏狭な武断主義でもある。この奇妙な取り合わせを説明してくれるのは、いま現に諸国間で通用している実定法を超えた、より普遍的な正義や権利の存在を認める自然権（法）の思想である。ただし、レオ・シュトラウスによって現代に復権されたこの思想は、政治的には両義的である。もしソクラテス的な対話でしか、真の正義や権利は明らかにならないのだと定式化すれば、討議を重んじる民主主義に結びつく。これに対して、言わば神の啓示のように自明なのだと定式化すれば、その先にあるのは原理主義である。

後者の論理展開をたどるのが、ブッシュ政権内で力を持つネオコン（新保守主義）と呼ばれる政策集団である。彼らにとって、自由民主主義と市場経済が自然権（法）に適っているという事実は、冷戦でのアメリカの勝利によって証明済みである。もし自然権（法）が自明だと言うのであれば、その理念に沿っていない政治体制が不正ないし悪であることも自明である。ここから、そうした体制を打倒できる圧倒的な軍事力を歴史によって授けられたアメリカには、正義や権利をグローバルな規模で実現するべき特権的使命があるとする論理が生まれても、なんら不思議ではない。

かつてカール・シュミットは、この種の論理を手厳しく批判した。なぜなら、普遍的な正義や権利のための戦争は、「政治」の領域を超えて「道徳」の領域にまで及ぶため、原理主義的な殲滅戦争への道を開くからである。人間はその本性からして、あらゆる分野で敵・味方の集団に分かれて闘争する宿命にある。よって、この本性を否定しようと試みる「道徳」的な戦争は、定義上、非人間的な戦争にならざるをえないと言うのである。もちろんこれと同じ批判は、シュミットが擁護したナチズムにも向けられるべきであるし、彼の人間本性や「政治的なるもの」に関する宿命論的な考え方が、キリスト教原罪観に基づいたひとつの「道徳」にすぎないのだとすれば、彼もまた、「政治」を「道徳」化して自己矛盾に陥っているのだと言える。だが、「政治」と「道徳」を混同するという過ちを犯せば、原理主義に行き着いてしまうという彼の洞察のおかげで、ブッシュ政権が用いた「悪の枢軸」や「ならず者国家」という「道徳」的な言い回しの背後に何があるか、いまやはっきりと洞察できるようになったこともまた、確かなのである。

だが、そうだからと言って、世界市民理想を破棄して、反啓蒙主義的な立場に退却すべきだとする結論をここから直接導き出せるわけではない。というのも、ハーバーマスによれば、人間の尊厳を普遍的に尊重すべしと命じる「道徳」と、人権侵害の認定や救済のための「手続き」を峻別さえすれば、原理主義を避けることは可能だからである。この、「道徳」と「手続き」を峻別するという考え方は、国内では別に目新しいものではない。法治国家においては、人権侵害に対する私的救済は原則として認められず、侵害者に対する処罰を行なうには、適正な法的手続きを踏まえなければならない。彼は、この制度を国際社会にまで拡張しようと言うのである。

この提案からすれば、アメリカ政府が主導し、日本政府も支持したイラク戦争を、仮にイラクの人々の人権救済という目的に限って評価した場合でも、国際社会で定められた適正手続きを経由せず、独断で軍事力行使に及んだ点については問題があったことになる。これに対しては、人権救済に実効性のある適正手続きなど、国際社会ではまだ整っていないのだから、軍事力の行使もやむを得なかったとする反論が提起されるかもしれない。だが、例えば、ジェノサイド、人道に対する罪、戦争犯罪などを裁く国際刑事裁判所（ＩＣＣ）の根拠になっている条約を批准して、適正手続きを整える責務をアメリカ政府や日本政府が果たしていないことを考えると（二〇〇五年時点）、論理一貫性を欠くことが分かる。

それにもかかわらずネオコンは、ＩＣＣの条約を批准するどころか、国益追求のための手段としての戦争それ自体を罪と定めた国連憲章の規定が、もはや超大国たるアメリカには通用しないと公言してはばからない。これでは、この罪を裁いたニュルンベルクや東京の国際軍事裁判は無駄であったと言う以外ない。この当時、「戦争それ自体の罪」という概念もひとつの「道徳」にすぎず、実定法上の根拠がないと批判したシュミットは、「道徳」

で戦争を正当化するネオコンの論理により、皮肉にもまったく逆の立場から支持されることになったのである。

以上の対立を、ロバート・ケーガンにならって、ヨーロッパのカント的パラダイムとアメリカのホッブズ的パラダイムの対立として捉えると、ホッブズは身体としての自分の保存以外に理念など持っておらず、したがって、他人の権利のために自分を危険にさらす戦争を正当化できないことから、政治理論的には誤りとなる。だが、ネオコンもホッブズも、「万人の万人に対する闘争」としての自然状態のイメージで世界を見る点は共通しているため、直観的には分かりやすい。人権をグローバルな規模で実現することを目的として、独裁政権を軍事的に打倒することを目指すのがネオコン版ホッブズ的パラダイム、同じ目的を世界市民レベルで法の支配を確立することで実現しようとするのがカント的パラダイムである。

では、どちらのパラダイムが正当なのだろうか。ネオコンは、アメリカの特権的な使命を力の論理で正当化できると考えている。単独で行動しても成功するだけの軍事的能力を備えているアメリカは、自国の行動を他国に対して正当化する必要はないと言うのである。だがこの言明は、「正当化する必要はない」とする判断を、ちがった考え方を持った他国に対して正当化することをあらかじめ前提にしたうえでしか成り立たない。それにもかかわらず彼らは、正当化する必要はないとする判断を正当化せずにこの言明を行なうので、超越論的語用論で言う「遂行的矛盾」に陥ってしまう。したがって、アメリカ政府は「万人の万人に対する闘争」のイメージに基づいて行動することによって、逆に、「万人の万人に対する闘争」を招いているのではないかという反論も、検討の対象にはならないのだ。

仮に遂行的矛盾など気にせず、力の論理を押し通すと言うのであれば、国際社会だけでなく、アメリカ国内でも正当性を失うことになるだろう。ハンナ・アーレントも言うように、いかに軍事的な力のある国でも、啓蒙された市民の公論による支えを失えば、政権を維持することはできない。また、戦争の負担を背負わされるのは市民にほかならないのだから、彼（女）らの合意なしに戦争を続けることは、現実的にも難しいだろう。この、市民の公論の力で国家の軍事的行動を統制していくという考え方は、実は、すでにカントの共和制諸国家の連合という理念のなかにある。私たちは、二〇〇年以上も前に書かれたカントの小著にいかに大きな含蓄が秘められているか、いま改めて驚かされるのである。

『永遠平和のために』が、単なる時事論文ではなく、三批判に代表されるカントの全思想体系に裏づけられているのと同様に、本書の論文の背後にも、それぞれの著者の人間や世界に関する哲学的な理念がある。戦争と平和の問題を真摯に探求すべき国際政治学という学問分野が、経済学やゲーム理論を応用した精緻な現象学という程度のものにまで矮小化されている現状において、私たち自身はどう生きるべきか、私たち自身の社会はどうあるべきか、という視点からアプローチする本書は、きわめて意義深いと言えるだろう。

本書の出版は、私に国際政治への関心を抱かせてくれた故馬場伸也教授との出会いに加え、第2章の訳者であり、訳稿全般に目を通してくださった舟場保之さんと第3章の訳者である紺野茂樹さん、収録論文の社会的意義を認めていただいた未來社の小柳暁子さんの協力という幸運が重ならなければ実現しなかった。感謝の意を表したい。しかし、舟場、紺野の両氏は、それぞれの担当の章のみに責任を負うものであり、「あとがき」を含めたその他の章の翻訳責任は、一切私（田辺）に帰するものであることを付け加えておきたい。最後に、公論による世界市民理想の実現を論じる本書は、読者による解釈や批評により、自ら公論の一部になることを通じて、はじめて生命を得ることになる。読者にこの重要な役割を果たしていただくことを心から期待したい。

二〇〇五年十二月一日　田辺俊明

■執筆者紹介

マーサ・ヌスバウム（Martha Nussbaum）シカゴ大学法学・倫理学教授。
著書：『女性と人間開発──潜在能力アプローチ』（池本幸生・田口さつき訳、岩波書店、二〇〇五年）、『国を愛するということ──愛国主義の限界をめぐる論争』（共著、辰巳伸知・能川元一訳、人文書院、二〇〇五年）、*Hiding from Humanity*（Princeton University Press, 2004）, *Cultivating Humanity*（Harvard University Press, 1997）その他。ギリシアの政治・倫理思想への深い洞察に基づいて、道徳心理学、刑罰論、大学教育（特に人文教育）、発展途上国の貧困問題に至るまで、幅広い問題提起を行なっている。

マティアス・ルッツ－バッハマン（Matthias Lutz-Bachmann）フランクフルト教授。
著書：*Geschichte und Subjekt: Die Geshichtsphilosophie im Werk von Kant und Marx*（Beck, 1992）。倫理学や政治理論を中心とする実践哲学の研究を行なう。ドイツ連邦議会の国連改革に関する公聴会で参考意見を述べるなど、公的な場での発言も行なっている。

ユルゲン・ハーバーマス（Jürgen Habermas）フランクフルト大学哲学・社会学名誉教授。
著書：『〔第２版〕公共性の構造転換』（細谷貞雄・山田正行訳、未來社、一九九四年）、『コミュニケイション的行為の理論（上・中・下）』（河上・平井他訳、未來社、一九八五──一九八七年）、『事実性と妥当性（上・下）』（河上倫逸・耳野健二訳、未來社、二〇〇二──二〇〇三年）その他多数。

ジェームズ・ボーマン（James Bohman）セント・ルイス大学哲学教授。
著書：*Decentered Democracy: From Pluralism to Cosmopolitanism*（Polity Press, forthcoming）. *Public Deliberation*（MIT Press, 1996）。

トーマス・マッカーシー（Thomas McCarthy）ノースウェスタン大学哲学教授。
著書：*Ideas and Illusions*（MIT Press, 1991）, *The Critical Theory of Jürgen Habermas*（MIT Press, Hutchinson Press, 1978）。ロールズやハーバーマスに関する鋭い分析で知られる。

ケネス・ベインズ（Kenneth Baynes）ニューヨーク州立大学ストーニー・ブルック校哲学教授。
著書：*The Normative Grounds of Social Criticism: Kant, Rawls, and Habermas*（SUNY Press, 1992）。専門はフランクフルト学派の批判理論。

デヴィッド・ヘルド（David Held）ロンドン・スクール・オブ・エコノミクス政治学教授。
著書：『民主政の諸類型』（中谷義和訳、御茶の水書房、一九九八年）、『デモクラシーと世界秩序──地球市民の政治学』（佐々木寛他訳、NTT出版、二〇〇二年）他。リチャード・フォーク（国際法）と並ぶ、グローバル統治論の第一人者。

■訳者略歴

紺野茂樹（こんのしげき）
1971年生まれ。東京大学大学院総合文化研究科国際社会科学専攻博士課程単位修得退学。現在、関東学院大学非常勤講師他。論文に「女性と動物をめぐる人間《ヒューマン》のファンタジー——“自然”を恐れる“文化”の“自然”観」（環境思想・教育研究会編集『環境思想・教育研究』第5号、2012年掲載）、著書に『20世紀の思想経験』（共著、法政大学出版局、2013年）他。

田辺俊明（たなべとしあき）
1968年生まれ。大阪大学法学部卒業。上智大学外国語学研究科国際関係論専攻博士前期課程修了。国際協力事業団（JICA）医療協力部計画課、国際連合開発計画（UNDP）リトアニア共和国事務所プログラム調整員を経て、現在翻訳業。

舟場保之（ふなばやすゆき）
1962年生まれ。大阪大学大学院文学研究科博士後期課程単位修得退学。現在、大阪大学大学院文学研究科准教授。著書に『現代カント研究13　カントと現代哲学』（共編著、晃洋書房、2015年）、『グローバル・エシックスを考える「九・一一」後の世界と倫理』（共編著、梓出版社、2008年）他。

カントと永遠平和

——世界市民という理念について

2006年1月15日　初版第一刷発行
2016年5月10日　　　第二刷発行

（本体3200円＋税）——定価

ジェームズ・ボーマン、マティアス・ルッツ－バッハマン——編

紺野茂樹、田辺俊明、舟場保之——訳

HOLON——装幀

西谷能英——発行者

株式会社　未來社——発行所

〒112-0002 東京都文京区小石川3－7－2
tel（03）3814-5521（代表）
http://www.miraisha.co.jp/
E-mail: info @ miraisha.co.jp
振替 00170-3-87385

精興社——印刷

五十嵐製本——製本

ISBN 978-4-624-01168-0 C0010

〔第2版〕公共性の構造転換

ユルゲン・ハーバーマス著
細谷貞雄・山田正行訳

〔市民社会の一カテゴリーについての探究〕一九六二年原書刊行以後の本書への評価や動向を跡づけた一九九〇年新版への序文を新たに増補した〈市民的公共性〉論の古典的名著。

三八〇〇円

事実性と妥当性（上・下）

ユルゲン・ハーバーマス著
河上倫逸・耳野健二訳

〔法と民主的法治国家の討議理論にかんする研究〕法の政治的根拠とその社会実践の関係を解明したハーバーマス法哲学の集大成。市民的不服従と法治国家論の現代的再構築を問う。

各三八〇〇円

コミュニケイション的行為の理論（上・中・下）

ユルゲン・ハーバーマス著
河上・平井・藤澤・岩倉・丸山・厚東他訳

フランクフルト学派の伝統を意欲的に継承し、現代の思想状況を社会学の手法により分析した大著。ヨーロッパの合理的思考の行く末をめぐって生活世界の問題を論じた著者中期の代表作。

各四八〇〇円

法と正義のディスクルス

ユルゲン・ハーバーマス著
河上倫逸編訳

〔ハーバーマス京都講演集〕四度にわたる来日時の「法と正義」を巡る講演集。ロールズ「正義論」への批判的検討、民主政理解のオルタナティヴと「協議政治」の概念について等。

一八〇〇円

法制化とコミュニケイション的行為

河上倫逸他編

〔ハーバーマス・シンポジウム〕一九八五年秋京都で行われたシンポジウムの記録。白熱した報告、議論、質疑応答をそのまま収録。徳永恂、平井俊彦、清水多吉、木前利秋、姜尚中他。

二四〇〇円

カントの社会哲学

知念英行著

〔共通感覚論を中心に〕科学とテクノロジーによる合理性の制度化のなかの現代の〈非人間化〉を、ハーバーマスの問題提起に触発され、カントの社会哲学によって反省する野心作。

一八〇〇円

（消費税別）